教的死亡藝術

是永恆的，
不朽的。
亡，
過如同黑暗與白晝的一個分界線罷了……

世界各宗教如何理解死亡

肯內斯・克拉瑪 著
方蕙玲 譯

東大圖書公司

國家圖書館出版品預行編目資料

宗教的死亡藝術：世界各宗教如何理解死亡 / 肯內斯・克拉瑪著；方蕙玲譯.－－初版三刷.－－臺北市；東大，2009
面； 公分.－－(生死學叢書)
譯自：The Sacred Art of Dying: How World Religions Understand Death
ISBN 978-957-19-2049-8 (平裝)
1. 死亡-宗教方面

216.9 86000085

© 宗教的死亡藝術
——世界各宗教如何理解死亡

著作人	肯內斯・克拉瑪
譯者	方蕙玲
發行人	劉仲文
著作財產權人	東大圖書股份有限公司
發行所	東大圖書股份有限公司 地址 臺北市復興北路386號 電話 (02)25006600 郵撥帳號 0107175-0
門市部	(復北店) 臺北市復興北路386號 (重南店) 臺北市重慶南路一段61號
出版日期	初版一刷 1997年2月 初版三刷 2009年1月
編號	E 210010

行政院新聞局登記證局版臺業字第〇一九七號

ISBN 978-957-19-2049-8 (平裝)

給我「唯一」的兩個女兒

伊芳・羅絲

和

莉拉・安

她們已經知道在某個

遙遠的國度

有天國溫柔之鄉

我曾攝入各種死亡
如今又將再次經歷
化為林木的死亡
化為山石的死亡
化為夏天綠地上枯黃的落葉
以及可憐嗜殺人類的死亡

海塞(H. Hesse)詩作中的「所有的死亡」(All Deaths)

「生死學叢書」總序

兩年多前我根據剛患淋巴腺癌而險過生死大關的親身體驗，以及在敝校（美國費城州立）天普大學宗教學系所講授死亡教育(death education)課程的十年教學經驗，出版了《死亡的尊嚴與生命的尊嚴——從臨終精神醫學到現代生死學》一書，經由老友楊國樞教授等名流學者的強力推介，與臺北各大報章雜誌的大事報導，無形中成為推動我國死亡學(thanatology)或生死學(life-and-death studies)探索暨死亡教育運動的催化「經典之作」（引報章語），榮獲《聯合報》「讀書人」該年度非文學類最佳書獎，而我自己也獲得「死亡學大師」（《中國時報》）、「生死學大師」（《金石堂月報》）之類的奇妙頭銜，令我受寵若驚。

拙著所引起的讀者興趣與社會關注，似乎象徵著，我國已從高度的經濟發展與物質生活的片面提高，轉進開創（超世俗的）精神文化的準備階段，而國人似乎也開始悟覺到，涉及死亡問題或生死問題的高度精神性甚至宗教性探索的重大生命意義。這未嘗不是令人感到可喜可賀的社會文化嶄新趨勢。

配合此一趨勢，由具有基督教背景的馬偕醫院以及安寧照顧基金會所帶頭的安寧照顧運動，有了較有規模的進一步發展，而具有佛教背景的慈濟醫院與國泰醫院也隨後開始鼓動臨終關懷的重視關注。我自己也前後應邀，在馬偕醫院、雙蓮教會、慈濟醫院、國泰集團籌備的臨終關懷基金會第一屆募款大會、臺大醫學院、成功大學醫學院等處，環繞著醫療體制暨醫學教育改革課題，作了多次專題主講，特別強調於此世紀之交，轉化救治(cure)本位的傳統醫療觀為關懷照顧(care)本位的新時代醫療觀的迫切性。

在高等學府方面，國樞兄與余德慧教授（《張老師月刊》總編輯）也在臺大響應我對生死學探索與死亡教育的提倡，首度合開一門生死學課程。據報紙所載，選課學生極其踴躍，居然爆滿，出乎我們意料之外，與我五年前在成大文學院講堂專講死亡問題時，十分鐘內三分之一左右的聽眾中途離席的情景相比，令我感受良深。臺大生死學開課成功的盛況，也觸發了成功大學等校開設此一課程的機緣，相信在不久的將來，會與宗教（學）教育、通識教育等等，共同形成在人文社會科學課程與研究不可或缺的熱門學科。

我個人的生死學探索已跳過上述拙著較有個體死亡學(individual thanatology)偏重意味的初步階段，進入了「生死學三部曲」的思維高階段。根據我的新近著想，廣義的生死學應該包括以下三項。第一項是面對人類共同命運的死之挑戰，表現愛之關懷的（我在此刻所要強調的）「共命死亡學」（destiny-shared thanatology），探索內容極為廣泛，至少包括（涉及自殺、死刑、安樂死等等）死亡問題的法律學、倫理學探討，醫療倫理（學）、醫院體制暨醫學教育改革課題探討，（具有我國本土特色的）臨終精神醫學暨精神治療發展課題之研究，老齡化社會的福利政策及公益事業，死者遺囑的心理調節與精神安慰，「死亡美學」、「死亡文學」以及「死亡藝術」的領域開拓，（涉及腦死、植物人狀態的）「死亡」定義探討，有關死亡現象與觀念以及（有關墓葬等）死亡風俗的文化人類學、比較民俗學、比較神話學、比較宗教學、比較哲學、社會學等種種探索進路，不勝枚舉。

第二項是環繞著死後生命或死後世界奧祕探索的種種進路，至少包括神話學、宗教（學）、文學藝術、（超）心理學、科學宇宙觀、民間宗教（學）、文化人類學、比較文化學，以及哲學考察等等的進路。此類不同進路當可構成具有新世紀科際整合意味的探索理路。近二十年來愈行愈盛的歐美「新時代」(New Age)宗教運動、日本新（興）宗教運動，乃至臺灣當前的種種民間宗教活動盛況等等，都顯示著，隨著世俗界生活水準的提高改善，人類對於死後生命或死後世界（不論有否）的好奇與探索興趣有增無減，我們在下一世紀或許能夠獲致較有「突破性」的探索成果出來。

第三項是以「愛」的表現貫穿「生」與「死」的生死學探索，即從「死亡學」（狹義的生死學）轉到「生命學」，面對死的挑戰，重新肯定每一單獨實存的生命尊嚴與價值意義，而以「愛」的教育幫助每一單獨實存建立健全有益的生死觀與生死智慧。為此，現代人的生死學探索應該包括古今中外的典範人物有關生死學與生死智慧的言行研究，具有生死學深度的文學藝術作品研究，「生死美學」、「生死文學」、「生死哲學」等等的領域開拓，對於「後傳統」(post-traditional)的「宗教」本質與意義的深層探討等等。我認為，通過此類生死學的種種探索，我們應可建立適應我國本土的新世紀「心性體認本位」生死觀與生死智慧出來，有待我們大家共同探索，彼此分享。

依照上面所列三大項現代生死學的探索，這套叢書將以引介歐美日等先進國家有關死亡學或生死學的有益書籍為主，亦可收入本國學者較有份量的有關著作。本來已有兩三家出版商請我籌劃生死學叢書，但我再三考慮之後，主動向東大圖書公司董事長劉振強先生提出我的企劃。振強兄是多年來的出版界好友，深信我的叢書企劃有益於我國精神文化的創新發展，就立即很慷慨地點頭同意，對此我衷心表示敬意。

我已決定正式加入行將開辦的佛光大學人文社會科學學院教授陣容。籌備校長龔鵬程教授屢次促我企劃，可以算是世界第一所的生死學研究所(Institute of Life-and-Death Studies)之設立。希望生死學研究所及其有關的未來學術書刊出版，與我主編的此套生死學叢書兩相配合，推動我國此岸本土以及海峽彼岸開創新世紀生死學的探索理路出來。

一九九五年九月二十四日傅偉勳序於
中央研究院文哲所（研究講座訪問期間）

「生死學叢書」出版說明

本叢書由傅偉勳教授於民國八十四年九月為本公司策劃，旨在譯介歐美日等國有關生死學的重要著作，以為國內研究之參考。傅教授從百餘種相關著作中，精挑二十餘種，內容涵蓋生死學各個層面，期望能提供最完整的生死學研究之參考。傅教授一生熱心學術，對推動國內的生死學研究風氣，更是不遺餘力，貢獻良多。不幸他竟於民國八十五年十月十五日遽爾謝世，未能親見本叢書之全部完成。茲值本書出版之際，謹在此表達我們對他無限的景仰與懷念。

東大圖書公司編輯部　謹啟

序

死亡具備了什麼樣的意義？它是否意味了存在的終止？如果不是的話，那麼死後又將如何呢？我們將會以類似或不同的形體，再次投生於世嗎？有沒有所謂最後的審判？我們又如何為自己的死亡預做準備呢？在回答以上這些問題時，不僅僅是要為生命找尋各種的意義，同時也提出了，把死亡的經驗融入生命之中，所具備的價值的問題。事實上，我們主要的課題之一，就是在說明什麼是精神性的死亡——亦即肉體死亡前的死亡。不同於肉體、心理形式死亡的是，精神性的死亡，具有一種潛在的、否定的意味，其目的是在喚醒再生的經驗。

《宗教的死亡藝術》這個書名的選定，具有兩項基本的理由：首先，我想透過世界上各種宗教的真知灼見，凸顯出「死亡乃一門宗教藝術」的這項事實；以及所謂的告別儀式，實際上正是我們得以發現，生命終極意義與目的的最後機會。因此，宗教傳統之所以將死亡的過程儀式化，乃是為了便於提醒我們，生命是無常的，而死亡的彼岸，則遠比生命本身更為真實。這些儀式不但提供哀悼者一種克服死亡的勝利感，同時也是一種能令之起舞於死亡聖殿上的方法。

其次，我想要強調的是，死亡乃一門宗教的藝術。在理論與實踐上都不斷論及愛的艾瑞克・弗洛姆(Eric Fromm)，在《愛的藝術》(*The Art of Loving*)這本書中指出，生活本身即是一門藝術，只要我們想去學習生活與愛，那麼，我們就會像學習任何一門藝術一樣，經歷一段相同的過程。在此，我們將以類似的方式，來談論死亡的問題，並透過全新的詮釋，將死亡視為一門牽涉到肉體死亡、與再生經驗的宗教性藝術。誠如讀者們將會發現到的，本書中所列舉的每一項宗教傳統，都是在指導它的實行者，不僅僅在死亡前，同時就在死亡的片刻裏，如何去技巧性的掌握死亡。因此，關於一個人必須在活著的時候，找到那如何續存於娑婆世界之外的方式這一點，每一項傳統都抱持著肯定的態度。因為惟其如此，所有產生自死亡的恐懼，方得以隨之消失。從這個觀點來看，死亡就成了生命當中最偉大的一項藝術；同時，也是一片最難於耕耘的領域。

與死亡這個學術領域上大部分著作不同的是，《宗教的死亡藝術》是以一種比較性的、宗教性的方法，來探討死亡的全貌。因此，雖然其他的許多著述，多著眼於心理學的問題、社會學的事件研究、保健系統、醫療倫理、遺囑的結構，以及各種形態的死亡議題（如自殺、墮胎、死刑與核爆陰影等），本書的主要目的，乃在於探討關於死亡、死亡的過程，以及來生等等課題，在宗教上所呈現出來的態度。印度人、佛教徒、中國人，他們是如何面對死亡的呢？關於死後的發展，他們又是抱持著何種信念？猶太人、基督徒、回教徒等，則又是如何面對死亡，為死亡預做準備的呢？

在陳述以上這些問題時，我介紹了一些主要資料的來源，以及取自於每一項傳統所具備的相關資料。本書的第一章中，將探討在文學著作與各種經文當中，對肉體的、心理的與精神性的死亡的看法。第二章到第十二章，是以比較的、宗教的方式，來探討死亡與死亡的過程。在這一階段的各個章節中，都包含有三個部分，除了論及每一項傳統中，主要的一個或多個故事，以及關於精神性的死亡、來生等種種概念性的指導之外，還包含了告別儀式的內容。這三部分所散發出來的生命力，以及他們璀璨的程度，使得每項傳統所持的觀點，都得以具體呈現出來。至於第十三章，則將透過東西方各自不同的創生故事，呈現出他們對死亡的看法。東方的靈魂轉世說與西方的復活說，都將在此並列討論。最後，第十四章將針對每一項傳統研究的共同課題，也就是自我超越死亡與再生的經驗來加以探討。這一章對於那些企圖從死亡的恐懼當中，尋求到解脫的人而言，將具有特別的意義。

從這部作品的結構當中所呈現出來的一項基本論點是，若是要全然的準備好死亡，那麼一個人對於死亡的過程，就必須發展出堅定的信念，同時，他又必須找出一種實踐的方法，以便於使自己能以宗教的方法，來走向死亡。一旦這種具備人文精神的死亡方式，被視為人類基於存在，所產生出的憂患意識時，那麼宗教性的傳統將死亡視為生命形式的一種轉換過程這一點，便成為我們急欲加以證實的對象。同時藉此，我也希望讀者們在面對自身的死亡經驗時，能有較為充分的準備，並且，也許還能夠發展出無懼於死亡的態度。

每當有人問及這本書是針對什麼樣的對象而寫時，我都有一個標準的答案，那就是，我的心中至少有兩種讀者：一種是正在選修死亡學的大學學生們；另一種是雖然沒有正式註冊入學，但基於各自不同的原因，正在尋求有關死亡問題的答案的學生。行文至此，我忽然想到，應該還有第三類讀者，也就是那些因為失落（如失去一段感情、一份工作等），而產生無法避免、起伏不已的憂傷情緒的人；以及那些想要從失落所產生出來的恐懼與憂傷當中，解脫出來的人。

因此，在保留結構的完整性與切近於主題、文化上的多樣性之餘，我儘可能以淺顯的文字來加以敘述。這適足以說明，為什麼本書並沒有一些艱深難懂的字眼，甚至於，我還選用了一種比較能幫助讀者，去深入本書精神的行文方式。

我知道對於某些讀者而言，這種將所謂世界性宗教（取材自他們經文）的中心故事、教義及儀典，重現於世人眼前的方式，從社會科學的觀點來看，也許是天真的；從現象學的觀點來看，又是過於偏向西方的觀點而不夠周延。但同時我也明白，若從學生的角度來看，那麼這種以敘述性、原典性的方式，來介紹、比較世界上關於死亡過程的各種不同看法，卻具有教育上的啟發作用。況且，這本書本來就是為學生們而寫的，是為那些身處我們周遭，仍有許多事物尚待學習，並熱切渴望著能親身經歷一切的學生而寫的。

我要感謝以下這些曾經透過各種不同的方式，對我有所啟發的人士：我父親曾說：「為什麼要死？我倒是寧願活著。」而我的母親，則始終無所謂的微笑著；我的老師，特別是柏奈德・菲利浦(Bernard Phillips)，他是第一位使我注意到宗教性與創造性這兩者之間，具有完整性與必要性關聯的人；而墨利斯・佛萊德曼(Maurice Friedman)，則首先引領我看到，個人生命與對話所具備的生命力二者間的關係；至於三一教(The Community of the Holy Trinity)這個團體，他們讓我明白了什麼叫做修行，而其無時不已的三一式的手足情誼，則深深的啟發了我，令我有種被帶到與死亡面對面的感覺；至於伊莉莎白・古柏勒—羅絲(Elisabeth Kübler-Ross)則透過她在加利福尼亞州・蒙得瑞(Monterey, California)，所提出的一篇名為《生命及其變易》(*Life and Transitions*)的文章，再次令我領悟到死亡過程所具有的超越性意義；此外，聖荷塞州立大學宗教研究系系主任懷特(J. Benton White)教授，他不但先是任用了我，後來又閱讀了我部分的手稿；李察・基迪(Richard Keady)教授率先在聖荷塞開了「死亡、死亡過程與宗教」這一門課，並引薦我加入「與死亡為伍中心」的憂煩工作；至於我的學生們，他們的問題與挑戰，不但使我晦澀不明的表達方式能夠更趨精確，並使得我在整個研究過程之中，得以自嘲解憂；感謝史蒂芬・孚斯(Stephen Voss)、維德・夏瑪(Ved Sharma)、喬治・摩爾(George Moore)、克里斯契・喬沁(Christian Jochim)、邁可・凱斯比(Michael M. Caspi)、諾耶・金恩(Noel King)，以及亞倫・賴汶特爾(Alan Leventhal)等人，閱讀了我部分的手稿；鄂爾・李克(Earl Leeke Jr.)以及威廉・麥金雷(William Mckinley)做了許多文體上的建議，使得讀者得以受益；瑪利亞・曼丹赫(Maria Mendenhall)的盡心與具創造性的編輯方式，則使得原稿呈現出嶄新的風貌；諾拉・傑默森—丹可(Nora Jamison-Danko)辛勤的準備索引；聖荷塞州「來時路」(Paths to the Present)節目的企劃指導——凱西・柯漢(Kathy Cohen)，她邀請我加入並籌組一個插播單元「創造與死亡：東方與西方的傳統」，這後來成為本書的第十三章；而在「哲學與心理療法國際組織」一九八六年十月的第一次年會中，我提出了第十四章的內容；在「美國宗教學院」於一九八七年四月所舉辦的「西方地區會議」中，我提出了後來成為第一章的「死亡三相」；感謝喬福・諾曼(Geoff Norman)的動人圖表；我的編輯道格拉斯・費西爾(Douglas Fisher)，保利斯印刷公司(Paulist Press)的贊助；以及那些望著我的眼睛說：

「謝謝您教我如何死亡」的無名學生們。

最令我珍惜的，是那位像死亡本身一樣，寧願保有一絲神秘，卻又如星辰一般照耀整個夜空的女士。對她而言，「生命是永恆的，愛是不朽的，而死亡，則不過如同黑暗與白晝的一個分界線罷了。」

肯內斯．保羅．克拉瑪

加利福尼亞・聖大克路斯

一九八七・灰色星期三

宗教的死亡藝術
——世界各宗教如何理解死亡

目　次

生死學叢書總序
序
緒論：與死亡對話……一
第一章　死亡三相（肉體的、心理的以及精神的）……九
第二章　印度教面對死亡的態度（輪迴與解脫）……四三
第三章　佛教面對死亡的態度（無死之域）……七五

第四章　禪宗面對死亡的態度（大死）……一〇一
第五章　西藏人面對死亡的態度（明光）……一二一
第六章　中國人面對死亡的態度（祖先崇拜）……一三九
第七章　美索不達米亞與埃及人面對死亡的態度（靈魂稱重）……一五九
第八章　希臘人面對死亡的態度（靈魂不朽）……一九一
第九章　希伯來人面對死亡的態度（彌賽亞的希望）……二一三
第十章　基督徒面對死亡的態度（肉體復活）……二四七

第十一章　伊斯蘭教面對死亡的態度
（審判日）……二七九
第十二章　美洲印第安人面對死亡的態度
（靈魂持有）……三〇三
第十三章　死亡的融攝
（輪迴與復活）……三二一
第十四章　在死亡之前死亡：再生的經驗
（自白、轉變與認同）……三三七
結語：臨終遺言……三五九
附錄：日誌選粹……三六七

緒論：與死亡對話

每一個片語和每一個語句
都是一個開始與結束
每一首詩　都是一篇墓誌銘❶

艾略特，《四個四重奏》

我想，在開始探索這趟死亡之旅時，沒有任何一個始點，會比由艾略特所作的《微眩》(*Little Gidding*)這本書中，節錄下來的這幾行詩句更為貼切的了。每一個句子都是一個結束與開始，因為每一個句子，都代表著當下經驗的完成，以及下一個句子開端前的醞釀。如同禪師巴夏(Basho)曾說過的：既然「生命的每一刻都是最後的片刻，是以每一首詩篇，都是死亡的詩篇。」❷同樣的，當我們在這本書中展開任何一種看法，表達任何一種新的感受時，那種看法與感受在描述的當下，已然消逝。因此，如同艾略特所寫的：無論在探尋生命的起點上，或「首次認知這個領域」的所有人類研究，其結論都牽涉到一個十分單純的條件（萬事萬物皆須死亡）。我們以此做為開端，是因為它能加強每一章節的中心主旨，指出由宗教的觀點來看，死亡的過程是一項宗教上的藝術。

顯示出研究主題的複雜性，以及因此項研究而可能產生的情緒，二者中那一種才是進行本書的最佳方式？

為使讀者能夠理解本書，其最簡單、最有助益的方法，就是和各個章節進行一種交互性的對談。從某些觀點來看，每一位讀者，都是正在進行儀式旅程（也就是留下所獲、旅行、到達及回程）的朝聖者，總是朝向著死亡的目標前進，因為很明顯的，死亡擁有其獨特的神話。每一位旅人，都將達成「死亡與讀者成為對話的夥伴」此一程度的目標。雖然，在開始與死亡過程對話之前，也許有必要先和你無法接受任何一種來生方式的原因，對談一番，然而，使得讀者與文章間彼此互相開放的，卻完全是對話本身。

馬丁・布貝爾(Martin Buber)曾寫道：對話的目的，在於引領人們進入真實的存有，或是所謂真正的存在。布貝爾建議，「若根據有關真理(truth)的邏輯觀念，在兩個對立面當中，只有一方會是真的，但在生命的實相上，他們卻是不可分的。」他接著又補充道：「對反二者的統一，乃是對話精神發揮到極致時，最神秘而令人難以理解之處。」❸對布貝爾而言，「真實的對話」和「學術性的對話」（僅根據客觀理解力的需要，所產生的語言形式），以及「獨白」（僅根據自我滿足的需要，而產生的語言形式）是有所不同的，每一位參與者都必須全然的敞開心扉，並對那些和你一樣獨一無二的人有所回應。經由這種反省，一個人「真正關懷的」，並非是直觀——解決上帝的神秘性，而是奉獻——在參贊天地化育之中，人類所採用的方法❹。

為了要深入了解這種方法，容我指出一種心靈對話的方式，在這種方式下，死亡將獲得其發言的權利。詩人艾略特的《四個四重奏》詩中，曾描述在第二次世界大戰空襲期間，在英國所遇見的一位陌生人，一位具有「累世」特徵的「複合的靈魂」：

所以，我假定有一個重疊的部分，
並哭號著
聽到另一個聲音呼喊道：
你說什麼？你在這兒嗎？
雖然當時我們都不在。❺

因為詩人允許自己轉換成另一個人，因此給予那另一個人——死亡——也就是那位回應者一個聲音。那位死亡大師指出，他並不想複述那些老掉牙的理論，並且還說，他反而要祈禱能早日被人遺忘：「因為去年所說的話，隸屬於去年的言語，而明年將要說的話，尚期待著另一個聲音。」接著，死亡透露了歲月所贈予的三樣禮物：「失去作用的感官；對於人類的愚行，感到無力而憤怒；以及對於顯露出來的畢生目的，感覺到羞愧。」他指出，除非能在聖靈降臨之火當中得到復原，否則一個成熟的靈魂，對此應感到憤怒。

艾略特的角色，是一位能從未來回顧過去的人，只因為他選擇了死亡做為他暫時的伴侶。於此，艾略特以死亡向人挑戰的這項暗示，提供我們另一種面對死亡的經驗：亦即將死亡經驗帶入生命之中，與死亡一起轉化，並藉此在智能與精神上，同時獲得覺悟。讀者也是一樣，藉著和本書的往來討論，對於文章的內容，將會有更深刻的認識。

更明確點說，為了有助於和宗教上的死亡藝術對談，讀者們或許可以考慮對整個過程做個日誌，當然，這並非本書讀者們所必備的一項條件[6]。對於那些渴望在與死亡經驗對話時，能夠更加深入的人而言，一份閱讀心得的日誌，也許能透露出特別的訊息。不論是一個句子、一段文字，或是一整頁，日誌乃是對與本文有關的主題以及意念的一項回應與開展，同時也是對那些來自於其他讀物（諸如媒體、雜誌、夢中的對話，以及個人的反省等）所產生的理念的回應。日誌當中通常包含了洞見與發現、異議與問題、比較及內省，伴隨著中間摘錄的注釋，或是對那因為憂傷而經驗到人類失落感的多樣性，所做的一項回應。回應的記錄要標上日期，甚至下個標題，或偶爾再次複閱時，都應該標明日期。這樣能使日誌持有人對於死亡、死亡的過程，以及來生這整個過程，與對死亡預做準備的精神性藝術，能有更為完整的反省。

以下這兩份報告，是學生對於持續記錄的過程，所做出的回應。他們為日誌的價值，做了很好的例證。

一

我曾經花了整整一個學期的時間，坐下來努力研究——我的死亡。毫無疑問的，我曾做了一些日誌記錄……但我想要檢證一下自己對於死亡的看法，而最後，我也的確做到了。我的結論，與開始這項

工作時所持的看法一樣——死亡就是死亡。

然而現在，對於為什麼會死亡，我卻已經有了一番新的了解。我並不害怕死亡——無論是在服兵役的時候、或是現在都不怕，因為那只是生命的一部分。為死亡預做準備是沒道理的，因為無論如何，它都會發生。而到那時，我的生命也就結束了。

二

我發現運用日誌的方式，可以幫助我在探索這些經驗時，做得更加完善，同時也可以協助我發現顯現在死亡之中的生命，與顯現於生命之中的死亡。對我而言，記錄的過程變成了一種告解：在為文過程中，我發現到了自我，而自我在與神的交流中，看到了它自己。那是一種謙卑的經驗[7]。

如同這些學生報告所指出的，在開始與本書進行一種即席對話的同時，想要避免和自己交談，是件不可能的事。但就像我們前面所提出的問題，如果這位讀者並不喜歡書寫，或是沒時間寫呢？那麼在每一章的結尾，將會有一份日誌書寫建議的簡表，它同樣可以視為一位引言人，或是短篇報告的主題，或是能夠加深讀者理解能力的，有關於這一章節的一些感想。學生日誌報告的範本都附在附錄之中，讀者們也許會希望在正式閱讀本書之前，先加以細讀一番。

當開始閱讀本書時，將會發現這項經驗就如同航海一般，而你對於故事、指導，以及世界上各種宗教傳統的儀式施行等，都有屬於自己的獨特駕馭方式。但希望在航行路上，你能夠不被任何奇特港灣所影響，以至於掉轉了頭，或偏離了航道。我們的目標，是要對每一項關於死亡的傳統信念，保持一種全然開放的心態，這麼一來我們將更能發展出屬於自己的、維持對話狀態的態度與信仰，並保有全然的、整體的前後一致性。現在，歡迎來到死亡的領域。

注釋

❶ T. S. 艾略特所著的《四個四重奏》(*Four Quartets*)，頁五八。在一份尚未付梓的論文《等待自我：艾略特的四個四重奏，冥想詩的研究》(*Waiting Self: A study of Eliot's Quartets as Meditative Poetry*)之中，我發揮了艾略特那種冥想式的、祈禱的、充滿詩意的與等待的論述方式。現在，我則把這種潛藏在等待中的活力，視為艾略特與死亡對話的一種表現。

❷ 節錄自菲力浦‧克卜勒(Phillip Kapleau)所著的《死亡之輪》(*The Wheel of Death*)，頁六五。

❸ 馬丁‧布貝爾(Martin Buber)所著的《以色列與世界：危急存亡之秋下的短評》(*Israel and the World*

: *Essays in a Time of Crises*)，頁一七。

❹ 墨利斯・佛萊德曼(Maurice Friedman)所著的《否認我們的空無》(*To Deny Our Nothingness*)，頁二八八。在這一節中，我要對佛萊德曼教授能從不同學科的角度，堅持人類對話藝術上所呈現出的些微差異，致上最深的謝意。

❺ 艾略特書，頁五三。

❻ 我曾在介紹《世界經典文獻》(*World Scriptures*)這本書時，將持續書寫日誌在教學上的（甚至我還可以加上存在上的）適切性提出來討論。

❼ Jeffrey Reid 和 David Brook 的學生日誌報告，一九八五年秋天，聖荷塞州立大學 (San Jose State University)。

第一章　死亡三相

他找尋
對死亡的恐懼，但卻一無所獲，
「它到哪兒去了？」，「什麼死亡啊！」
托爾斯泰，《伊凡·伊里奇之死》(Tolstoy, *The Death of Ivan Ilych*)

當貝蒂·華滋(Betty Waltz)和她的家人，到佛羅里達州的克利沃爾特(Clearwater, Florida)附近渡假時，噩運就已經開始了。她事後瞭然於胸的形容自己說，當時的她具有偏差的人生態度，只對那些能在財富及名聲上對自己有所幫助的人，才會去付出愛。她說：「我完全陷入這種狀況而不自覺，而死亡這件事的發生，則使我獲得了重生。」

有一天晚上，她的身體右側感到前所未有的巨痛，使得她必須儘速就醫。在這個海岸小鎮的診療所中，有一位醫生對她說，她的盲腸必須馬上切除，不然就會迸裂開來。但是因為診療所內沒有床位或足以勝任的醫生，於是她又被火速送往醫院，但在醫生們動手術前，她盲腸腫脹的現象卻消失了。

七天之後她回家了，但十一天之後，她卻自己發現看不見東西了，在疼痛之下，她的身體腫脹，高燒燒到華氏一〇五度。於是她立刻被送往手術檯，將盲腸給割掉了。事後外科醫生對她說，他們挖掉了有一個男人頭那麼大的壞疽，那真會要了她的命。事後，她昏迷長達四十四天之久。

當她再次醒過來時，因為壞疽吞噬了那麼多的血，因此她必須輸入大量B型陰性的血液，遠比人體所需還要多。有一度，只差幾分鐘她就要向死神報到了，幸好當時她的一位剛好也是B型陰性血型的叔叔，及時趕到救了她一命。他是直接將血輸送到她的手臂的，而病人也很快的就甦醒了過來，然而接下來病情卻又再次惡化。最後，一位護士進了房間，試著量她的脈搏，檢查她的生命跡象，卻發現脈搏停止了，於是護士便將被單覆蓋到她的頭上。這位女孩被宣告死亡。

就在日出之前，她從事牧師工作的父親進到了她的房間。並沒有人告訴這位牧師他女兒已經死了。因此，當他看到覆蓋在她身體上的床單時，感到十分的震驚，口中只能反覆唸著：

「基督，基督。」

「我聽到父親的聲音」，事後她說：「在那同時，我聽到了旋律更為優美的聲音迴響著。當時，我正攀爬在一座綠茵遍野的小山丘上，那兒每一葉草都洋溢著生氣。攀爬的過程並不費力。有一個人站在敞開了的珍珠大門歡迎我，邀請我加入天堂的合唱團。但我說，我想回到家人的身邊去。我永遠忘不了在天國時，上帝出現當下那種莊嚴肅穆的經驗。」

「當我爬下山時，見到了這輩子所見過最為光輝燦爛的日落景色。就在那時，陽光穿透醫院的窗子，投射到我所住的病房，並穿透了覆蓋著我的床單。我仰望著，看到了如同輕塵一般，在陽光中跳躍著的二英吋高象牙白的字體。那是來自〈約翰福音〉第十一章二十五小節，耶穌所說的話：『復活在我，生命在我。』我伸手去碰觸在陽光中所見到的每一個字。在觸摸到他們的剎那，溫暖及療癒的感覺傳進了我的身體，使我充滿了生命力。就在我坐起來去觸摸那些字時，我的父親一句話也沒說，然而一位助理護士卻衝出室外，尖聲叫著：『裏面有鬼！』我在醫院靜養的那段期間，那位護士再也沒有進到我的房間過。」

幾天之後，就在貝蒂要離開醫院之前，醫生對她說，如果她懷有身孕的話，那麼這個孩子會是個唐氏兒，同時她的眼睛會失明，並且可能會產生麻醉後遺症，「我要心存感激的告訴今天聽到這個故事的人們」，她說：「目前我有一個完美的孩子，我的視力二・〇，而且從來沒有任何藥物上的問題。甚至於因著上帝的恩賜，我的生命因而有了重大的改變，這並非靠著個人的任何努力所能達成的。在上帝的幫助之下，我已經能夠放棄那些舊有的偏見了。現在我可以真誠的說，每一天都是復活節」。[1]

貝蒂・華滋真實的披露了她初遇死亡時的驚嚇、對肉體死亡與遭受疼痛的恐懼、情感上麻木不仁的恐懼，以及當時對於能使她重燃生命熱情的來世經驗所懷有的恐懼。但透過瀕臨死亡的經驗，那位心態上麻木不仁的人已經死了，在精神上，她成為一個全新的人。她已經可以蛻去自我懷疑與自我不確定感的繭，蛻去偏見與自私的外殼，她已經能夠以一種新的態度，來面對生命與死亡了。

現在，讓我們將注意力轉向「死亡與死亡過程」，這個更有建設性的方向，因為如何去理解死亡，往往影響了我們往後的生活方式，而如何去過生活，又影響著我們死亡的方式，甚至於我們怎麼死，都會對他人所能過的生活方式，賦予一個新的意義。

接下來，我提議透過至少三種面相來觀察死亡：肉體的死亡（腦波、中樞神經、心臟及呼吸功能的無法避免的失去作用）、心理學上所宣稱的死亡（類似意識的生命或生命力，好像都已經消失了），以及精神上的死亡（舊有的型式、習慣、角色與自我認同的死亡或轉變，成為一個嶄新的人）。在本章最後部分，我們將會努力建構出這些面相，而透過整個文章的進展，我們的焦點將集中在第三種——精神死亡這一項上，因為不論從各方面來看，每一項傳統研究都強調，既然死亡的恐懼是必須被克服的，那麼精神死亡就有它的必要性。

在死亡當中究竟發生什麼事？也就是說，當一個人的生命，朝著與誕生過程相反的方向發展時，他的肉體變化過程如何？下面這一份報告，十分生動的刻劃出它的可能型態：

> 在午夜一點至兩點三十分之間的某一刻，那時我是睡著的，忽然有一股強大的力量襲擊而來，並企圖控制我整個人。我開始感到呼吸十分困難（彷彿得了哮喘症一樣），並試著要坐起來，但卻只是愈喘愈厲害，而且在這麼危急的情況之下，我卻坐不起來。我的胸膛緊縮，而且開始感到窒息，幾乎快要悶死了。於是我掙扎起來，但那一股力量比我大多了，硬是緊緊的把我按在床上，我甚至無法舉起手臂來，它像根鉛那麼重。當時，如果我還能說話的話，也許我的聲音還能把死亡給嚇走。可是沒用，我連哼都哼不出來。那時只想到：「不，死亡！你絕沒法兒把我給弄走！」唉！此時就好像死亡已經攫住了我。一切都是黑暗的，我的雙腿和胳臂一樣的沈重，突然間，我感到十分的疲倦，只想能永遠的沈睡下去。然後，我感到一切都空虛了，而自己有一種往下墜的感覺，我看了看，下面沒底，只有無盡的黑暗。黑暗完全籠罩著我，但我並不喜

歡黑暗的蒞臨。我到底在哪兒呢?就在持續下墜之時,四周溫度卻一直不斷在上升著。我滿身大汗,雖然沒風,卻打著冷顫。這種事情不應該發生在我身上——「死亡,你甭想逼我就範」,可是我卻連一個字都說不出來,因為喉嚨乾澀,聽到的只有我粗啞、嘶吼的聲音迴盪在陰暗之中。然後,我跌了下來,這一切都已結束了嗎?雖然仍躺在床上,但我卻看得出自己是置身在一個黑洞之中。一點希望都沒了嗎?真的無法逃脫了嗎?也許我已命中註定得回歸永恆了吧!然後,我感到胸部一陣刺痛,胸口發緊,接著身體便很快速的被投擲了出去——而我的一生也快速的閃過眼前。不,不能這樣,我一定要反抗這一股力量——它別想控制我。我用盡了吃奶的力氣奮力一擊,這也許是最後一擊,把壓在鼻孔的亞麻床單給掀了開來,然後,我呼吸到了夜晚沁涼的空氣。醒過來之後,我立刻坐了起來——還好只是一個夢——感謝上帝[2]!

傳統上,肉體死亡意味著喪失腦部功能、心跳、脈搏及呼吸。哈佛醫學院艾德哈克委員會指出,檢測腦死定義有四個標準:外界的刺激無法接受,並缺乏反應;肌肉無法自行運作,無法自行呼吸;沒有明顯的反應,包含腦部及脊柱的反應;透過腦波圖(EEG)上的直線反應測知，腦部沒有活動。

我們可以說，死亡意味著所有基本的、肉體的功能，無法避免的終止。由統計數字上來看，每一千名美國民眾當中，死亡的人口從一九二〇年的十八人次，降到一九八〇年的八・六人次。在此同時，一九二〇年美國白人的壽命是五十五歲，黑人則是四十五歲。到了一九八〇年則上升為白人女性七十七歲，黑人女性七十二歲，白人男性七十歲及黑人男性六十五歲。然而縱使期望長壽，美國文化還是迴避著死亡，從美國人通常以婉轉的方式，來表達死亡的習慣上，可以很明顯的看出這項事實。

委婉用語表❸：

辭世了　　坐化了
翹辮子了　　物化了
踢到鐵板了　　在彼岸了
登天了　　被上帝徵召了
回老家了　　在基督裏沈睡了
大限到了　　崩卒了

最後一口氣了
屈服了
見背了
蒙神眷顧了
迷失了
去見造物主了
玩完了
遷出了
永遠安息了
躺下休息了
入土了
老家召喚了
仙遊了
走到盡頭了
捐軀了

晏駕了
買了片農地
登仙了
沒有痛苦了
輸了這場比賽
時候到了
付現了
過約旦河了（約旦河乃宗教聖地巴勒斯坦的河流——譯者按）
被毀滅了
違世了
作古了
超凡入聖了
歸於塵土了
凋零了
在天父的臂彎了

殞滅了
投降了
被處理掉了
溘謝了
被終結了
長眠了
向鬼投降了
在天堂的岸邊了
棄世了
離苦了
除名了
結束了
油盡燈枯了
天使將之帶走了
在黃泉下了
安息了
犧牲了
轉生了
找到永恆的寧靜了
出竅了
往生了
日薄西山了
到西方極樂世界了
畫下句點了
不再與我們為伍了

這些委婉用語是以一種較為婉轉的方式，替代了那些可能會觸怒人，或是令人不快的表達方式。在我們的文化之中，人們害怕肉體的死亡，不僅因為它令人費解，同時也因為它象徵著生命的終止。但是如果越過肉體的角度來看，那麼肉體的死亡，同時也是憂慮與恐懼的結束，或誠如齊克果(Kierkegaard)所寫的，是對死亡的憂懼的終止。從歷史的角度而言，這種對於死亡的恐懼，是和人類反省意識自身同樣行之久遠。恩尼斯・貝克(Ernest Becker)曾寫過下列這一段話：

> 在我們所有正常功能運作的背後，必須體現出一種對死亡的恐懼，因為那是生物為求自保，所呈現出來的自我防禦。但死亡的恐懼卻不能持續出現在心理運作功能之中，否則生物機能就無法完成其作用。❹

這就如同人類乃死亡歷程的一部分（並因此而感到恐懼），但同時又和死亡有所不同(因此雖然恐懼，卻依然能夠運用)。貝克的觀點是這樣的：死亡的無法豁免性，迫使著每一個人去探索它在生命之中，以及對於生命呈現出什麼樣的意義。事實上，這兒提出了三個問題：在死亡中到底發生了什麼事？死後又有何變化？以及對於自身的死亡，我應該如何預做準備呢？

關於肉體死亡的一連串變化，很少有人比李奧・托爾斯泰(Leo Tolstoy, 1819–1880)的敘述更令人信服了。關於死亡的確定性，他曾在自白中描述了一種轉變的經驗，那是透過突然的、無法預測的一種反應，將之具顯為精神的一則神話。在這則神話之中，人類面對死亡時所處的情境，被描述成了一個剛從凶猛野獸那兒脫逃的人，卻又立刻跌入了井中，幸而被一根自井壁伸出來的樹枝給截住，因此，幸運的沒有被井底張大了口的飢餓的龍給吃掉。但不幸的，因為有兩隻老鼠在啃囓著樹枝的根部，因此樹枝一定會折斷，而此時已無路可逃了，死亡乃迫在眉睫[5]。

這個故事所顯出的張力，引領著托爾斯泰找出他生命中的主要問題：「生命有沒有其他的意義，是那無可避免的死亡所無法加以否定的？」在《伊凡・伊里奇之死》(*The Death of Ivan Ilych*, 1886)這本書中，托爾斯泰陳述了他的答案。

這則故事始於地方報紙上所刊載的一則訃聞，這則訃聞的內容是說，故事的主角伊凡・伊里奇業已死亡，而他的親友、同僚們對他的死產生什麼樣的反應。這篇短篇小說的其餘部分，就是回顧伊凡的一生、婚姻、疾病與死亡。

伊凡是一位法官，他在審判及定罪他人的時候，從來不曾把他們當人看待過。而當輪到他生病，並且遭遇到痛苦的時候，從他人那兒，他終於體會到這種自己曾經引以為傲，相同的冷漠態度。沒有一位家人願意告訴他真相，就連醫生也隱瞞著病情，並給了他錯誤的希望。醫生們對他的診斷是，也許是腎臟腫脹，或是得了慢性的黏膜炎，或是得了盲腸炎。他的妻子愈來愈疏遠他，並保持著冷漠與不關心的態度。這位法官現在成了一位哀求別人的人。他的孩子們忽視他，任由他獨自生活在痛苦與恐懼之中，他們否認他病情的嚴重性。只有他的忠僕傑若森(Gerasim)坐在他的腿旁，不但同情他，而且不忍心欺騙他。當他由半邊身子的輕微疼痛，演變成為口腔發出惡臭，並且持續的、令人精疲力竭的巨痛時，他終於認清了醫生們告訴他將會康復，只是個謊言罷了，於是伊凡承認說：

> 這不是盲腸或腎臟之類有了問題，而是生命有了問題……以及死亡。是的，生命就在那裏，一點一點的消逝，而我卻無法加以阻止。是的，何必要自欺呢？很明顯的，除了我以外，所有的人不都知道我快死了嗎？只不過是幾天、或幾週的時間問題罷了。也許此刻就會發生。❻

當伊凡終於接受死亡的事實，以及它所帶來的可怕暗示時，他問了一個問題，這個問題其後在本書中將不斷的出現，那就是：「那麼，我死了以後會去哪兒呢？」❼對於自己無可避免的死亡，伊凡經歷了一連串複雜的反應，他：

- 問自己死後將會去那兒；
- 因為對每個人（除了他的忠僕傑若森）怒顏相向，因而感到窒息而難以呼吸；
- 拒絕接受死亡；
- 將死亡擬人化，然後將他從意識中剔除；
- 理解到他參與了一個謊言（既然沒有人肯承認他快死了）；
- 遭遇到難以言喻的、沒有止歇的疼痛；
- 害怕孤單；
- 感受不到神的存在；
- 第一次聽到一個內在的聲音（死亡的聲音）；
- 感到有罪；
- 徘徊於絕望與希望之間；
- 所有過去的記憶，都快速的浮過眼前；
- 向一位牧師供認自己所犯的罪行；
- 發現了亮光；

・瞭解他的生命可以被重新改造；

・克服死亡的恐懼。

當伊凡正視自己由於死亡的真確性，而產生出來的恐懼與怨恨時，在走向死亡之際，他開始經驗到自己態度上的重大轉變。生平第一次，他聽到來自靈魂深處的聲音問道：「你渴望些什麼呢？」伊凡回答說：「活下來，而且不須遭受苦痛。」他的靈魂又問：「活下去？怎麼活呢？」伊凡又答道：「像往常一樣，活得很好而且很愉快。」當伊凡再次聽到那發自心靈深處的聲音時，他問道：「那就是死亡的狀態嗎？」而那內在的聲音回答：「是的，就是死亡。」當伊凡問到最殘酷的一個問題：「為什麼我要忍受痛苦？」時，死亡直接了當的回答：「不為什麼，因為死亡本來就是如此。」於此，作者再次認定，除此之外，其實什麼意義也不是。

伊凡最後得以克服、超越了他對死亡的恐懼，並接受了它，回到可怕的巨痛之中。當伊凡伸展他的雙臂，絕望的尖叫時，他的兒子握住了父親的手，將他放在自己的唇上。這個愛的姿勢成為伊凡的轉捩點，藉著親吻父親的手，伊凡的兒子向他表達了如何轉化恐懼、懷疑，以及對愛的信念的一種不信任感。藉著觸及父親的心，他改善了父子間的關係，同時也使父親的意識起了極大的轉變。

在那艱難的片刻，伊凡同時在他墜落的深淵底部，捕捉到了一絲亮光。他發現只要任由它去痛苦、受難，自己就會有種轉移勢態的感覺。然後突然之間，他被一股強大的力量給擊中了，並通過了那個洞。就好像搭上一輛前行的火車，卻以為是往相反的方向走一般。他明白了生命真正的走向，是通過死亡而達到永生。他發覺生命是可以被重塑的，這就好像過去種種的限制都消解了，而他將重生的這個事實，則清清楚楚的擺在眼前。於是他讓死亡遠離，不理會疼痛，讓恐懼無法立足。他為妻子與兒子感到抱歉，卻不再為自己感到惋惜，對死亡的恐懼已經消失無蹤了。那曾經壓迫他，寸步不離的恐懼，忽然間就沒了。死亡到哪兒去了？什麼死亡？他感到無所畏懼，因為對他而言已經沒有死亡了，只有所謂的光明。他吸入最後一口氣，四肢攤平，平和的和死神招呼著。

當我們將伊凡對死亡的覺知，與小說開始時，其他人對於他的死亡所呈現出的反應做一番對照，就可以看出他的覺悟是多麼的深刻：

・誰在乎？
・誰會接替他的位置呢？
・誰會接收他的財產？
・感謝老天，是他死，不是我死！

- 現在我們得履行應盡的苦差事了！
- 喪事要花多少錢？
- 他的妻子感到悲傷嗎？她有沒有去找樂子？
- 記得他所遭受的痛苦嗎？
- 那是上帝的旨意。

相較於這些膚淺的想法，托爾斯泰以伊凡最後的領悟來取代之：

> 光明取代了死亡。「原來就是這麼一回事。」他忽然大聲的宣布：「多麼令人喜悅啊！」對他而言，這些都是剎那之間發生的，而這片刻所具有的意義，一直都沒有改變。在那之後，他又持續痛了兩個鐘頭。不但喉頭嘎嘎作響，羸弱的身軀也蜷曲著，然後，喘息聲與來自喉頭的嘎嘎聲都漸漸的愈來愈少了。「結束了。」他身旁的人說。他聽到了這句話，並在靈魂深處重複著。「死亡已經結束了。」他告訴自己：「不會再有了。」他吸進了一口氣，但還來不及吐完最後一口氣，就四肢攤平，死了。[8]

死亡的確定性取代了恐懼；光明取代了黑暗；解脫取代了難以忍受的疼痛；平靜取代了

憤怒；鬆弛並走向未知的未來取代了死亡。對托爾斯泰而言，在死亡的那一點上，就是新生的開始。

心理上的死亡

死亡不僅僅是生物學上的心臟、中樞神經系統的電子活動，以及腦部等停止了運作，它同時深入每一個人的生命之中，不論是以令人驚恐的方式（當面對死亡的焦慮，威脅到一個人的人格與創造力時，此即心理的死亡），或是以實踐的方式（當這種面對死亡的焦慮，將生死之間的變化關係，凸顯成為生命及死亡的目的時，此即精神的死亡）。

如果肉體的死亡，代表了生理機能不可避免的結束，那麼心理上的死亡，就是一個人生命力無以為繼時的終止。這是根植於自我的一種分歧性，亦即威廉・詹姆士(William James)所謂的「分離的自我」或「人格的多樣化」，或卡爾・容格(Carl Jung)所謂的「分裂的意識」，或禪宗所謂的「二元的意識」。它以兩種不同的型態呈現出來：一種為慣常的行為；另一種所呈現出來的情緒耗弱，則源自於正常心靈與意志力運作的被壓抑，或遭受到打擊。

在此舉一個悲慘的、甚至令人震驚的心理上死亡的例子，這是取材自維多・佛朗科(Viktor Frankl)所描述的，他在集中營時所經歷的一段經驗。佛朗科指出：人犯們在進入集中營之後，很快的就會從最初對驚嚇與受迫害的反應，過渡到第二階段的無動於衷，這時他們會處在一種「喪失情緒反應」的狀態之下，感覺變遲鈍了，並且很容易就不在乎是否能活下去了。看著被囚禁在一起同伴們的死亡，變成一件稀鬆平常的事，這種情形幾乎每天都會發生，而且很快的就被視為理所當然。佛朗科指出，為了求取生存，停止關懷的情感，幾乎是必要的一件事。

在現代文明中，心理上的死亡指是慣常的行為的形成，例如將配偶視為理所當然的存在。它呈現出一種情緒上的麻木狀態，是在正常心靈與意志力運作雙雙被壓制，或遭受打擊時發生的。它同時也表現在心理麻木的狀態上，對現今生活在核子陰影下的人們而言，在某種程度上是必需的，因為它可以將我們對死亡的恐懼與憂慮給壓抑下來。然而在每一個例子當中，結局都是相同的——生命力的遞減。誠如艾略特(T. S. Eliot)所寫的：「我以為死亡所做的，是如此的多。」

薩米爾・貝克特(Samuel Beckett)的悲喜劇：《等待果陀》(*Waiting for Godot*)，完美的證明了何謂心理死亡的意義。這部戲劇的情節，主要是發生在弗拉基米爾(Vladimir，啼啼Didi)與艾斯特拉根（Estragon，咯咯Gogo）二個角色身上，他們正在等待果陀的到達，好將他們從荒謬的情境當中給解救出來。不論果陀是誰，雖然有好幾個解釋都曾被提出來討論過（亦即上帝、死亡、基督等），然而果陀卻始終都沒有出現過。反倒是較為實際、執著、聰明的弗拉基米爾，一直令那位快活、健忘、糊塗的艾斯特拉根十分困擾。事實上，當他們困於等待果陀這件事的時候，同時也就已經彼此牽絆住了。沒有了對方，他們根本無法自立，然而卻又不能併肩合作。因為這種對立關係，兩人之間不斷的爭吵，並引發了一連串的分裂。他們都需要對方，但卻由於本性中的缺陷，使得彼此不斷的以死亡困擾著對方。然而由於一直不斷的自言自語，兩人之間的關係陷入了僵局，卻又認為只有果陀來了，才能解決這個難題。在這個困境之中，這兩人不但承受著痛苦、麻木及絕望的煎熬，同時也一直彼此折磨著。

雖然彼此都感覺到痛苦，然而他們卻沒有想到要有所改變，只是一味的等待。這種反覆的等待，被那位有虐待狂、一直想成為眾人目光焦點的波佐(Pozzo)，也就是卑賤腳夫拉奇(Lucky)的主人給打斷了。就好像弗拉基米爾和艾斯特拉根兩人在心理上，完全受制於等待果陀這件事一樣，拉奇也被一條繫於頭上，被波佐控制住的繩子給綁住了。總而言之，他們四人可以說是處境相同，承受著身心的痛苦，都是不見容於社會、漂泊不已的，因為恐懼感與不信任感，因此無法和他人建立起正常的關係，都在持續進行著沒有意義的活動，都企圖藉由等待所透顯出的絕望，證明自己的存在。

這齣戲劇將生理及心理之中，那種冗長、沈鬱、時而苦悶不已、孤寂無援的過程，予以戲劇化了。波佐將一個人的一生，和白晝的整個過程相提並論，就好像晨曦將無法避免的漸失其光澤，並且「暗淡下去（雙手一步一步的擺低、墜落），愈來愈暗淡，直到（戲劇化的停止，兩手突然擺開張平）噗的一聲！完蛋了！壽終正寢。」但是，他繼續說著，當我們最不願看到它的時候，死亡早已經蓄勢待發，並且猛烈的襲擊著我們。「那就是它在大地這個母夜叉的真面目。」[9]

當拉奇的主人波佐命令他思考的時候，他也許是以一種最露骨的服從，同時又是最令人難以理解的表達型式，提出了一長串宇宙論的觀點。在他的觀點中，一旦上帝，這位人格化、又存在於時間洪流之外的角色，不再涉足於時間之際，就已經不具有任何價值了。他被塑造成一個冷漠、缺乏令人感動能力的，並且是沈默的角色。而人類，則完全不論其文化上可貴的進步與多樣性，只是在拉奇所謂「極冷與極暗」的情境之中，徒然的浪費時間，並空自憔悴而已。拉奇激昂的吟哦著：「所有發生過的一切，乃超越人類所知，為著某些未知的原因」而形成。人類這種十分荒謬的處境，在拉奇的想像之中，就好像一副被放棄的、未完成的骷髏一般。

第二幕則重複第一幕的觀點，也就是「沒有什麼是完成的」，什麼也沒發生，沒有什麼是確定的。它以一段可笑的童謠做為開場白：

一隻狗跑進廚房，
偷了一塊麵包皮，
廚子拿了一把長杓進來，
把牠揍得翹辮子。
然後所有的狗都跑來，
替這條狗給挖個墳——

此時，弗拉基米爾停了下來，想了一回，又開始：

在墓碑上寫道：
為了讓後來的狗知道……。[10]

接著他重複著整段詩，直到它變成畫中畫、像中像，也就是變成不斷重覆著自己的過程。

如同他們的處境變得十分荒謬一般，弗拉基米爾與艾斯特拉根一直很可笑的在假裝對話著。

艾斯特：既然我們無法保持緘默，那麼現在讓我們試著冷靜的談談。

弗拉基：你說的對，我們有著用不完的精力。

艾斯特：就是因為這樣，我們才不去好好的想。

弗拉基：我們拿那當藉口。

艾斯特：所以我們才不聽。

弗拉基：我們有我們的理由。

艾斯特：所有死亡的聲音。

弗拉基：他們發出像翅膀的聲音。

艾斯特：像葉子。

弗拉基：像沙子。

艾斯特：像葉子。

靜默

弗拉基：他們立刻都出聲說話了。

艾斯特：每個人都自言自語。⑪

死亡的聲音不僅存在於自然之中，同時也是那些「好像」行屍走肉一樣的人的生命之音；是那些庸人自擾者的聲音；是那些需要有點什麼東西，來提醒他還活著之人的聲音；是那些掘墓者鉗下的骷髏的聲音。在也許是這幕劇中最著名的一段對話當中，弗拉基米爾深入他所處荒謬情境的核心表示：

弗拉基：當別人在受苦時，我在睡覺嗎？我現在在睡覺嗎？明——天，當我醒了，或以為我醒了，我將會怎麼談論今——天？是要說我和我的朋友——艾斯特拉根，在這兒等待果陀，一直到夜幕降臨？是要說波佐和他的差役經過這裏，而且曾和我們說話？可能吧。可是到底又有什麼真實的意義呢？

（艾斯特拉根，在徒然和他的靴子奮戰了一回之後，又再打起盹兒來了。弗拉基米爾注視著他。）

他將什麼都不知道。他會告訴我他所挨過的拳頭，而我將會給他一根胡蘿蔔。（停頓）腳跨墳墓與難產之間。在洞底，掘墓者猶豫的拿起鉗子。我們有的是時間慢慢老朽。空氣中瀰漫著我們的哭聲。（他聽著）但習性是一具偉大的殭屍。（他再度注視著艾斯特拉根）也有人正注視著我；也有人在談論我；他在睡覺，他一無所知，就讓他睡吧。

（停頓）我無法繼續下去了！（停頓）我到底說了些什麼？[12]

沒有一個人會聽到關於他所說的一切，那些透過他的獨白，對於他自己所處的情境，所表現出來的洞見。因為就像艾斯特拉根、波佐和拉奇一樣，弗拉基米爾對於自己的生命，已經是心灰意冷了。他們都在「死亡之音」的合唱團之中，各個都在自欺欺人。所有的歡愉、期待、希望以及興奮之情，都已經被缺乏意義的生活，這種不由自主的習性所麻木了。弗拉基米爾對艾斯特拉根說：「咱們走吧？」艾斯特拉根回答說：「對，咱們走。」然而，他們沒有移動，他們無法脫逃。

精神的死亡

鮑伯・戴倫(Bob Dylan)曾經唱過一首歌，其中有一句歌詞是：「不急於投胎的，正急於死亡。」有時想想，似乎是這樣沒錯，但從另一個角度來看，一個人卻可以同時完成這兩樣——誕生、然後死亡；或死亡，然後誕生。這是一種自我轉化的經驗，是一種克服死亡恐懼的經驗。精神死亡是一項過程，透過它，一個人得以體驗到（西方的）救贖或者（東方的）覺悟，並從而由死亡的畏懼中得到解脫。因為舊有的自我死了，而新的自我出現了，精神死亡使一個人的態度，不但轉化為趨向生命，並且能夠面對死亡。這一切的變化，其重點在於，精神死亡促使人們自覺與再生。

既然，我們將以一種特殊的方式來定義「精神死亡」這個名詞，那麼我們就得明白，在此它並非是指主觀上的失去了信心，或是客觀上的喪失了神聖性⑬。反之，精神死亡在此所指陳的是，死亡/再生的經驗對於一個人的幸福、與其各別的完整性而言，乃是必要的。

東西方對於精神死亡的觀點

東方的宗教	西方的宗教
傳統：印度的	埃及的
佛教的	美索不達米亞的
中國的	猶太教的
西藏的	基督教的
日本的	回教的
目標：對於自我的認知	來自自我的救贖
悟道	再生

	個人「真正自我」的實現（人性的內在主觀的實現）	參與「超越一」(TranscendentOne)的實現與力量之中
來源：	內在的	超越的
	非關獨立個體的內在「真正的自我」	獨立個體所不具備的「圓滿的另一面」
	中心的靜默	上帝這個字
方法：	自我犧牲	自我犧牲
	自我臣服	自我臣服
	精神死亡／再生	精神死亡／再生

誠如這個比較大綱所指出的，精神死亡是指在活著的時候，所發生的一種死亡方式，印度人稱之為「解脫」(moksha)，佛教徒稱之為「涅槃」(nirvana)，道家稱之為「無為」(wu wei)，禪宗稱之為「悟道」(satori)，猶太人稱之為「神諭」(Torah)，基督徒稱之為「神性放棄」(kenosis)，而回教徒則稱之為「歸真」(fana)。在每一個例子當中，精神死亡都象徵著新生，

是對恐懼肉體死亡的一種克服，是對內在化的焦慮與懷疑的一種解放，在這裏，精神不死的目標得到了實現。

雖然我們盡量求得鞭辟入裡，然而本書主要的課題仍在於卡爾・拉納(Karl Rahner)曾說過的：「死亡價值論的呈現」。「價值論的」(axiological)這個名詞的字面意義是「宇宙根本原理」的軸心、智慧的軸心。於此，它的使用方式呈現出兩種觀點：其一，死亡可以透過一種預期的方式，在生命之中表現出來；其次，在生命之中呈現出來的死亡，創造了精神的再生或領悟到得以不死的可能性。每一項宗教傳統，都各自以不同的方式教導著人們，對於自身死亡所做的最好的預備工作，就是在還活著的當下，預想死亡的經驗。如此，我們才可以談論如何在生命當中轉化死亡，亦即釋放憂慮，以及從與死亡有關的恐懼當中，重新獲得與生俱來的自由。

當人們以各種不同的概念，來論述分離主義者所說的「意識我」(I-Consciousness)的死亡經驗時，一項超越個別文化的共同證明則指出，在某種特殊的意義上，沒有任何事情發生，也沒有什麼事是完成的。精神死亡既非主觀的活動，亦非客觀的遺忘。甚至於，所謂疏離的自我(ego)，也只有在踐行者把它釋放出來、或是不再予以理會、或是放棄的情況之下，才會自動的消解。在某種特殊的意義上，徹底放棄任何企圖去控制、或影響即將發生之事的行為，這種自我的犧牲，是被賦予了生命的。有一項佛教隱喻指出，自我否定就是真正的自我肯定。而基督教中亦有一個暗喻表達出，與基督偕亡者，亦將與基督重生。

自我犧牲

雖然有數不清的例證足以說明精神性的死亡，在此，我們仍要簡短的重述一則出自於希伯來，關於以撒(Isaac, the Akedah)被縛事件的故事，來做為本章的結尾。這篇故事的內容是說，有一天，上帝想要考驗一下亞伯拉罕(Abrahan)，這位猶太民族的第一位族長。出乎意料之外的，上帝要求他獻祭出自己兒子——以撒。雖然很明顯的，上帝是要測試一下亞伯拉罕的信心，但同樣的，也是在考驗以撒的信心，因為要被獻祭的是以撒本人。這個故事的關鍵在於，以撒是撒拉(Sarah)的獨子，是她在過了生育年齡，無法再生育之後所生的唯一兒子，而上帝所許下的允諾（即令其家族枝葉繁茂的允諾——譯者按），又必須透過以撒才得以繼續。

當這對父子到達獻祭的地方時，以撒問他的父親說：「這兒有火，有柴薪，但要獻祭的羔羊呢？」亞伯拉罕回答說：「上帝將會為獻祭提供小羊的，孩子。」他們到達之後，亞伯拉罕便搭建了一座祭壇，並將其子縛於木頭之上。就在他舉起了刀，將要揮刀刺下之際，上帝派遣而來的天使及時阻止了他。亞伯拉罕的信心得到了驗證。上帝對亞伯拉罕說：「你並沒有拒絕將你的兒子，唯一的兒子奉獻給我。」接著，他舉目一望，便看到了一隻公羊。頭上的兩角還纏在灌木叢中，於是亞伯拉罕上前抓住了牠，並以牠替代他的兒子獻祭上帝。他稱之為「耶和華」（YHWH——上帝之意）的供應。⑭

在這個故事當中，事實上設計了三個自我犧牲者。撒拉和亞伯拉罕，他們被要求獻出他們的「獨子」——以色列的創始者，而以撒，當然也被要求獻出自己的生命。亞伯拉罕和撒拉二人，必須摒棄他們對上帝意志的懷疑，以及保全兒子性命的渴望，而以撒，則必須放棄求生的本能。這三個人同時都做了自我犧牲，也都經歷到了精神性的死亡，或是在這個故事當中所呈現出來的，自發性的臣服於上帝的意旨之下。當然，在某種意義之下，亞伯拉罕與以撒都透過這段過程而再生為人。

也許有人會說，亞伯拉罕和以撒二人的行為都太不合常理了，而且從心理學的觀點來看，似乎也不足以採信，然而，若是從對上帝意旨的無條件臣服與信心來看，這一則故事就具有了完美的意義。亞伯拉罕，這位追隨著上帝的聲音而深入沙漠之中，已經完全臣服於上帝的人，只是全然的服從著。而以撒，這位將自己的生命獻給亞伯拉罕的上帝的人，也只是全然的服從著。他們兩位都已經棄絕任何非上帝意旨之事，在信念上，都已經獲得上帝所授意的重生。

如同我們將會看到的，肉體死亡前的精神性死亡是一種再生，是一種無懼於面對死亡的狀態。精神上的死亡乃是自我的超越，是走出先前的自我設限，或是與許多傳統所表達的十分類似的，好像是率真的、洋溢熱情的陷入了愛河中一般，那是無關乎選擇的。

注釋

❶ 取材自貝蒂・華滋(Betty Waltz)的錄音談話。為了求取更完整的記錄，我看了她所著的《永恆的一瞥》(*Glimpse of Eternity*)。雷蒙・慕迪(Raymond Moody)在《生生世世》(*Life After Life*)這本書中，曾報導了大約一五〇個類似貝蒂・華滋的例子，他將之視為復活、或瀕臨死亡經驗的事件。

❷ 取材自一九八六年秋天，聖荷塞州立大學Amtia Habteyes的課程日誌《死亡、死亡過程與宗教》(*Death, Dying and Religions*)。

❸ 取材自琳・德・斯貝德爾(Lynne De Spelder)和亞伯特・斯特里克蘭(Albert Strickland)的《最後一舞》(*The Last Dance*)，頁一九。

❹ 恩尼斯・貝克(Ernest Becker)的《否認死亡》(*The Denial of Death*)，頁一六。

❺ 摘引自史密斯(W. C. Smith)所著的《朝向世界宗教》(*Towards a World Theology*)，頁七。

❻ 同前，頁一二九、一三〇。

❼ 托爾斯泰(Leo Tolstoy)的《伊凡・伊里奇之死》(*The Death of Ivan Ilych*)，頁一三〇。

❽ 同前，頁一五六。

❾ 薩米爾・貝克特(Samuel Beckett)的《等待果陀》(*Waiting for Godot*)，頁一五。

❿ 同前，頁三七。

⓫ 同前，頁四〇～四四。

⓬ 同前，頁五八。弗拉基米爾(Vladimir)曾說過，習慣性的行為業已消逝，而宗教的傳統所給予我們的教導則是，精神死亡正方興未艾。

⓭ 在一九六〇年代時，最熱門的神學發展是所謂的「上帝之死」。神學家們提出議題，認為基督徒們所表現出來的，就好像上帝不曾存在似的（朋謂斐爾，Bonehoeffer），好像「上帝」這個字已經玩完了似的（范比倫，Van Buran），好像上帝在耶穌之中死了似的（奧蒂澤爾，Altizer），好像上帝死於自己的缺席（漢彌爾頓，Hamilton），或是好像上帝是被人們給殺死了似的（尼采，Nietzsche）。

⓮ 這個故事在最近一本由米歇爾・M・卡斯皮(Mishael. M. Caspil)、肯尼・克拉瑪(Kenneth P. Kramer)、以及布倫特・華特斯(Brent Walters)所合著的《以撒，祭品：基督，被獻祭者》(*Isaac, The Sacri-fice:Jusus, the Sacrificed*)這本書中，廣被討論。

日誌測驗

肉體的死亡

一、回憶你第一次面對死亡時的遭遇，也許那是你兒童時期、或是青春早期的經驗。運用你的想像力，使記憶鮮活起來，就好像它再次發生一樣，就好像你再次回到那段時空中一樣。你最早面對死亡的遭遇，如何影響著你近來看待死亡的方式？

二、關於肉體的死亡，伊凡・伊里奇有些什麼樣的醒悟？當伊凡真正死亡的片刻，他又看出了些什麼？對於他的洞見，你是接受還是質疑？

心理的死亡

三、把你的日常生活視為人格的投射，或是透過你的人格，所形成的一連串慣性反應。你生命中最深的執著是什麼？談談你最近一次自發性的做了什麼，或打破了你既有的行為模式的事。

四、如果果陀現身的話，那麼將會發生什麼事？如果果陀的來到，可以拯救弗拉基米爾和艾斯特拉根，那麼果陀會來嗎？如果會，描述一下你認為第三幕會如何進展。

精神的死亡

五、想像一個情境，一個能使你有所改變/醒悟，並因而能以一種新的方式來思考、評價或理解人類問題的情境。這種新的觀點，是否使得死亡更具有價值？如果不是，那麼對於你不免要死，是否有其他任何的原則、指導或洞見？

六、想像一下，在夢中，你身處東歐的一個小村落，而且即將要被砍頭。在這個村落之中有個風俗，也就是獻祭的人，在已準備好要赴死之前，可以喊一個字。只有在他喊了這個字之後，劊子手才可以揮斧。把自己融入那個情境之中，並且盡可能的順從本能的思考，那麼你的最後一個字將會是什麼？

在你寫下你的最後一個字之後，對它深思一番，它們對你的生命具有什麼樣的意義？

第二章　印度教面對死亡的態度

在死亡前死亡，
雖死猶生。

戈巴爾(Gopal)，孟加拉遊唱詩人的歌

甘地(Mahatma Gandhi)在世的最後一日，充滿了緊張的氣氛。他所致力的印度教教徒與回教徒的團結，以及和平共存的工作，當時已完全失敗，並造成了流血暴動。一九四八年一月，在一個甘地演講的祈禱會上，發生了炸彈爆炸的事件。其後在新德里(New Delhi)的每個祈禱會上，則時而有人高呼「去死吧！甘地」。甘地在死前不久，曾對他的親信曼紐班(Manubehn)說：「我希望在面對暗殺者的子彈時，能躺在你的膝上，並且臉上帶著微笑的重複著大神的名。」[1]

一九四八年一月廿九日的早上，就在他發表談話的祈禱會上，甘地向著人群走了過去，這時，事情發生了。一名男子突然衝上前去，越過了曼紐班，朝甘地射了三槍。甘地頹然倒地，口中唸著「大神！大神！」。

死亡事件最多的時候，在印度任何一個大城市的飛機場、火車站或公車站，都有關於死亡的報導。沿著恆河兩岸，屍體循著常例舉行火葬，而火焚時所形成的惡臭，則瀰漫在空氣之中。在加爾各答(Calcutta)的街上，眾多的屍體成為維持街道清潔時的一大麻煩。在南方本地治利省(Pondicherry)的孟加拉灣(Bay of Bengal)，奧羅賓多(Sri Aurobindo Ghose，印度教的先知、詩人與民族主義者——譯者按）的信徒告訴來訪的人，奧氏的屍體曾暴露在外長達十四天之久，但卻沒有腐爛。在靠近馬德拉斯(Madras)的普它普利提(Puttaparthi)這個地方，朝聖者親眼目睹薩提亞・賽・巴巴（Satya Sai Baba，印度教領袖之一——譯者按）的手掌中「現出」維伯胡提（Vbhuti，一種取自牛糞的香塵），並看到他的信徒吃下那象徵著塵世死亡的香塵。在馬德拉斯，溼婆巴里瑜伽師(Shiva Bali Yogi)教導他的信徒們一種冥想的方法，透過這種觀想，信徒們會短暫的入定，並進入溼婆神(Shiva)的內在光亮之中。在北方，就在孟買(Bombay)西方的象島石窟(Elephanta Cave)中，有一個溼婆的陽具(Shiva lingam)，它是印度最古老的神性象徵之一，象徵著性與死亡的混合（因為溼婆神乃是掌管創造與毀滅的）。最後，就在新德里的南方，是泰姬瑪哈陵(Taj Mahal)的所在地亞格拉(Agra)。這個曾動用二萬名勞工，花費長達廿二年才聳立起來的光彩奪目的大理石建築，是蒙兀兒王朝的皇帝沙賈漢(Shah Jahan)，為其第十四次懷孕生產時，不幸死於難產的妻子曼塔茲瑪哈勒(Mumtaz-i-Mahal)所建造的陵墓。

更進一步的，當我們俯瞰印度的外觀，並深入其宗教上的文獻與故事時，可以發現到它對於死亡，以及死後的景況，具有著高度的興趣。在此，我們將探討兩則古印度的宗教故事。第一則故事是出自於《古奧義書》(*Katha Upanishad*)，這是印度文化（西元前八〇〇～前五〇〇年）當中，最神秘與最具影響力的一部文獻，並且也是一部經典之作。它提到那智科塔(Nachiketas)拜訪夜摩天(Yama)的王國，也就是冥府一事。第二個故事則出自史詩《薄伽梵歌》(*Bhagavad Gita*，西元前五〇〇～前二〇〇年)，故事發生在印度北方的一處古戰場，在那兒毗溼奴(Vishnu)神的第八化身——黑天神(Krishna)，教導阿爾朱那(Arjuna)有關死亡的幻想，以及不死的自我。在這兩則故事中，指導性的對話皆由一位典型的追尋者，以及一位不朽的教師之間展開。那智科塔與阿爾朱那都問了一個相同的問題：命中注定了的死亡，在生命中所具有的意義是什麼？而兩個人也同樣的透過對於梵我（Atman，不死的自我）的理解，真正的從所有的分離之中，亦即從問題當中，得到了解脫。

那智科塔與夜摩天

印度早期的宗教系統，是透過與祭典(yajna)有關的儀式，以及神話發展而來的。事實上，在梵文中「yaj-」所指的，就是「獻上」的意思，而祭典的功能，則在於提供具有金錢價值或特殊意義之物。接下來的故事，就是要說明一個動機並不純正的祭典。故事開始於瓦加沙瓦(Vajasravas)這個人，他為了要得到宗教上所謂的功德，因此拿出財產的一部分來獻祭火神(Agni)。但是他那位充滿信心與熱情的十多歲的兒子——那智科塔，卻發現自己的父親所獻祭的，都是些十分瘦弱，並無法供應牛奶的乳牛。因此，為了刺激他的父親，那智科塔說：「我是你所擁有最好的，將我獻上吧。」瓦加沙瓦假裝沒有聽到他兒子所說的。但那智科塔又提了一次。

最後，他的父親在困窘中喊到：「我會讓你死的！」那智科塔很平靜的想著那些黃泉未歸人，以及世上那些毫無意義的功過與財富。於是他下定決心要去造訪死亡，但並不像其他人一樣的一去不回，他要在求得死亡的意義之後，再次返回人間。

印度教的經典告訴我們，死神夜摩天（亦即抑制之意）是第一位為了以一個普通人的身份來征服死亡，而放棄了其不朽性的神祇。夜摩天是以死神的形象，以及死亡的律則出現於世人眼前的，是他提供了亡者一個休憩的地方。因為他是達到死亡國度的第一個人，因此被視為眾父之父、死亡之神，統轄管理著這一個國度。他被描繪成具有恐怖的墨綠色膚色，以及一對赤紅的雙眼。通常帶著一把斧頭、一把劍，以及一柄短刀。就像在〈摩訶婆羅多〉（Mahabharata，印度古代二大敘事詩——譯者按）中所描寫的一樣，在《古奧義書》中，夜摩天就好比太陽總是帶著光輝燦爛出現一般，總是帶著美麗的紅眼，伴隨著無瑕的黑暗出現。

對於自己下定決心要去探究的死亡奧秘，那智科塔並無所畏懼。他離開了父親的家，歷經漫長與艱辛的路途，終於來到了夜摩天所住之處。卻發現夜摩天不在那裏，並且要數天之後才能回來。沒有受到任何阻礙的，那智科塔靜靜的等待了三天。他不吃不喝的，也不曾打破冥府的沈靜。

當夜摩天回來時，他對那智科塔的堅忍不拔與決心十分感動，因此決定要獎賞他：

> 繼以三夜，喔！梵天！汝居留吾所，可敬吾客，分毫未食，吾今致意於汝梵天，予汝三項宏願，選擇（汝之想望）。❷

那智科塔的第一個願望，並不是為了他自己。身為一個虔敬的印度教徒，他要求在重回父親懷抱時，他的父親不要生氣和懷恨，而且他倆將重修舊好。夜摩天為此更加感動，並允諾他們父子倆將會言歸於好。

接著，那智科塔又要求夜摩天教導他，如何施行引領人們到不朽境域的燔祭。於是，夜摩天便告訴那智科塔如何設置祭壇，用什麼樣的材料，以及要設得多高。為了嘉許他在那智科塔身上所看到的無私精神，他先請那智科塔來為這燔祭命名。

然後，那智科塔提出了他的第三個要求——請夜摩天告訴他生死的奧秘，並且盡可能簡潔的陳述了自己的問題：

> 其人雖死，此問猶在。
> 或謂彼「仍在」，或謂彼「滅無」。
> 此乃於爾教誨下，吾願得知者——
> 此乃（吾所求之）第三恩惠。❸

在這兒有一些富含意味的東西值得注意。在那智科塔實現他的第二個願望時，就已經確保了他的不朽性。但他在習得了通往真實生命、或事實上已經涉入彼岸的聖火的知識後，卻又更進一步深入的加以探究。他的最後一個問題不是「我能繼續活下去嗎？」，而是「何謂生命？」

「或求他物歟！」夜摩天回答。「隨汝所欲，求之皆可，無乃或問死事。」但那智科塔不為所動。「肉體歡愉短暫，難免消逝。解吾疑惑。死後猶生與否？」

面對那智科塔的堅持，夜摩天終於同意披露這個至今仍為他所擁有的秘密。在告訴那智科塔所有經典中都曾讚美過的神秘聲音——嗡姆——（絕對的、不朽的大梵）之後，夜摩天說道：

智者無生亦無死；
彼自無中來，化時亦無有；
彼為無生、永恆、不朽與太初——
不亡於肉身之被戮。
屠夫自視具殺戮之行，
刑戮者自視為引頸之人，
是皆無「正」知、「正」見者也；

彼無殺，亦無被戮。
妙中之妙，大中之大，
自我隱於萬物之心（此處）：
憚精竭慮求其逝者注意，
自我之榮盛，實出於神之恩賜。❹

在肉體死亡之後，自我(Atman)並不會隨之滅亡。死亡的奧秘，即在於認清那隱藏於內心的無上我(Supreme Self)不是藉著說教，也不是藉著獻祭可以領受的，而是經由冥想與上帝的恩賜獲得的。是唯有透過自我的選擇，方才得以獲致的。「明自我者」，夜摩天說道：「任死亡自是。」這樣的理解，即謂之解脫(moksha)，是將一個人由其反覆不定的業（karma，行為）以及輪迴（Samsara，無止盡的生、死，與再生的過程）中得到解放。

接著，夜摩天將自我比喻為一輛雙輪馬車的主人，藉此饒富意義的暗喻，來形容那個最深刻的奧秘：一個人的軀體，就是那輛華麗的雙輪馬車；智力，是那位御車夫；心靈，則是韁繩；而感官，即是那馬兒；至於他的欲望，則是馳乘所經的迤邐道路。當一個人缺乏識別力與紀律時，馬就會脫韁、失控。但是當心靈停歇於自我(Atman)之時，則御車夫將會令車子馳往生命至高的目標，並且永不會墜入死亡之口。接著夜摩天直截了當的說：

瞧！吾將示汝此一奧秘
關於梵天永不墜落
以及自我將化為何物，
當其來到死亡片刻。
或將再續塵緣——
再造無明，攝受色身；
或將依其業力，
攝入無生之石
依其所聞
至萬物皆眠，【彼】人(Person)覺醒，
審其所欲：
始方為純粹，彼梵天，
與不朽者。故曰：

所有文字形諸於此；

越此無物得識。[5]

那些死時猶未認識自我之人，將再度投生，或依其業力所定，轉生成為較低層次的生命形態。那些死時能體認自我者，則將超脫自生死輪迴，獲得永恆的寧靜。藉此覺知，他們成就了不朽。

拇指所示為（此）人，

此最深之自我，存於曾持續不已之萬物之心，

立穩！自汝之身將彼奪之，

如汁液之粹取自蘆葦。

純粹即彼，不朽即彼：故知之！

故知之！純粹即彼，不朽即彼！

故那智科塔明此（聖）學，

藉死神之宣告，明瑜伽之真諦：

清淨、不朽、到達梵天之境；

所有明此自我之質者，亦獲相同果報。❻

透過夜摩天的訓示，以及自己內在的認知，那智科塔終自分離的幻想之中解脫，在仍活著之時，達到梵天（絕對實有）中的不朽。在是段過程之中他學習到：

1. 死亡乃與肉體俱存，並存於世上的每一剎那之中；
2. 當粗糙的肉體和精緻的星光體發生變化，並且死亡之時，每一個人的真實自我仍未滅亡；
3. 為求認知真我，一個人必須無懼於生死；
4. 只有死神自身能教導死亡；
5. 透過全心全意、貫徹戒律要求的藝術，一個人得以在有生之年達到不朽。

阿爾朱那與黑天神

《薄伽梵歌》（上帝之歌）是一段有關具有神性的導師——黑天神，與戰爭的信徒——阿爾朱那二人之間的對話。其所敘述的場景，是北印度的一處古戰場，在那兒，卡烏拉伐

(Kauravas)與潘達伐斯(Pandavas)這兩個具有血緣關係的氏族，即將要展開一場內戰，原因出於卡烏拉伐家族，曾因不義取得了一塊原屬於潘達伐斯家族的土地。而阿爾朱那是潘達伐斯五子中的第三個兒子，對於自己將與親戚廝殺這件事，他感到十分的沮喪。對他而言，土地的重要性，遠不及保存親人與朋友的性命。他該為此而奮戰嗎？這個情感上的包袱始終困擾著他。

他的御車夫——黑天神，乃毗溼奴神（Vishnu，他是具備眾生之父——大梵Brama，與溼婆神Shiva身份的絕對梵天）的化身，他聆聽著阿爾朱那絕望的吶喊。阿爾朱那拒絕殺戮，因為他不想殘殺他的族人，也不願破壞這個王國的社會結構。但黑天神卻接著說：「凡生者，皆有死，」況且「死之真象在於生之到來。」（《薄伽梵歌》第二章廿七小節）黑天神告訴阿爾朱那，事實上，他已經沒有退路了，只能放手一搏，這就是法（dharma，即責任）。黑天神更進一步說，死亡只是一種幻想，並回應夜摩天在《古奧義書》中所說的，指出：

凡謂其可殺人
或謂其可被殺者
是皆無「正」知、「正」見者：

無能殺，亦無被殺，
無生亦無死；
無有，亦無復再有：
無生、永恆、永續之彼——太初：
彼無所亡，當其軀體既亡。
能明其乃無所毀壞，
永恆、無生，未曾逝去者，
則被殺與能殺何謂之有？
如人棄其蔽衣，
換著新衣，
故賦形之靈棄其舊有之軀
並入新軀。❼

因此死亡是自然而無法避免的，然而，它又是不真實的。只有與梵天合一才是最真實的，只有與真我(Atman)認同才是真實的。事實上印度教的文獻將其所有焦點，都放在永恆的自我上，而其目的則在於求得如何認識與理解此一自我。黑天神對此永恆自我，有著十分詳盡的說明。他教導阿爾朱那奉獻與忠誠的瑜伽之道（bhakti yoga，守貞專奉瑜伽，乃通過絕對的忠誠與對主神的熱愛，來實現其自我——譯者按），同時告訴他要成為一個瑜伽信徒，就必須不去考慮行為的後果，義無反顧的去奮戰（karma yoga，業瑜伽，乃通過經典所教的行為，來實現其自我——譯者按）。阿爾朱那於此方才明白，黑天神透過瑜伽所闡明的，乃是要成為一位能完成最高自我的瑜伽信徒者，所必須具備的正確冥想之道。

阿爾朱那被黑天神的教導所吸引，但同時又感到十分的困擾，因為他發現到瑜伽實行之道的困難之處。他問：「如果一個人非常具有信心的去奉行瑜伽，卻又無法達到瑜伽的目標時，該怎麼辦？那會成為一個什麼樣的人？」黑天神則回答說：

無於此世或彼世
此人毀滅或迷失：
無行此壯舉者，履於
罪惡之途，吾友，無，殆無。
有行此之名者終將勝矣，

存而不已；
有違此瑜伽之名者，終將墮入輪迴，
或幸而入於虔敬者之門，
或入於尋常百姓之家，
因真正之瑜伽乃具洞見，
而生於此一塵世者
則難以具之。
有與其靈相聯者
（佛陀）
因已圓熟具於前身；
又再（自縛腰身）
為（瑜伽之）勝物而奮鬥。[8]

類似《古奧義書》中所說的，關於死亡，黑天神提出了四項基本論點：

1. 肉體的死亡乃難免的，但並不會造成長期的悲痛；

2.一個人最微妙的部分（jiva，靈魂），是不會在死亡之際消失的，反而會找到另一個新的軀體；

3.永恆的自我（Atman，梵我），乃無生無死的，並且不會被毀滅的；

4.在有生之年明白永恆自我者，將停止輪迴，而於死亡之際明此者，則將與大梵(Brahman)同在。

無論如何，這裏仍然有一個巨大的問題存在著：那就是一個人要如何去實現梵我？理論上的認知是一回事，實行又是另一回事。而選擇印度教中關於死亡部分的宗教藝術，則有助於解答這個問題。

關於這個十分重要的問題，黑天神提出了三條線索，三條都是有關於精神修行的形式或是瑜伽，都是使人們在面對死亡的威脅時，能對自身的死亡有所準備。

第一個叫做智慧瑜伽（jnana yoga，是智識的、直覺的、形上的冥想），乃知識之途，是對客觀自我的全然覺醒。透過冥想的訓練及苦修，一個人可以觸及生命中不死的主體。當阿爾朱那明瞭了以早期奧義書為立論基礎的智慧瑜伽之後，黑天神又強調業瑜伽（karma yoga，肉體的、自我的、奉獻的、超然的活動），以及守貞專奉瑜伽（bhakti yoga，情感的、對神的全然臣服）。

所謂正確的生活方式與技巧的面對死亡，乃是指對這些行為抱持一顆無執的心。若要從產生自死亡的恐懼，以及對於再生的確定性中得到解脫，一個人的行事，就必須不具任何欲求以及目的。於此，黑天神指出了印度教精神中最偉大的洞見之一，或許可以稱之為無為之為的矛盾。在開始了解這項矛盾時，我們可以這麼說，那些長跑者或長游者，他們之所以在運動中能達到一種和諧的狀態，乃是因為受到跑步或游泳的韻律所感動的緣故。而當舞者成了舞蹈作品的本身時，此時舞者將不僅僅是在跳舞，反而成了被舞蹈作品所驅策的人。藉著提供各項活動來獻祭黑天神，或藉著執著於黑天神的回報，獻祭者因此融於黑天神之中，並成為真我。

在這兒有一項活動，是超越所有活動之上的，也就是黑天神所說的，必須在無智、無執於形軀或情感的情況之下來加以實行。這種保證無所執的方法，實即對神全然的臣服。持守貞專奉瑜伽者的終極目標，是要一心一意的對上帝奉獻，提供能力所及所有的一切來供奉上帝。當黑天神將這項最高機密透露給阿爾朱那時，這個目標變得益發的清楚：

越此，彼為最高之奧秘

吾至上之信息，諦聽之。

為吾愛汝故。

故吾將授汝益汝之行。

存吾於汝心，獻身於吾；
向吾禱之，敬吾；
　應僅向吾行，汝將真實不妄
吾承諾於此——（為）汝乃吾所鍾愛故。

捐棄（其餘）所有責任，
視吾為汝避難之所，朝向吾行；
吾將自罪惡之淵藪
救汝；必令汝無心傷！[9]

當《奧義書》中所謂的獻祭活動，被視為包含了火、飲料、吟誦、故事、以及穀物或動物的祭品等外在儀式時，黑天神卻指出了奉獻式的獻祭。因為對於所獲，或者行為結果的無所執著，因此奉獻者所獻祭的，乃是他的執有。這種願為黑天神做任何事的自我犧牲，在印度教的術語當中，即是我人的再生。事實上，從印度教的觀點來看，在肉體死亡之後，我們經歷到了兩種再生——首先，是在我們實行外在的獻祭儀式時；其次，則是在我們發生內在精神性的死亡（且獲新生）時。

十分顯而易見的，當黑天神對阿爾朱那提出忠告，要他奉行吠陀先知們稱之為永恆的路徑時，《薄伽梵歌》的最高機密，便成為最適宜於死亡之際練習的。

令人閉其（軀體）門戶，
發其心智入其心性，
定其氣息入於其首，
致志於瑜伽之專注，
令其語嗡姆此一音節，（意即）梵天，
存吾於心；
則至其離體之際，

其將入此最高之道。
獲吾之道如是之易，
存吾於心未曾停歇者，
無思——
行瑜伽者與吾永為一體。[10]

在東西方的許多傳統中，都十分強調一個人臨終前最後的一句話、思想、禱告，以及最後冥想所具有的意義。黑天神曾透露，一個人在死亡之際，如果能全神貫注、保持心智合一，深切的臣服於黑天神，並且唸誦嗡姆真言，那麼他將不會再墮入輪迴之中。基於此，阿爾朱那明白了臨終的想法，往往會決定來生經驗中的最初片刻。

在黑天神的教誨之中，類似於守貞專奉瑜伽的死亡藝術，是要求自我的臣服。以黑天神的觀點來看，當一個人仰慕黑天神並奉獻於他時，也就是以瑜伽的方式死亡（亦即具備了心智上的專注，以及與自我合一的條件）。透過此一觀點來看，則形式與儀典都是虛妄的，內在精神上的臣服，不但足以取代宗教上的經典，亦足以超越廟宇的存在。再沒有什麼東西，能將一個人束縛在此生了。無論是藉著咒語的唱誦，或是透過慈悲的無我行為，行守貞專奉瑜伽者，如同喜見禮物一般，對來自所愛之人的任何事皆表歡迎。由於這種十分強烈的融合之愛，因此當死亡降臨時，行守貞專奉瑜伽者，便能以迎接的心來接受它。

輪迴(Reincarnation)與解脫(Moksha)

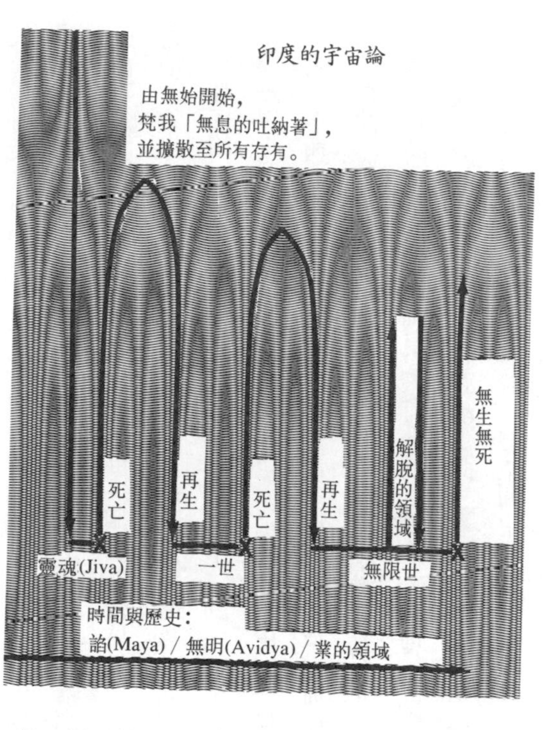

《奧義書》中最重要的基本教義之一，便是輪迴(samsara or reincarnation)這個觀念的發展 。輪迴，又稱之為轉生(trans–migration)，是指個別獨立的靈魂 (jiva) 不斷賦形化生的過程。在印度，由所有生命所匯聚而成的長河，被視為是由生、死、再生等一連串持續不已的系列所構成的。輪迴將進化的法則，與朝向覺悟的精神歷程合一。在進化程度低於人類的生物層級之中，生長乃指自發性的朝向複雜化，朝向由無機物過渡到有機物、植物，以至於人類這個層級的發展過程。在人類這一層級上，靈魂則具備了打破生死輪迴的機會。從每一個新的、個別主體的自我意識開始，到最終的覺悟，每一個靈魂皆依其業力來決定其再生內容。然而當一個人覺悟，能以精神之眼來觀看此一世間時，則輪迴即不再是必要的了。

如同附圖所示，在無始開始運作時，那不二的一(One)便幻化為多(many)。每一個靈魂(jiva)都將歷經生存、死亡，並一再的重生。最後在其中的一世裏，靈魂、或稱之為分裂的意識自無明（不識執為識者的無知）中覺悟，自業（由行為而產生反應的非人為法之因果律）中覺悟，自諂（分裂的自我假象）中覺悟，並且認識那真我。當自我所顯化出來的（Self–actualized）靈魂死亡時，除非是靈魂另懷有悲憫之目的，否則他或她將不再投世轉生。

大部分的人都視輪迴為靈魂由此生過渡到彼生的單向歷程，然而事實上，其中尚存在著各式各樣的可能性。那些處於二度空間中而感到十分舒暢的人，那些創造了許多尚待完成的未竟之業(karma)的人，將選擇輪迴一途。其餘的，也許會選擇一起離開肉體的次元，並一起進入另一個不同的次元。但也另有一些能在有限生命中，完成自我認識的人，他們將永不再轉生於世，並進入梵天之境與之合一。

然而那些選擇了以另一個人的身份，再次轉生的人，到底會發生什麼樣的情況呢？

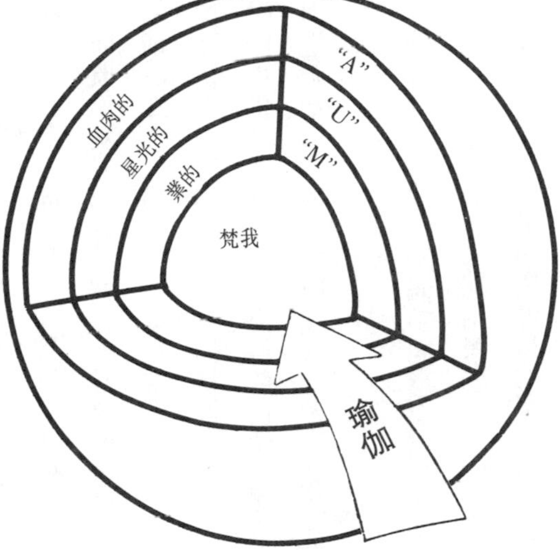

印度的心理學

透過印度教論死亡情況的基本觀點圖示，我們可以發展出另外一個附圖。在死亡時，外在的或血肉之軀（如皮膚、骨骼、肌肉、神經系統與大腦等），都將一一離散。包覆在獨立靈魂之上，或心靈實體之上的較為細緻的部分(即星光身，它包括了業力、知識、呼吸以及心智等），亦將開始消散。死亡後，靈魂(jiva)先是停留在肉體之內或附近。但是很快的，它將會甩脫肉體，並且緊接著有好一段時間，會進入依照他對塵世生命的渴望程度，所形成的實相之中。當這些渴望停止之後，靈魂又會進入一種短暫而喜樂的存在狀態，直到依其業力所定的時刻一到，它就將披負上另一具軀體，再次轉世投生。

一個人的轉世與否，他將轉世成為什麼東西，以及轉世到進化階級的那一個階段，都決定自其業力。根據這種非人為所能改變的宇宙定律，業力、行為與行為的結果皆為平等、相對與相融的。業力乃是因果律，特別是在物質與精神的領域上更是如此。它具有一種排除於時間、地點、人物或事件之外的真實性。當業力為個別的（我所為）、以及集合的（我所遇），當它為命定的（性別或種族）、以及多樣的（思想與態度）時，它是善惡皆具的。舉例而言，例如善的業力，無論是在此生或是來生，都將形成好的影響。一個人也許因此降生到一個更高的階級，或具有更高的精神性認識。此外，業力是一種力量，它足以決定一個人來生的生活方式。而既然生命乃緣於業力，那麼轉世便成為一項保證。基於此一觀點，我們可以問道，在這樣的情況之下，還有些什麼指望呢？

《奧義書》中曾指出，自我的轉世，乃是因其善行或惡行所決定的。那個無法解脫的自我，流轉於生生世世之間。然而若能自諂、無明與業當中解脫出來者，則可與真際(Real)合而為一，而這就是人們的希望所在。對印度教教徒而言，最高的領悟，就是在有生之年能夠顯化永恆的自我。

幾乎所有印度教的宗師們都同意：自生死中獲得最終的解脫，乃是生命的目的。這項於死前發生，被描寫為處在一種狂喜狀態下，與梵天最終的合一，是一種純粹喜悅的狀態(ananda，完美的祝福)。因此，早期印度教的聖人將解脫解釋成為：把心靈從死亡的恐懼中給釋放出來。解脫乃是一種精神上的死亡，它至少強調了三項結果：

1. 一個人從無盡的生死輪迴中逃脫出來（解脫）；
2. 等持(samadhi)或空的淨化，虛空或無，同樣皆為絕對的圓滿與慈悲；
3. 自死亡輪迴的影響中得到解脫，並回到全然與梵我同在之域。

死亡的儀式

印度人在臨終之際，無論男女，都將身處於各項宗教儀式及禮節之中，這是為了要支持臨終者，使之得以通過死亡過程的緣故。於此，我們將扼要的考慮兩個問題：在臨終之際，印度人都做些什麼？以及死後，他們又是如何處理屍體的？

一般而言，印度人在死前，會由兒子及親戚們倒一些水，如果可能的話，倒一些取自恆河的水於臨終者的嘴中。這樣不但能消除喉嚨的疼痛，同時也是向家人們保證，臨終者將能接受到恆河所帶來的和平與寧靜，並因此而獲得安寧。此時，親友們將誦唱祈禱，並讚頌吠陀真言(Vedic mantras)。在這種悲傷沈悶的時刻，讚頌的曲調，往往更勝於那些自我安慰的言語，具有撫慰臨終者與鼓舞生者的作用。如果有僧侶在場的話，那麼他將會背誦咒語（真言），企圖使臨終者能再度復活；如若失敗，則他將宣布此人死亡。

在火葬之前，屍體將被清洗並塗上油，毛髮（及鬍鬚）亦將修剪一番，並且要換上新的或潔淨的衣服。在送葬的前進隊伍中，隨著屍體一路來到火葬之處的死者親屬與哀悼者們，會唱頌著尋求夜摩天幫助的詩文。緊接著，屍體被放置在火葬用的柴堆上。如若死者是位男性，此時在守夜時坐在逝者旁邊的寡妻，在火葬場上會被要求站立著。最後，長子繞著火堆走三圈，每次皆向逝者灑些聖水，然後，他用被賜福過的火把點燃了火堆。在儀式當中，親屬及哀悼者為使逝者靈魂能快速的解脫，將唱頌著吠陀的咒語如下：

> 令雙目歸諸太陽；汝之生命歸諸風雲；因汝曾有之善行，歸諸天國，繼之「為再生故」，復臨塵世；或訴諸流泉，若汝生賓至如歸之情；或留於香草之中，與汝將獲得之身軀同在。⑪

三股烈焰襲向屍身，很快的，就只剩下骨頭在那兒悶燒著。

在印度，死亡儀式的多樣性，大致可以區分為三種不同的表現方式——火葬、土葬或暴屍於外——印度人相信，火葬對於離體的靈魂最具有精神上的利益。一般咸信，因為對肉身的執有，因此只要屍體還沒有殯葬，則靈魂將會徘徊於屍身附近數日或數月之久。只有屍體被火化了，靈魂才會儘快的展開新的旅程。

當哀悼者回家之後，他們必須立刻梳洗一番，然後再次的頌唸咒語，並於家中祭壇前奠酒，這樣的儀式將一直要持續十天之久。在亡者死後的第三天，長子必須回到喪葬之處，撿拾燃燒剩下的骨頭，並將之埋葬或扔入河中，這些儀式都是為了要使靈魂很快的進入另一個世界，無論是由此生轉換到另一個個體生命，或是由此進入永恆的梵天。

最後，我們回到那個戰勝肉體的死亡方式，也就是自我(Self)的展開。在印度，許多的教派或宗教團體都曾在預期死亡上有所修行，但都沒有孟加拉的神歌手來得聲譽卓著。無論是詩人、神秘主義者或扶乩之人，他們都是虔敬而投入的，都是獻身於毗溼奴神(Vishnu)或黑天神的，他們實行著對自身死亡的冥想，並因此而臣服於神。這些獻身者都發願犧牲他們所有的欲望，期望能於此生得證重生於神——亦即在有生之年，能消弭個別主體的自我。

在生與死的
兩扇門之間，

聳立著另一扇門，
全然無解的。
其人為能
降生於
死亡之門前者，
乃永恆的獻身於……
（因之）
在死亡前死亡，
雖死猶生。[12]

註釋

[1] 卡麥斯(M. V. Kamath)所著《死亡與死亡過程的哲學》(*Philosophy of Death and Dying*)，頁一九九。

[2] 《古奧義書》(*Katha Upanishad*)第一篇第九章，這一部分以及本章中其他援引自《古奧義書》之部分，除了特別註明的地方之外，皆出自扎那(R. C. Zaehner)所翻譯的《印度教經典》(*Hindu Scriptures*)。

❸《古奧義書》第一章第十二節。

❹《古奧義書》第十一章第十八節至廿節。

❺《古奧義書》第五篇第六章第十八節。

❻《古奧義書》第六篇第十七章第十八節。

❼《薄伽梵歌》第二章第十九至廿二節。接下來所引述之部分，皆援引自富蘭克林・艾傑頓(Franklin Edgerton)所譯之《薄伽梵歌》(*The Bhagavad Gita*)。

❽《薄伽梵歌》第六章第四〇至四三節。

❾《薄伽梵歌》第十八章第六四至六六節。

❿《薄伽梵歌》第八章第十二至十四節。

⓫在儀式中所使用的傳統咒語。

⓬德班・帕他恰爾亞(Deben Bhattacharya)所譯之《孟加拉遊唱詩人之歌》(*Songs of the Bards of Bengal*)第六五頁之Gosain Gopal。關於神歌手的象喻問題的討論，則見於《與死亡的宗教性相遇》(*In Religious Encounters with Death*)這本書中的第九七至一〇八頁，由大衛・金斯里(David Kinsley)所著之〈戰勝死亡的死亡：印度中世紀的遁世觀〉(The Death That Conquers Death: Dying to the world in Medieval Hinduism)這篇文章。

日誌測驗

一、盡你所能的想像一下，你就是那智科塔，而且可以到冥府一遊。想像一下整個場景。設計一下要怎麼和夜摩天對話。問他關於死亡方面，你感到最為迫切的問題。

二、設計一下和黑天神的對話，請他解釋一下他所說：「當一個人離開其塵世軀體時，他應當記起我。那些獻身我者，將來到我這兒。」這句話，具有什麼樣的意義？在死亡時朝向黑天神，會是一種什麼樣的情況？問黑天神，並且將他的回答記錄下來。

三、那智科塔和阿爾朱那在死亡的真實性問題上，有著那些相同的發現？這些理解在他們對生命的認識上，又提供了些什麼？

四、對於印度教中解脫的教義，你有什麼樣的回應？你相信在世時的覺悟，以及在生前即體驗到永恆的自我二者，有可能達成嗎？如果是，請說明對你而言「永恆的自我」代表了什麼？如果不是，請解釋為什麼？

五、用你自己的方式，再複述一次印度教中關於火葬的基本理論。你對這種教義有些什麼回應？你希望被火葬嗎？如果不希望，請說明理由？對於你的屍體，你希望做怎麼樣的處理？

六、一個既有智慧又具修行的印度人，將如何回答下列的問題：關於技巧性的死亡，你的傳統教導了你些什麼？也就是說，最具宗教性的死亡方式為何？

第三章　佛教面對死亡的態度

在所有出於自覺的冥想之中
冥想死亡，乃是至高無上的。

佛陀，《大涅盤經》(*The Sutra of Buddha's Entering into Parinirvana*)

關於死亡，佛陀的訓示約可簡述如下：所有的生命都永恆遭受著痛苦；萬事萬物都在遷流變化之中；有生，遲早就有死，但不變的自我則沒有死亡；人類若是完全沈溺在悲傷之中，那麼便無法平息對死亡的恐懼。這些洞見，都包含在他曾告訴門徒們的，有關於失去獨子的基莎・戈塔咪(Kisa Gotami)的故事之中。

戈塔咪是一位脆弱、貧苦、沒沒無聞的女性。在她那個時代的風俗之中，女人婚後就必須與夫家同住。由於戈塔咪的出身不高，因此她夫家的親戚們便從來不給她好臉色看。然而因為兒子的誕生，戈塔咪不但獲得他人的尊敬，同時也得到了產業。因此，當她兒子去世時，她不但要承受著失去兒子的痛苦；同時，又因為將失去她生平首次獲得的尊重，而被恐懼所折磨著。

一股無邊的悲痛浪潮湧向她來。她馱負著死去的兒子，在村子挨家挨戶的哭嚎著：「給我藥救救我兒子吧！」她的鄰居們嘲笑著說：「妳到哪兒去找起死回生的藥啊！」

後來，有一位很有智慧的人聽說了她的問題，便建議她到附近的一座僧院，那兒有位全世界最傑出的人士住在那兒。「問他，他會知道的。」她知道那兒果真住著這麼一位知名人士之後，便動身前往僧院。而當她終於見到了佛陀之時，便開口問道：「至尊啊！給我藥治療我的兒子吧！」佛陀回答說：

> 善哉，戈塔咪，汝知至此取藥。行入城內繞城一匝，自首問起，或有未有辭世者之人家，則問其要一撮芥菜籽來。❶

戈塔咪滿懷希望挨家挨戶的尋求芥菜籽，但是她始終找不到有那一家不曾被死神光臨過。在明白了這一層道理之後，帶著佛陀那不僅是針對她一人所發，而且是針對整個村落所生的深刻的悲憐情懷，她終於克服了傷痛。懷著這新生的覺知，她帶著兒子來到了火葬之處，在把兒子投入熊熊火光之中時，她勝利的說道：

無村落之律法，無市鎮之律法，
無家族之律法──
無於全世界以及所有關乎神之文字，
此乃唯一之律法，亦即萬物無常。❷

當戈塔咪回到佛陀之處，佛陀問她，是否找到了任何的芥菜籽？「至尊，」她說道：「完成，即是芥菜籽的事件。」為此，這位已經覺知的師尊便複誦了下面這一節詩作：

或可活百歲，
未曾見知死亡之域，
無如僅活一日，
得見死亡之域……❸

由於在活著的時候便已實現了死亡的藝術，戈塔咪非常能夠領會佛陀所謂「永生不滅領域」的意境。當然，這只是具有象徵的意義，並非是一種文字上的詮釋。如果以一種自相矛盾的方式來述說的話，則無死的境界也就是沒有境界，無遠弗屆的。

當佛陀進入一個無邊的領域之時，便稱之為涅槃(Nirvana)，在那兒，所有的個別主體都將消逝，沒有死亡的恐懼，只有完美的全神投入。

戈塔咪從這位先知那兒所學到的是，她對兒子所懷有的強烈情感已經蒙蔽了她，使得她無緣體驗到那種以全人類為對象的真正慈悲。如果一個人強烈的執著於現世的歡愉，那麼屬於他的財富、子女、悲慘之事甚或死亡，皆能吞噬他的生命。反之，那些曾體驗到那永恆不變的生命洪流之人，則如同戈塔咪所經歷過的一般，所有遷流不已的現象，都將由死亡的苦痛之中解脫出來。

現在我們要研究一下在佛陀一生當中，兩則與死亡有關的故事，先是關於精神性的死亡，也就是他自身肉體死亡所做的預備。在第一則故事之中，他放棄了各種欲望、執有，獲得了覺醒，結果，他再次從死亡的恐懼之中得到了解脫。第二則故事則是關於他真正的死亡，以及周遭那不同於尋常的環境。

悉達多(Siddhartha)的覺醒（西元五五六～四八〇年）

佛陀無上的啟蒙時期(The Supreme Enlightement)，是伴隨著悉達多的絕對克己(Great Renunciation)，也就是所謂的「四聞見」(Four Passing Sights)的全盛時期而展開的。這項啟蒙誠如我們將看到的，牽涉到悉達多舊有自我的精神性的死亡，以及關於新的自我的新生或是真正的覺悟。由於悉達多對於死亡的教誨和此項經歷有關，因此首先，我們順著悉達多的人生之旅，通往他重要的啟蒙時期。

悉達多・喬答摩(Siddhartha Gautama)生下來即是一位王子。但是在他誕生之前，即曾有人預言他將來必會遠離皇宮。他的父親因為不願意失去兒子，因此將他苑囿在高牆之內，並且對他十分的放縱。悉達多在嬌生慣養之中成長，受著最好的教育，卻對其父所壘起的高牆之外的世界一無所知。他沒有見過疾病、老年人或是死亡；任何令人不快的事都無法貼近他。雖然如此，悉達多卻仍然被一種失落的感覺深自困擾著。廿九歲之時，他開始嚴肅的思索自己的人生，並且決定要去探索高牆外的人生。

他總共出宮四次，都是乘坐著他父親的華麗馬車。第一次，他看到了一位很老、滿身是皺紋的老太太──一位乾癟的醜老太婆。這幅景象令他心煩意亂，因此很快的就打道回府了。

他心裏想：「我，也會變老嗎？」後來，他又再次出宮去了，同樣乘坐著那輛華麗馬車。這一次，他看到了一位重疾纏身的老先生，他的肌膚潰爛化膿，並且疼痛不已。帶著深沈的困擾，悉達多又再次急駛回宮，並懷疑自己有一天也會被這種疾病纏身。經文敘述當他第三次外出時：

> 適其往載公園，視著異色服飾群眾所組之喪葬隊伍，故問御車夫：
>
> 「何以聚此，著異色之服，聚柴薪若此？」
>
> 「陛下，因某人已結束其在世之日。」
>
> 「移車近此結束其在世之日者。」
>
> 「諾，陛下。」彼御車夫回曰，並遵其所言，駛往此人之屍。問曰：
>
> 「汝善御夫！何謂結束其在世之日？」
>
> 「陛下，此謂無論父、母，抑或其餘親眾，現皆無人得見其人，彼亦無由得見其親。」
>
> 「然則，吾亦將亡否？吾無法超越死亡？國王、王妃及一切親眾，亦將無由見吾否？抑或吾尚得見彼等？」
>
> 「汝，陛下，吾等皆同，皆將死亡；亦皆越此生死關頭。無論國王、王妃或汝之親眾

們，亦皆無由見汝，汝亦無法得見彼等。」❹

在悉達多一生中，這是第一次如此迫切的面對著形軀生命無可避免的有限性。但是他還是又出宮了一次，並且在見著了一位身披黃袍、剃光了頭髮的隱士時，依然覺得十分困惑。為了解開悉達多對這位精神超然人士的疑惑，他的馬車夫答道：「彼乃前輩者也。」當悉達多問：「何謂前輩？」這位車夫答道：

陛下，前輩者，亦即過著完全宗教性之生活，完全平靜之生活，具備善行，舉止合宜，無過與不及，並與萬物為善。❺

經過這四次見聞之後，悉達多暗自下定決心，認為接受那生、老、病、死的真象，總比獨自生活在人群之外要好得多。人類所處的這些環境，在悉達多內心什起了無解的難題，也因此使得他無法繼續再生活下去。他離開了父親的皇宮（以及他所接受的印度教育），並花了六年的時間去追尋一個能解開他所有問題的答案。他練習瑜伽，並跟隨著最具修行的導師過著禁慾的生活，學會了完全沈浸於冥想的各個階段，但卻也領悟到這條啟蒙的路上，再沒有人可以師法了。

最後，他帶著堅定的決心，落坐在一株菩提樹（智慧之樹）下，決心不證佛道，不起此坐。在打坐時，悉達多全神貫注於自己的呼吸，貫注於腹部的起伏。但很快的，一位造就死亡的邪惡魔王（Mara），以及他的隨從們便來蠱惑他了。專注於冥想的悉達多，不但不受其攻擊與誘惑的影響，反而對魔王說道：

歡愉若閃電之光芒；
或如秋日之陣雨，乃一瞬間之事……
為何吾將圖汝所謂之歡愉？
且吾見汝形軀充斥駁雜，
生之與死，病之與老，悉皆汝之所有。
吾見眾人所難企及之最高價值——
彼真實、永恆之智慧。[6]

他的誘惑者離去了，悉達多沈浸在更深刻的冥想之中，他柔軟的身軀不曾移動分毫，帶著純淨的心靈，他憶起自己所有的前世。此時，他全知（所有知識）的天眼打開了，因而看到了因果鎖鍊（意識、身體、心靈、感受、觸覺、欲求、執有、老、病、死等的內在依存性）的真實性。他進入了不死的境域，並宣唱起屬於他的勝利之歌：

吾歷累世，
徒然追尋彼打造屋宇之工匠，
然則汝此屋宇之規劃者，已被吾尋獲——
汝將不再為吾建屋！
汝之光芒已遭破解，
樑柱亦已消殞，
吾心入此寂靜涅槃，
慾望之止息終至獲得！[7]

佛的面相

佛陀破除的不是慾望，而是對慾望的執著，這個觀點是很難加以理解的，因為一個人活在世上，就不可能沒有慾望。最特別的是，佛陀甚至連覺悟的慾望都消失了，因為他明白沒有理解的對象，也沒有任何人在進行著理解的活動。所有的無知都去除了，他明白再生已經完全被摧毀了。他原有的個別自我已經消逝；原有的慾求和恐懼也已消逝；所有關於生、老、病、死等所具有的疑惑亦已消逝；而這一切的逝去，則正是他所探尋的。這位已經覺知，已經停止渴求，已經沒有執著，已經不再對死亡有所恐懼，成為永生不滅的，正是佛陀。佛陀已經超脫桎梏著人類的執有、無所執及無執等三種狀態了。

在接下來的四十年之間，佛陀教授了中道(The Middle Way)與四聖諦（苦、集、滅、道）的智慧，但他又反覆的宣說宗教生活並不依賴於教規或任何的形式。事實上，他鼓勵他的門徒們，既然識見和種種理論都是對反的，只會招致相反的論調，並形成更大的困惑，那麼不妨放棄對任何形式化的外在指導的依賴。佛陀這種精神性認知的本質，正表達出他對眾生，甚或死亡的一種無條件、無私的悲憫。在有生之日體驗死亡，佛陀發現了在死亡前先行精神性死亡的藝術，並確信肉體死亡乃虛幻而不真實的。

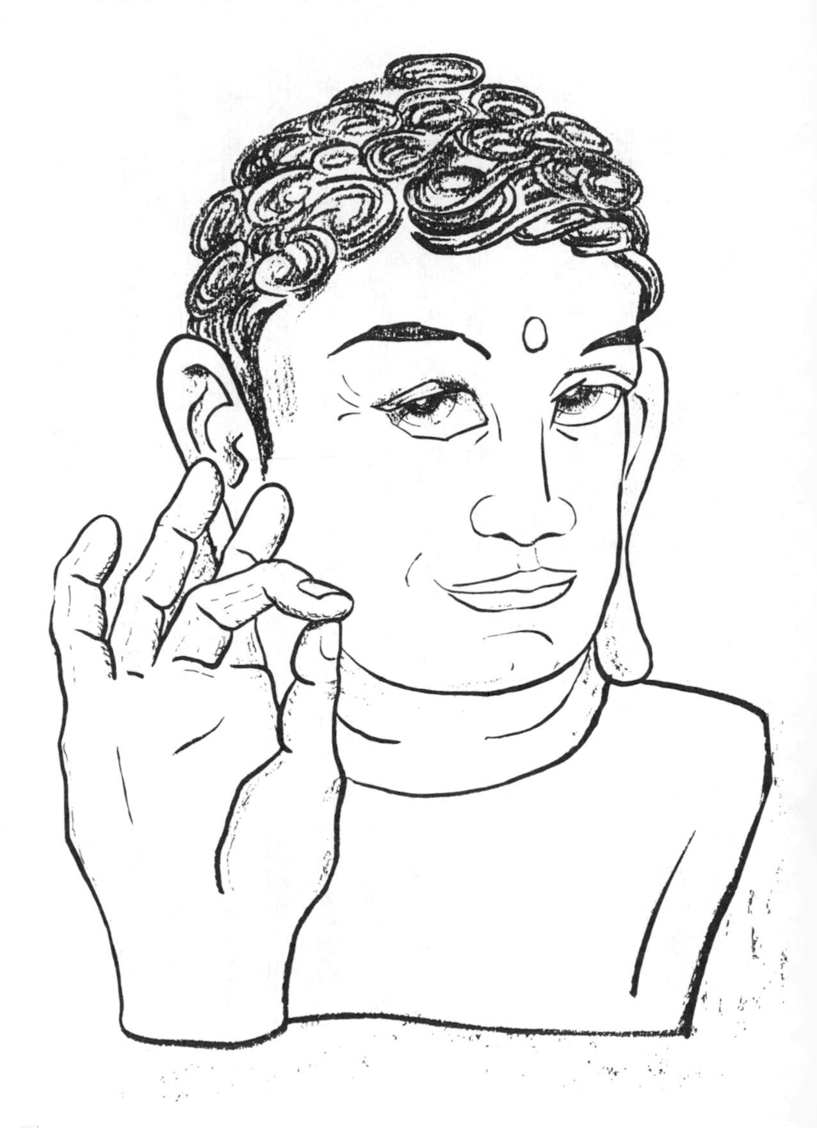

佛陀的面容

佛陀的死亡

在佛教的傳說當中，佛陀在吃了信徒淳陀(Kunda)所準備的飯蔬之後，便開始感覺到痛苦難耐，並且明白這個疾病將會導致自身死亡。於是他立刻吃光了所有的食物，因為如此一來，就不會再有其他的人被這種食物所毒害了。接著他喚阿難(Anada)前來，要求阿難將他帶到離河較遠處的雙樹林(Sala grove)去。在那兒，佛陀右脇而臥，雙腿相疊，頭朝北方，十分清醒而警覺。佛陀說道：「阿難，要勤於修行，要時時留心所有因緣聚會的萬物，都是無法長久的訓示。」這位導師接著告訴阿難，那些想表達對他崇拜的朝聖者們，必須去的四個地方：

一、他（悉達多・喬答摩時期）出生的地方；

二、他覺悟（進入涅槃）的地方；

三、他第一次講道（中道）的地方；

四、他死亡（圓寂）的地方。

對此，佛陀又補充道：「不要敬奉我的遺體。」

此時，還未全然覺悟的阿難，便懷著沮喪的心情，跑到附近的一所僧院，在那兒，他為著佛陀的即將辭世而暗自揮淚。「佛陀滅度之後，誰來傳授諸法（關於苦、無常與無我）呢？」

他囁嚅著。佛陀在聽及此事之後，便將阿難喚到跟前吩附他說：

> 我不只一次的告訴你，就像那些我們應當遠離、與之分離，所有切近於我們的事物一樣。阿難，既然所有被生下來，在存有之中，富有組織的都內在具有分解的必然性，那麼，又怎麼可能令其不被分解呢？在這種情況之下，是沒有什麼能夠存在的。❽

佛陀的精力漸漸的消逝了，於是他遣人到附近的村落，去告知眾人他行將滅度。在此同時，有一外道的遊方僧人須拔陀羅(Subhadda)來到了佛陀處，要求佛陀為他解除疑惑。起初，他被拒絕接近佛陀，但佛陀無意中聽說了他的要求，便明白他是誠懇的，須拔陀羅問了一個類似許多追尋永恆精神的人所提出的問題：「那一種系統或教導是正確的？」當佛陀對他論說八正道（正見、正思維、正語、正業、正命、正精進、正念、正定）時，須拔陀羅便立即覺悟了，並現出了比丘像（羅漢，arhart）。

接著，佛陀對教徒眾人說法，並再三的問說，對於他的教義或者方法，是否還有任何問題或疑惑。但沒有任何人回話。因此他又說道：「諸多現象都會衰滅無常，莫放逸，精勤吧！」❾

這最後一次的說法提醒了他們，生命是無法脫離走向衰敗與死亡過程的，所有的實體皆不過是緣會所生，而人人皆具足覺性。是故，佛陀在自身死亡的痛苦之中，仍示現四種慈悲之行：首先，他吃了所有具有毒性的食物，以使其他人不致於也被毒死；其次，他邀請所有的村民，使他們不至於來不及向他致最後的敬意；最後，他向須拔陀羅說法，並示阿難以自己為師的法門。隨即，他就進入了彌留前的各個階段，先是關於無限的空間與思想的消失，然後是各種感覺的空虛與意識的衰敗，最後，所有的思想都遠去了。

在接下來的六天裏，不斷有門徒與信徒們湧到，來向至尊的遺體致敬，到第七天時，至尊的遺體被送往東邊的下葬地點。在那兒，僧侶們將他的屍身包裹起來，並放在火葬的柴堆上。根據傳說，當最後的朝聖者頂禮之後，此時，那柴堆便自動引火燃燒起來。

無我、再生與涅槃

曾經有人問佛陀，他到底是一位哲學家，印度教宗師，或只是一位男人罷了。佛陀否認了這三種可能性，只簡單的回答說：「我就是覺知。」他並沒有以他所受的印度傳統慣用的方式回答（他認識了梵我），因為佛陀發現到並沒有所謂的梵我可以認知。只有單純的覺悟，自我的覺悟。他稱此一真知灼見為無我(anatta)，字面上的意義就是沒有自我（梵我）。正因為沒有固定的形式、感官、感覺、意志力或意識，因此也沒有一個過渡於不同生命形式之間的靈魂存在。為說明沒有所謂的個別自我，佛陀對信眾宣說：

> 思此，眾比丘，具足智慧、高貴之信徒將遠離形軀、感官、感受、各種協同作用與心靈。
>
> 因遠離故失其情，因失其情故得自由，因得自由故能得知：「吾乃自由」，並知再生已然停止，生命已然圓滿具足，其職責已然實現；於此已無更甚者。⑩

當佛陀說沒有永恆的自我在那兒輪迴時，他意謂著什麼？

誠如我們所見，印度教徒們否認肉體的永恆性，但仍保留了靈魂的不朽性。佛陀對此兩者則皆加以否定。他指出，所有「我」的概念或觀點，實際上都是那個相對的、有條件的、暫時的心靈，它是一種巧妙的設計。基本上，真正存在的只有不斷變化的五蘊——色、受、想、行、識——心理各種不同面相的節奏，其形式化的組合。當然，在文化上與日常生活上，我們說「我」、「你」以及「人」，是為了認可約定俗成的習慣，而這是形軀生存的必要條件。據佛陀所言，死亡則是這種短暫蘊和的消解或分解。當這個「人」死亡之時，生命的長河仍然持續著，而五蘊亦持續存在。因此，雖然印度教的宗師們皆斷言靈魂乃輪迴於形式之間，對佛陀而言，則沒有一個能接受新的肉體的永恆實體。既然沒有根本的自我，就沒有永恆的實體，因而在早期的佛教文獻上往往被描述成「再死」。任何特別的、所謂的死亡，都被視為死亡的系列之一。也許有人會說，在再生之時死亡已經過去了，或最多由其遺傳上的外觀，再次顯示出進化的過程罷了。

為說明此一問題，佛學研究者曾討論過各種不同的類比推理法。其中之一是，此時燭火將會由前一枝過渡到另一枝。第一枝蠟燭的真正火焰並沒有傳過去，而是繼續留存在第一枝蠟燭上，但光卻傳遞過去了。從這個角度來看，透過所有的可能性與或然率來看，再生不過是整個進化過程運作上前行的階段罷了。

第二種類比推理法是利用兩個撞球之間的關係。試想，一個靜止的球被另一個移動的球擊中時，會有什麼樣的情況發生？那靜止的球將立刻會移動，而那顆原本移動著的球則會停止下來。既然這是兩顆不同的球，那麼在其間傳送的能量，則是舊有的與新生的二者兼具。

第三種類比推理法使用的是蠟上或泥上的封印。如果我們現階段的處境是那個印，而我們的來生是蠟或者泥，那麼封印的形式就是人類業力的形式，是會很精準的模印在上面的。在這一個類比推理法上，是業力的走向決定了再生，而不是角色的特徵決定了再生。

第四個，同時也許是最令人滿意的類比推理法，就是利用動畫的原理。在動畫中，前一格與後一格的內容很相似，但又有著些微的差距，當這些畫片快速的變換著時，就形成了各式各樣的活動，佛教徒們所信奉的，正是這種瞬間的生死。就好比一卷完全展開了的膠卷，人類的生命，被視為剎那生滅的過程。

誠如佛陀所做的，透過他對自我並不存在這一點所提供的教育，我們很容易明白他為什麼一直拒絕去談論來生的問題。因為佛陀明白，不論他說有所謂的來生，或者沒有所謂的來生，這都是錯的。因此，他說「無」。

有一天，有一位信徒來到佛陀處，依然問他是否有所謂的來生，為此，佛陀回曰：「馬蘭卡普特(Malunkyaputta)呀！如果有一個人已經背後中箭，他是該停下來想到底是誰射他？或是想箭從那兒射出？都不是，他應該立刻尋求幫助，以便拔出那箭。這事的重點在於：『有沒有來生？』這是個不該問的問題。它是另一個更重要的問題：『我如何能從人類所遭遇的苦境之中得到解脫？』這個問題的表面化。」在這裏，佛陀是在提醒他，不要陷溺在有無來生的教條之中。

依此，馬蘭卡普特，吾嘗言與未嘗言者，皆需常存於胸豁。若此，馬蘭卡普特！何為吾未嘗言者？吾未嘗言者，馬蘭卡普特，為世界乃恆久不已者；吾未嘗言者，乃世界非為恆久不已者；吾未嘗言者，為此世之無窮；吾未嘗言者，為魂與魄之一致；吾未嘗言者，為魂魄異質，吾未嘗言者，為聖者之存於身後；吾未嘗言者，為聖者既不曾存在，亦不曾存於身後。且馬蘭卡普特，為何吾未嘗示此？此皆因，馬蘭卡普特，其無益於眾生，無關乎宗教之基本，且與嫌惡、無情、中止、靜止、超能力、無上智、及涅槃無涉；是故吾未嘗言之？[11]

佛陀暗示有關來生的問題，乃是一個不該問的問題，特別是在一個人得到解脫之前。佛陀所持的教育目標，是人類如何解脫的問題，而這曾被稱為無死的境界，或許可以透過《彌蘭陀王問》(*Questions of King Menander*)這部經裏的簡短對話，得到較佳的說明：

「先比丘大德，」國王問曰：「佛仍存在否？」

「是的，陛下，他在。」

「然則能否明示佛無所不在？」

「世尊於涅槃之際已然物化，故爾未嘗有物以示其具化為何有，是以無以謂無所不在。」

「舉例示吾。」

「值烈焰燃燒之際，陛下能言何為已逝之前焰，何為後焰否？」

「不可，先比丘大德，火焰已然熄滅，難以辨識。」

「循此法，陛下，世尊於涅槃之際已逝……，僅能循其教義之內容加以辨識，為此乃其所施教之物。」

「善哉！先比丘大德！」⑫

誠然，涅槃並不是一種狀態、一個地方、一個理念、對未來的一項承諾、一種無意識狀態、熟睡或僅僅是在做夢。正確的說，它是在虛幻與無知消逝之後，欲望與執有剝落殆盡之後，那最後留存下來的。涅槃被描述為一「無死之境」，恰如印度教中的解脫一義，這是所有佛教徒的終極目標。在此，得到解脫的人超越了死亡，而他或她的淨化，則是一項全然的自我超越。此正是佛陀的另一名號——如來(Tathagata)——即來、即去、得道、無往、無來、無跡的全然覺悟者的意思。

如同佛陀所教授的，涅槃既是不可思議的與難以理解的，它只能透過直覺而被神秘的認知。如同它解除了死亡與死亡的過程，涅槃也是從苦、欲望的消除、無知的消滅、無我、包括有關涅槃自身所有觀念的廢除，以及對全然涅槃的欲求的中止中得到了解脫。佛陀曾云：

> 噢，比丘！何謂絕對（無條件的）？噢，比丘！是為欲望之排除、憎恨之排除、幻想之排除，噢，比丘，是之謂絕對。[13]

因為在活著的時候進入涅槃，因此他否認死亡可能帶給他的任何力量。

死亡的儀式

在許多國家以及不同的佛教學校之間，佛教徒們對於死亡儀式的施行，存在著很大的差異。然而，在一般的形式與實行儀式上，佛教徒們則通常都同意臨終之人的思想與心靈狀況是最為重要的。如果一個人是在恐慌、驚嚇、不安或是憂慮的情況之下死亡，咸信將形成一個很不快樂的來生。在此我使用了來生此一用語，是因為許多村落的佛教徒們普遍都相信，在人死亡之後，其精神仍然存活著。因此，當一個人臨終之時，圍繞於其病床四周的，除了其家人親友之外，尚有僧侶們誦唸佛教經文、覆誦咒語，以助逝者心靈能夠得以平靜。這個過程要一直持續到將逝者亡故，甚或身後。

如果更仔細觀察緬甸村落佛教徒的施行情況，我們將會發現一個人死後，其屍首將由家族中的男性成員予以清洗。接下來，他們會為逝者穿上葬禮用的衣服，用家族中已逝成員的頭髮，將其手腳的拇指綁在一塊兒。口中和頭上再放上一個硬幣；然後放上一瓶鮮花，如此一來，逝者仍將可以供奉菩薩。

從死亡那一刻起一直到火葬，屍體皆被擺放在無蓋的棺木之中，任人憑弔。在這段期間，逝者的親朋好友將前來憑弔、致意，但卻不外露任何悲憫的情緒。屍體絕不會被單獨擱置在那裏，親戚們將會在此埋鍋造飯，而停屍的房間也總有人在那兒聚賭。

舉例而言，緬甸的佛教徒相信，逝者的靈魂將會停留在屍體內，或逗留在屍體周圍達三天之久，三天之後，屍體即被火化，到了第七天時，僧侶們將會被邀至死者的家中，為其唱誦宗教的經文。這項儀式具有兩種功能：首先，它能將逝者的鬼魂驅離；其次，它將對逝者的靈魂予以讚美。他們深信，這段儀式能使逝者較為容易由物質世界過渡到精神世界。此外，也可以使生者免除對鬼魂或自身死亡的恐懼。這種儀式引領著人們，使他們覺悟到人類的生命將在輪迴中一直持續下去，直到每一個人都得到涅槃。

於此同時，在結束此章之前，我們當然不能不將佛教的僧侶制度，以及其對於宗教性死亡藝術的卓越貢獻略過不表，特別是所謂「自覺的死亡」的實行。在第五世紀時，印度的學者佛音(Buddhaghosa)，也就是巴利文經典最古老註釋的編纂者，寫了《清淨道論》(*The Path of Purity*)這本書。這部著作對於我們的研究所顯示出的重要性，是在於它針對僧侶及見習者所施行的「對死亡的回憶」的教授。在發展對於死亡的覺行圓滿上，它建議僧侶們要與人群隔絕，並專注於下列這些文字：「死亡將會發生，生命的力量將會被截斷」，或僅僅是「死亡，死亡」。當獲得了具體的成效之後，僧侶們將自數個不同的觀點上，直接回憶到死亡：就如同一個兇手站在你的面前；如同所有的成就都無可避免的失去了；如同生命內容的貧瘠；如同瞬間般的短暫⑭。這些冥想的設計，是為了要能達到全神貫注於死亡的狀態，以便能以預期的方式，將死亡的真相帶至面前。在各別思索著這些內容時，很矛盾的，冥想者卻藉由將死亡提前帶至生命中來，而從死亡的恐懼中得到自由。以這些方式來冥想死亡，提供了僧侶們處於死亡過程的練習，這是以其他的方式所無法加以獲得的。藉此，僧侶們得以全然熟悉永恆的真相，並臻至無我的狀態。此外，最饒富意味的是：

在死亡的時刻，那些無法發展出對死亡的回憶的人，將感到害怕、驚恐以及迷亂，就好像他們突然被野獸、鬼怪、蛇、強盜，或殺人凶手等攻擊一樣。反之，則其將無懼、無惑的死亡。如若在其有生之時無法臻至死亡，則當其血肉之軀散逸之時，他將往生一幸福之運命。⑮

注釋

❶ 柏特(E. A. Burtt)編纂之《慈悲佛陀的教義》(*The Teaching of the Compassionate Buddha*)，頁四五。

❷ 同上。

❸ 同上，頁四六。

❹ 契潤斯・漢彌頓(Charence Hamilton)編纂的《佛教文選》(*Selections from Buddhist Literature*)。

❺ 同上，頁九。

❻ 阿難(Ananda Coomarasvamy)所著之《佛教與佛教教義》(*Budda and the Gespel of Buddhism*)。

❼ 同上，頁三五～三六。

❽ 同上，頁一八三。

❾ 同上，頁八六，括弧內的句子乃是我造的。

❿ 《佛教文選》，頁三三～三四。

⓫ 亨利・克拉克・華倫(Henry Clarke Warren)所著之《佛教》(*Buddhism*)，頁一一一。

⓬ 威廉・悉爾多・德・巴瑞(William Theodore de Bary)所編纂之《佛教的傳統》(*The Buddhist Tradition*)，頁三〇。

⓭ 援引自華波拉・若胡拉(Walpola Rahula)所著之《佛教教學內容》(*What the Buddha Taught*)，頁三六。

⓮ 援引自羅傑・伊斯特門(Roger Eastman)所著《宗教之道》(*The Ways of Religion*)一書，頁一一二。及(Edward Conze)所譯之《清淨道論》(*The Path of Purity*)。

⓯ 同上，頁一一六。根據佛教的傳統，佛陀實行一種冥想的方式，稱為禪定（Vipassana，透視萬物之本性），它是建基於心靈的澄靜專注，純粹的覺知，以及靜觀。這種全然貫注於本質之上的基本技巧，是採冥想的呼吸。亦即專注於呼氣與吸氣，將所有雜念排除殆盡。冥想者集中注意力於其吸入的每一口氣，與呼出的每一口氣，用這種方式持續一段時間之後，自然得入萬物本性。

日誌測驗

一、在回答佛陀詢問是否找到芥菜籽時，戈塔咪回道：「完成，即是芥菜籽的事件。」何謂「芥菜籽的事件」？戈塔咪所領悟的內容為何？如果你喪失了你的獨子，你能想像領悟的力量足以緩和你的悲傷嗎？

二、設計一場和佛陀的對話，在問題中特別要求他詳盡說明他看待死亡的態度。也許你還可以問他，在他死後到底發生了些什麼事？

三、涅槃對佛陀的意義為何？首先以佛陀自己的用語來加以解釋，接著再嘗試用自己的方式來加以說明。試著用合於時代潮流的字彙（例如使之電腦化）來規範你的評注。

四、試比較印度教再生的信仰，與佛陀對再生或再死的指導二者之異同。你如何描述二者之不同。抑或就你的觀點而言，二者根本沒有什麼不同？試述你的立場。

五、試於佛音(Buddaghosa)所著《清淨道論》中，對死亡的思想部分，任選一種觀點。你為何選擇此一觀點？它又是如何協助你去瞭解死亡的？

六、一位智、修兼具的佛教徒，將會如何回答下列的問題？你的傳統之教育如何指導你技巧的死亡？亦即，何為最具宗教性的死亡？

第四章　禪宗面對死亡的態度

大師回曰：
乃藉死亡的練習。

鈴木正三(Suzuki Shosan)，《文選》(*Collected Writings*)

佛陀死後，佛教在發展過程當中，不同的教派各持佛陀之法（教義）而加以推展。在接下來的兩個章節中，我們將研究兩種文化對於佛法的不同詮釋，或是佛法中兩種不同的歷史傳統：禪宗與藏教。我們所關懷的，不是去凸顯兩者個別的異同，而是要在持續探索之中，透過經文去彰顯每一項傳統在面對死亡的態度上，所提出的獨特貢獻。

禪宗始於對萬有的絕對否定，其中包括了對自我的否定。事實上，禪宗呈現出四種不同的面貌：佛法的一派、所有佛法的中心、所有世人精神活動的真正核心，以及超越了禪宗的無禪之禪。由禪宗先是肯定自我，進而否定自我的傳說主旨來看，它是世上少有的主要宗教性學統之一。究其根本，原沒有所謂的禪，沒有神話、沒有教條、沒有教義、沒有符號、沒有初始。禪是單掌拍手的聲音，是一隻牛蛙躍入寂靜池塘的噗通聲，以及心靈的直接感應。如同一位禪師曾經說過的：「我來自沒有組織的寺廟，我向每位菩薩頂禮。」在下面的故事當中，我們將要觸及禪宗這項寂靜的本質。

鈴木大拙(D.T. Suzuki)，這位在把禪學介紹給美國本土的工作上，有著卓越貢獻的學者曾寫道：「禪學的本質在於，以一種新的視野來看待生命以及萬有。」[1]他也許可以簡單的這麼說：所謂的禪，即是在生死問題上獲得了新的觀點。過去禪師們總是堅持，在一個人開始理解死亡與死後的祕密之前，清除所有關於自我的錯誤觀念以及神的觀念，乃是必要的一件事。在回答「何謂死亡？」的問題上，禪宗大師Kobun Chino Sensei曾指出：「充滿一室傢俱的問題！」當學生持續問道：「但在死亡的時候會發生些什麼事？」「昨天的事件到底是怎麼回事兒？」Kobun回說：「在死亡時，你醒來，你變成自覺到沒有死亡。而且你可以在任何時刻醒來。」在下面的故事當中，禪宗的衝突呈現在其基本性質之中。

據說有一次，在對僧眾們說法的法會上，佛陀不言不語，僅僅拈花而笑。禪宗的源起，即溯源自此時的靜默。然而若從外界的觀點來看，則禪宗實際上當源於第廿八代的印度祖師

——菩提達摩，是他將下列的訊息帶到中國來的：

教外別傳；
不立文字；
直指人心；
見性成佛。[2]

從這段文字可以很明顯的看出來，不論禪是什麼，它絕不是概念性、理論性、思維性或是理解性的，反之，它是直接、直觀、自發性的對佛性有所理解。

在所有關於菩提達摩的故事當中，下面這則特別能觸及到我們所要彰顯的禪宗精神。菩提達摩到達中國以後，曾受邀於梁武帝，武帝請他評論一下武帝自己的功德有多大。菩提達摩回道：「沒有任何的功德！」於是武帝反問：「那麼你有何賜教？」他的回答則是：「虛空！」感到占了上風的梁武帝，這時又來了一記回馬槍，問道：「那麼，現在站在我面前的又是誰呢？」於是，菩提達摩給了他一個禪宗特有的回答：「我不知道，陛下！」[3]這一句不明知者為何人，即是禪宗的起源。

慧能（西元六三八～七一二年），一般稱之為中國禪宗的創始者，他使得無所知這一點得到了更進一步的發展。慧能在父親過世後的某一天，無意中聽到有和尚在誦唸《金剛經》。那經文句句打動著他的心，於是他離開了家，動身前往位於蘄州黃梅縣五祖弘忍的住處。剛開始見習時，他必須負起為寺眾們椿米的工作。直到來到寺院八個月過後的某一天，他聽說寺裡要舉行一項測試，通過測試的人，五祖弘忍便要將袈裟傳給他。不論是誰，只要能用偈語（短詩或可唱誦的句子）證明自己已經徹底悟道，就能成為第六代祖師。神秀，這位寺眾當中最年長的一位，是唯一敢將偈子貼在禪堂外牆的人。這首偈子是：

身是菩提樹，
心如明鏡臺；
時時勤拂拭，
莫使惹塵埃。[4]

和其餘寺眾不同的是，慧能對於此一偈子並沒有深刻的感受。反之，他在這首偈子旁另貼了一張自己的偈子：

菩提本無樹，
明鏡亦非臺；
本來無一物，
何處惹塵埃。❺

這首偈子意指，既然沒有所謂永恆、固定的形式，既然萬有甚至我所寫的都是遷流變化的，那麼也就沒有什麼菩提樹或明鏡臺的真實性存在了。是以，既然所有的形式皆為無始，則所謂業力的塵埃亦無可以附著之處。如同菩提達摩所示一般，慧能以一種類似於「我不知道！」的間接方式，回答了有關於本體的問題。和有關於這類故事相同的是，在萬有所顯化的現象之外，「空」與「無有」乃是其所執之根本原理。接下來，在我們即將討論的《心經》之中，「空」則被視為一種形色，而且「色即是空」。換言之，這些故事的共同點都在於一項等式：零即等於無限。

在中國以及日本，通過對這一則深奧的自我否定等式的認知，發展出一系列用以說明了悟過程的圖示。例如在所謂的「牧牛圖」(Ox-Herding)中，每一張圖都被一個不勻稱、自由揮灑的圓（在日本稱之為enso）給圈住。在前面的六個圓裏，那位先是被描繪成向後回顧(代表受其業力支配）的年輕男子，正在尋找一頭牛（亦即其佛性）的蹤跡，然後歷經尋獲、逮捕、馴服，最後騎乘上去等過程。在第七個enso裏，那名年輕男子安靜的落坐在青松下，而那頭牛也同樣安靜的休憩著。那頭牛已經被那名年輕男子給遺忘了，或是已經不知不覺的被馴服了。

在第八個圖裏，只有一個簡單的enso，一個空的圓，一個不具形色的形色。牛與自我偕忘。一種在活著的時候全然臣服於死亡的狀態已然實現，個別自我結構中那自限的、開始萌發的自我，在意識上已呈現出死亡的狀態。在這一個enso下有一首偈子是這麼寫的：

鞭索人牛盡屬空，
碧天寥廓信難通。
紅爐焰上爭容雪，
到此方能合祖宗。❻

在倒數第二個enso中，那名求道者進入了「空」(Shunyata)的境界，他回到了生命的源頭，並要住在此一真實的居所之中，並不考慮在圈內或不在圈內的比較。於此，真實的自我和那名求道者皆被遺忘，彼此都已覺醒到真正的主體並非是自我意識。

圓 (enso)

然而，這種大死亡的經驗亦是一種再生。那名求道者無法停留在「空」界內，他必須回到色界當中去。因此，在最後一個enso裏，他進入了一個市集，赤足、露胸、灰頭土臉的，但是充滿著喜悅。在這一系列的最後一個圖裏，描繪出那名牧牛人已經覺醒，並帶著無欲的心回到了世間。他的精神上的死亡，使得他由任憑己意的強烈情感，過渡到了自發性的慈悲。他已從過去的個性中得到解脫，足以適應任何情況的需求。在完成這項神聖的死亡藝術時，他已經改變了，然而和過去卻又沒有什麼不同之處。他的肩上荷著一根釣竿，釣竿末梢還倒掛著一條魚，此時他遇見了一位僧侶模樣的人，那人一手持著一個袋子，裏面盛滿了人們想要的任何東西，另一手則持著一個空的籃子。那名自身即佛的牧牛人與佛相遇，而他們所期望於人們的，則是從他們的觀點中能有所啟發。

圓和佛以及男孩

只有虛空，只有繼滅，方能創生萬有。

大死

現在我們將深入禪宗的核心，它也許可以被稱為一種精神性的自殺，布南（Bunan）曾寫道：

> 在活著的時候
> 即修成死亡的樣態，
> 達到完全的死亡——
> 且隨心所欲，
> 而不逾矩。[7]

禪宗是世界上少數幾個將主要的修行放在形軀雖死，但生命仍可持續下去的傳統之一。事實上，有一個名詞即在於說明這樣的一種經驗，此即大死(The Great Death)。在禪宗裏，大死意味著視我即是我，我不是你，我也不是非我的二分法意識型態的消失。在禪宗的覺醒當中，所有自我的觀念、二元的執著，以及對師父的依賴，都將消失殆盡，因此，我是我，我是你，同時我亦非我。如果一個能夠得以見佛，甚至連佛都應該被捨去。

為了要達到這一種境界，禪宗發展出兩種或許可以稱為精神性死亡的訓練模式，亦即坐禪與公案。這兩種形式一點也稱不上是什麼具體的方法，因為在其中很難找出具體的成就。因此不如這麼說，他們乃是沒有方法的一種方法。

坐禪，乃是一種培養工作，其目的是要戒除一般的意識活動，透過否定萬有，直到無有可以加以否定，如此，一個人就可以達到絕對的寧靜。所有的一切都完全消逝了，這種廣大的覺醒，能使一個人得證涅槃。修練坐禪時，通常是一群人在一起，或是有師父在場，練習者要面壁而坐，眼睛微張，全神貫注於呼吸之間。當Kobun Chino被人問道坐著的時候有什麼現象發生時，他回答說：「當我坐下來的時候，整個世界也坐了下來。」這句話的意思是說，坐下，意謂著放下（祛除）現世的一切活動，以及自我的意念。由於自我所投射出來的主體消逝了，因此一個人坐在那兒，就如同沒有任何人坐在那兒一樣，它既是完全死亡，同時又是完全的活著。坐下的整個重點在於，要去除坐的意念，即便是在坐著，也要去除帶有任何二分目的的自我，甚至於了悟自身也一樣要去除。

另一項精神死亡的練習是公案（一種對日常二分意識的非邏輯的挑戰）。例如：「不得有語、不得無語，速道！速道！」（此處所引，當為宋代報恩佑慈禪寺的無門慧開和尚所著之《無門關》一書第四十三首——譯者按），公案所提供修行者的，是一種駕馭外於存在的、二元分明之心的方法。公案使得人們凡事都訴諸於理性的特質，最後被自己給消磨殆盡。大死，或是空、絕對的虛空（Shun yata），亦被稱做再生，或是頓悟。

曾經有一位和尚問趙州和尚：「狗子還有佛性也無?」趙州云：「無！」鈴木大拙的老師曾以此「無」為一公案示之，目的在告訴他無論身處何地、正在做些什麼，都要守著這個「無」字。鈴木指出，當他終於不再意識到無的時候，「我即在無之中，我即是無，因此不再有因為意識到無，而產生出來的分別。」❽

當我們達到大死——大生之後，此時二分的自我即已消逝，一個人成了他自己的非我。於此，禪宗非邏輯性的邏輯乃是：我是我，我是你，我乃非我。在這樣的開悟當中，一個人不需要掙扎於生死之間，因為他非但是完全的活著（我是我，我又是你），同時又是全然的死亡（我乃非我）。大死並不會遮蔽禪宗所謂的「實相」(Original Face)，那是在神說：「讓那兒有光吧！」之前，所擁有的自性。

若以較為生動的方式來加以描述，則我們可以這麼說，藉一個空虛的圓(enso)所顯示出來的大死的虛空，其實正是牧牛圖最後一幅畫中所描繪的覺悟。每一幅圖都自發的同時具備了虛空與圓滿。雖然此二者仍然有所不同，卻沒有真正的分別，都是表達了對無死境界的醒悟。

死亡的儀式

現在先讓我們思考一下下面的這一則故事：

古代有一位禪師，帶著他的弟子一同前往一戶最近有人過世的人家弔唁。到達該處後，這名弟子一邊敲著門扉，一邊問道：「師父，他是活著還是死了？」

這名弟子接著又問：「你為什麼不傳授我一招半式呢？」

「不可說，不可說。」這名師父反覆的說著。

在回去寺院的路上，生死之間的問題仍深深困擾著這名弟子，於是他突然轉向禪師，並且要求說：「我一定要知道！如果你不告訴我，後果你要自行負責。」

「隨你便」，禪師回答說：「但是你不會從我這兒找到答案的。」所以這名弟子就揍了那禪師一頓。

經過了許多年之後，這名老禪師過世了，這名弟子又去造訪另一位禪師，這位禪師也那名是過世禪師的弟子，並告訴他這段往事。然後這名弟子便問道：「他是活著，還是死了?」

這位師父回答他說：「我不會說他是活著，我也不會說他是死了。」

弟子說：「你為什麼不對我說呢?」

師父說：「不可說，不可說。」

這位弟子便立刻頓悟了。❾

這位禪師的拒絕說明，恰似菩提達摩的不知道。藉著無言，禪師促使發問者發現到關於生死，是沒有所謂的是，同時卻又兩者皆是的。無論如何，禪宗較為感興趣的，是一個人在踏上死亡的門檻時，會有些什麼樣的反應。

由禪宗的觀點來看，如果一個人能在死亡之前，技巧的經歷過死亡的狀態，那麼所有的生命都是可以是來生。因此，當修行者要在生時預備自身的死亡之時，他會閱讀經文，並且沈思默想其內在的意義。我們可以說，這是一個人藉著深入及認同經典，來修練死亡的過程。從禪宗的觀點來看，若要真正的理解經文，則一個人必須暫且放下對自我的執著，以開悟之心重新理解經文。同時，經文的本身亦當被拋棄，或如同人們可能說的，如果你得見經文，燒了它。

在有關於死亡的問題上，禪宗有一部經文時常被提出來研究，那就是《般若波羅蜜多心經》，或稱之為《心經》，其內容含括了佛教中超越生死的智慧精華。根據佛教的某些教義，一個人只要能反覆的唸誦經文，那麼他將以其可能具有的最佳方式，對死亡之旅預做準備。這篇同時提醒舍利子與讀者的經文，乃始於「舍利子」一語，全文共分三十八行。

> 色不異空，空不異色，色即是空，空即是色，受、想、行、識，亦復如是。[10]

因此，若從沒有形式的角度來看，死亡即空，沒有內涵或意義。然而若從死亡即空的角度來看，它又是具有形式、內涵及意義的。菩薩繼續說：

> 是故空中無色，無受、想、行、識；無眼、耳、鼻、舌、身、意；無色、聲、香、味、觸、法；無眼界，乃至無意識界；無無明，亦無無明盡，乃至無老死，亦無老死盡。無苦、集、滅、道，無智，亦無得。[11]

禪宗的奧秘，自然是強調一個人在死亡之前能得到涅槃，如此，則將不會有任何東西被死亡給帶走。

以無所得故，依般若波羅蜜多故，心無罣礙，無罣礙故，無有恐怖，遠離顛倒夢想，究竟涅槃。[12]

如果能在涅槃意識中面對死亡，那麼將不會再有任何人死亡。這就是為什麼經文強調一位達到涅槃境界的人，必定會遠離任何對實在界不實（無知）的觀點。

因此，菩薩下了一個結論，人人應當練習唸誦《心經》中最後一行的無上咒語（神聖的言語或聲音），人們在記下這些文字之後，以一直反覆的唸誦，直到跨越死亡的門檻：揭諦，揭諦（逝去，逝去），婆羅揭諦（徹底的逝去），婆羅僧揭諦（全然超越），菩提薩婆訶（對超越智慧致敬）！透過不停的覆誦，這些咒語將具有把來自於述說、聽聞領域的超越性精神原則，轉變為一種內在覺知的效果。因此，瀕臨死亡的人帶著這個咒語進入下一個領域，卻同時又領悟到並無咒語的存在；並無下一個領域的存在。

很多人都知道：在日本，武士時常要修習禪宗的訓練，因為禪宗裏對死亡的態度，有助於成就武士職業的特殊性。部分武士的訓練，甚至還包含了所謂「死亡的練習」。在該項練習當中，武士們要反覆的練習及預備自身死亡的迫切性。鈴木正三（西元一五七九～一六五五年）在四十一歲放棄了一切專心修禪前，一直是一名武士，他曾經指出，該項關於死亡的練習，是如何成為他生命中的一部分：

> 有一天，某位和尚說：「一個人要如何喚醒並產生二王的力量（Ni–OH，日本佛教神話中的護教神——譯者按）？」師父回答說：「只要練習死亡就行了。」當時我還很年輕，在不斷冒險進入兵力強盛的敵軍中心時，其實就是不斷的在練習著死亡。因此，我能很快的進入（這項死亡的練習）。曾經有一次，我所要對付的是二、三個拿著長槍的人。當時我被一槍刺中，就在經歷到並非（真正）死亡的死亡狀態時，我奮力反擊，砍下了他們的頭，並折斷了他們的槍，沒有被他們所擊敗。因此在以不同方式練習死亡時，我立刻就明白了Ni–OH的這種力量了。⑬

就像羅摩納大仙（參照第十四章）一樣，鈴木正三選擇了藉由自由聯想的方式，導引他去面對死亡。因此他經由預備死亡的練習，過渡到大死的練習，這種極為根本的在世死亡，就是所謂的空⑭，是它使得肉體的死亡如同自我一般，都成為虛空。

六祖慧能在臨終的時候，告誡那些聚集在一起的弟子們不要悲傷：

> 就好像我仍然活著一般好好的過日子。一起坐禪。在沈靜的時候，無動亦無靜，無生亦無死，無來亦無去，無對亦無錯，無合亦無分，這就是至道。在我走後，要根據教義切實的修行，就如同我與你們同在的日子裏，你們所做的一樣。記住，即使我仍在世，如果你們不服從我的指導，那麼我身處其中，也是沒有任何意義的。⑮

禪乃是關乎生死之事，當Dogo去拜訪一位生病的和尚時，他問，如果這名和尚死了，那麼要在什麼地方才能見到他呢？和尚回答說：「我將會在無生、無死處再與你相見。」但Dogo卻說：「你應該說，沒有那無生、無死之處，而且我們也不會再相見。」⑯

注釋

❶ 威廉・貝瑞特(William Barrett)主編之《禪宗》(*Zen Buddhism*)，頁八三。

❷ 同前，頁六一。

❸ 同前，頁六四。

❹ 王慕蘭（Wong Mou Lam音譯）所譯之《六祖壇經及其與金剛經之內在關係》(*The Sutra of Hui Neng in the Diamond Sutra and the Sutra of Hui Neng*)，頁一五。

❺ 同前，頁一八。

❻ 保羅・瑞帕斯(Paul Reps)編纂之《禪的內容與精義》(*The Flesh, Zen Bones*)，頁一五。

❼ 援引自路西安・斯圖瑞克(Lucien Stryk)所編纂之《禪：詩文、祈禱、誡律、軼事與訪談》(*Zen: Poems, Prayers, Sermons, Anecdotes, Interviews*)，頁一五。

❽ 鈴木大拙(D. T. Suzuki)所著《禪學》(*The Field of Zen*)，頁一〇。不論一個人修習坐禪或公案，或兩者兼具，大死的過程都是相似的：認知問題所在（二分意識）；遠離分散的注意力、專注於解決問題（無二分的意識）；由於所有致力於解決問題的企圖都用盡了所產生的僵局或危機；所有主客二分的意識都徹底消失；無我之我的新生。

❾ Phillip Kapleau所著之《禪宗在西方的曙光》(*Zen Dawn in the West*)，頁七三～七四。

❿ Edwand Conze所著《佛教的智慧之書》(*Buddhist Wisdom Books*)，頁八一。

⓫ 同前，頁八九。

⓬ 同前，頁九三。

⑬ 摘錄自Winston L. King所著《死亡的修習：鈴木正三的武士死亡技巧》(*Practicing Dying: The Samurai-Zen Death Techniques of Suzuki Shosan*)。

⑭ 像那些修行禪定（專注於呼吸）的人一樣，正三(Shosan)將唸佛號（配合呼吸的頻率來唸誦「南無阿彌陀佛，南無阿彌陀佛」）視為一種精神性的發明，並且還以此教人。當佛號與一個人的呼吸合而為一時，無明的一便得以覺醒。

⑮ Kapleau書，頁七一～七二。

⑯ Gyomay M. Kubose 所著《禪宗公案》(*Zen Koans*)，頁一八。根據禪學大師Masco Abe 刊登在《佛教與基督教研究》(*Buddhist– Christian Studies*，一九八七年刊，第七章）中的〈佛教的轉型〉(Transformation in Buddhism)中所言：涅槃是一種立即性的㈠、生死界的泯滅；㈡、生與死的無始無終；以及㈢、即生即死。

日誌測驗

一、禪的本質是什麼？或者換一個方式來說，何謂無禪之禪？以及無禪之禪的觀想，在禪宗對待死亡的態度上，又提供了什麼樣的貢獻？

二、再讀一次關於菩提達摩以及慧能那四句偈語的片段，看看那令你動容的地方，有沒有任何相似之處？他們二者中的一位，是否更直接的說中了你的生命處境，如果是，是那一位?又是如何說的?

三、在禪裡,所謂的視生猶死,具有什麼樣的意義?試著為平常的你,與你那徹底死亡的自我二者,設計一場巧妙的對話。

四、一位臨終的人與《心經》後頭的咒語之間,具有什麼樣的關係?或者是潛在的關係?你能想像那重複的咒語,是如何影響著死亡的內容嗎?

五、在回答「你是誰?」這個有關於本體的老問題時,一位長生不老的禪學家回答說:「自我認同的絕對矛盾。」仔細思量一下這一句話,然後將你對它的聯想以及反應記錄下來。

六、試想,一位聰明、修禪的佛教徒將如何回答下列的問題:有關於如何技巧性的死亡,你的傳統背景提供你那些指導?也就是說,關於死亡的最具宗教性的方法是什麼?

第五章　西藏人面對死亡的態度

尊貴的某某，諦聽，諦聽，
你正在體驗清淨實相明光的光輝。
你應加以體驗。

《西藏度亡經》(*The Tibetan Book of the Dead*)

西藏的佛教屬於佛教系統中的金剛乘(Vajrayana)，與大乘（中國和日本佛教）、小乘(東亞佛教）是有所區別的。小乘由於在涅槃的認知，與強調對於現世的無執上面有所發展，因此對於個人能帶著深切的自信，進入平靜的死亡狀態，做了十分周全的準備工作。大乘則在培養修行者的慈悲之心上有所發展，並將注意的焦點集中在有生之年時完成死亡的經驗上面，至於金剛乘則是十分詳細的指導修行者，在臨終之前要如何參入死亡的經驗。在本章中，我們將致力於闡明西藏人的偉大創見，以及有關宗教性的死亡藝術的修行，特別是在《西藏度亡經》這本書中所發現到的部分。

我們將從索格亞・仁波切(Sogyal Rinpoche)，這位集轉世喇嘛、學者與冥想大師於一身者，所說的一則故事開始著手，這則故事掌握了西藏人對於死亡所持的基本理念。

故事發生在十六世紀初期時，錫金(Sikkim)地區有一位終身修行佛教的老尼師，當時她正生著病，並且明白自己即將死亡。她將所有的家當整理了一番，並將東西送出，儘量簡化自己的生活。有一天早上，索格亞的阿姨，同時也是一位受人尊敬的教師，發現老尼師快要死了，便要求一位家族中的老朋友前來。這名同樣也是偉大教師的老人，早上通常要採買全家所需。當他到達老尼師居住的地方，便對老尼說：

> 我想是妳該走的時候到了，現在妳必須去看看那些，妳的老師曾經教導妳去看的，不論它是什麼樣的景象。同時，現在也是妳將觀想付諸實行的時候了。不論妳所見到的是什麼樣的佛，集中心識跟隨著他，並且不要掛念在世上的我們，我們會很好的。現在我要去採買了，當我回來的時候，也許再也看不到妳了，所以，再會吧。❶

在說話的這段時間裏，這名老人始終面帶著微笑，當他離去時，那名老尼師笑了起來，多麼奇特的死亡方式啊！想想看，你能笑著面對死亡的來臨嗎？

這名老人並不像人們起初所想的那般鐵石心腸。相反的，他和老尼都是真正修行的佛教徒。他們倆人都曾經讀過、研究過，並且聽聞過《西藏度亡經》這本書，因此心中十分明白，在進入最後意識狀態時，她應當做些什麼。

從西藏人的觀點來看，基於業力對來世所具備的推進力量，在死亡之時擁有健全的心靈狀態是非常重要的。我們已經知道，業力就好比是一種模印，它的形狀是透過我們的行為，在意識的洪流之中製造出來的。如果有人在死亡時能擁有一種健全的心靈狀態，具備了禪定的覺悟，那麼此人的善業即將圓熟。若有人在一種負面的心靈狀態下死亡，帶著對此生強烈的執著，帶著有缺憾的情緒以及欲求，那麼惡業將會在來生延續發展下去。那名老尼師死亡時是帶著清明的意識——亦即歡欣愉快的。

明光

西藏人指稱，明瞭在死亡之時發生了些什麼，就是對於自性的覺知。任何一個人都是三識作用的結果：

一、轉識(the gross level)：經驗的、感官的、物理的覺知（肉體）；

二、藏識：對於心理結構與對象的認識（大腦）；

三、真識：固有的、絕對的意識——歷經累世，能由業障之中獲得解放者（佛性）。

就如同生命乃緣於四大要素——地、水、火、風四大，加上以太（古人所想像的，地球大氣以外的上層空間——譯者按）的合會，死亡的過程也是由這些原素的消解開始的。代表身體功能的地大，乃是最早被身體中的水大所吸納的，然後水大降於火大。最後，不論這段過程是歷經數週或者數年之久，火大消降於風大，熱度便從身體散退。在這段時間裏，如果一個人能透過冥想覺知到萬相緣於一心，那麼此人便能證悟佛性。

在四大消散，轉識與藏識都消失之後，一個人便能在真識之中得見真空明光。這種明光不能和伊凡所看見的（參照第一章），所謂黑暗甬道盡頭的光相混淆，因為西藏佛教中所謂的明光，乃是無形真空的。它清明無色，有如萬里無雲的秋日曙光，為日月火光所不能及。如同佛陀所說的，它就像天空一般，光輝澄澈，卻又空無一物。所謂的明光狀態，其實就是真識對於超越形色之上的佛陀法身的覺知。

喇嘛為臨終之人所宣讀的內容，乃是取自《度亡經》中所寫的的「那比閃電更迅捷，真空無色明光的輝映光彩……將圍繞你的周身」。「雖然恐懼，但試若使自己浸潤在那光明之中，放棄所有存在於分裂自我內的信念，以及所有對於虛幻的自我的執著。」❷那道光是瞬間發出的，因為它瞬息即滅，因此很少有人能認識到它的真實性。而那同時遮蔽了生與死，使人無法看到真空明光的，則是透過業力的鏤刻，所呈現出來的影像。試著想像一臺投影機在螢幕上所展現出來的形象。在投影機後頭的，就是純粹意識的明光。那象徵著個人生活經驗的影片，就是記錄在底片之中，以及投射在心靈屏幕上的業力的呈現。

當意識無法進入明光狀態時，它便成了中陰身(bordo body)，一種微妙的，或是介於死亡與再生之間，能任意來去的中介身體。如果一個人能禪定於空，那麼他就能進入明光。但如果一個人對塵世有著強烈的緣於業力的執著，那麼他或她便會很快的通過明光狀態。

大部分的中陰身都是存在於一種迷惑的狀態之中，並且可能並不明白他們已經歷經了死亡。根據《度亡經》指出：在覺醒的時候，那種感覺很像是從沈睡當中甦醒過來。當面臨到美景、幻想、一切如夢似幻時，迷妄即轉變成為恐懼。只要仍執著於世間生命，中陰身（或意識）便會受到山崩、烈焰、颶風、闇黑，以及妖怪等的驚嚇。

在死亡後三天半之時，寶生如來與隨從聖尊，將會在一片耀眼的黃色光芒之中，顯現在中陰身之前，再一次的，這又是一個可以攝入本心的機會。然而，大部分的人將仍然渴望能活在世間，因此導致了再入輪迴之中。當渴望再生的欲望，變得愈來愈熱切之時，死者便會被帶到死亡的判官——閻王的面前。閻王手持一面業鏡，能顯示出死者的生前種種。然而，誠如《度亡經》所透露的：

> 閻王業鏡所示種種，都是你自身的記憶，而他對你的審判，亦皆你對自己所做的判語。那是你自己，宣稱了自己的罪狀，而接下來，他將決定了你的來生。❸

中陰身的狀態，最多將持續四十九天，到了那個時候，就必須要找到一個新的軀體。而那位再生的人，會受到鼓勵觀想他將即要進入的子宮，並且觀想是一種高度平衡的狀態，進入其中的。接下來，中陰身會被一對正在進行房事的男女給吸引過去，並在男子射精的剎那，進入女性的身體之內。

《西藏度亡經》

西藏人是個信仰虔誠的民族，這可以從他們的祈禱旗、法輪、鐘、面具、聖像、祈禱磚、祭舞，以及經文中得到證明。在那些經文當中，最令人感興趣的，要算是《西藏度亡經》了，既名「度亡經」(Bar-do-tho-dol)，或「中陰得度」，因此它的焦點是放在死亡與再生之間（「bar」意即「在兩者之間」，而「do」即意味著「島嶼或標記」）。像夢境一樣，中陰階段仍具有視覺與心識，對於死亡而言，它則兼具了醒覺、與再生的機會。

在西元第八世紀時，蓮華生大士(Padmasambhava)，或稱佛陀第二，從《坦特羅佛教》(*Tantras*，或稱之為密教、或佛陀不傳之密）這本書中，扼要的提出六個有關於中陰的變化週期。三個與生命（生到死、睡到夢、自我到等持「samadhi」、無物等）有關，三個與死亡(死前片刻、法「dharmata」或事物本性的光輝、無及變化等）有關。《度亡經》乃是一本論及六個必然週期變化的珍本，而其為文的目的，則在於幫助修習者，能夠自覺的死亡。書中的指導乃是以自性將於中陰發生什麼情況、如何協助臨終之人，以及在死亡的當下應該怎麼辦、要如何看待幻象、如何進入佛的領域，以及如何選擇再生等為基礎。

如同我們曾經說過的，《度亡經》是一本關於死亡與再生之間，這一段過程的旅途指南。中陰可以區分為三個階段：㈠靈魂尚未投胎，能得見明光之時；㈡呈現出如夢似幻的回憶；㈢靈魂業已投胎轉世，進入血肉之軀的子宮內等。想要再次投胎轉世的慾望，是來自業力的幻相，而這種慾望，同時也使得人們無法證入純粹的佛土。在投胎的過程當中，精神體（由業力所決定的靈魂複合體）以一種肉體的形式，精確的顯現出其與死亡相逆的過程。由此看來，死亡並非是一種毀滅，因為在死亡的時候，並沒有什麼是被淘汰掉的。只是由一個階段轉化至另一個階段而已。世間的人們在閱讀、研究並記誦著《度亡經》的同時，也是為著死

佛陀和佛母

者與屍體二者而唸，因為人們相信，靈魂不會瞬間就離開肉體。這本書是讀給死者聽的，因為如此，他們就能在澈悟的境界（無生、無死）當中，得到解脫；這本書也是為了幫助那些選擇再次進入子宮內者而讀，是幫助他們能在沒有預設或判斷的情況之下，有意識的進行著此事。

喬格奄・莊葛巴(Chogyam Trungpa)所翻譯的《度亡經》封面，有一張「喜樂部聖尊大曼陀羅」圖(Mandala of the Peaceful Deities)。曼陀羅是一種精神性幾何的形式，在這幅圖裏，讀者們的視覺與覺知，是從圖案的邊緣，慢慢被吸引到象徵著宇宙的圖像中心。像咒語或者具有神力的文字一樣，曼陀羅乃是精神力量的一種圖喻，它象徵著真理，或是心的自性。

在曼陀羅的中央，是一個坐著的、佛一樣的圖像，而他的配偶，或稱之為佛母(ti)夏克蒂(Shakti)，則面對面的坐在他的腿上。在西藏佛教的密宗形式裏，性能力與親密的動作，是被當作一種宗教科學、一種性愛的瑜伽來加以施行的，在這裏，陽性和陰性的原則，是透過彼此和諧的滲透而達到平衡的。當男性(yab)和女性(yum)透過神祕的和肉體的結合，成為彼此一體時，彼此分離的自我都消失了，而這種消失的結果，便是再生於無死的智慧領域。無庸置疑的，在未經訓練或指導的情況下，這種瑜伽是無法實行的，而它的觀點則是，透過一種不須經過射精的交合過程，陽性與陰性便得以在無欲的情況之下彼此結合。沒有高潮，但也非在二元分離情況下的這種結合，就是此種瑜伽最終的目標；而屬於冥想的、非性愛的性行為，則是它施行的方式。

《度亡經》這本書中所提供各式各樣追求解脫的建言，都不斷提醒著人們，要注意心靈的投影與無意識意向的出現。不論是以恐怖的形象，或是以和平安樂的諸神形象化現，都是心靈的投射作用。死神的出現，也是源於此一心靈投射，因此並沒有固定的實體。《度亡經》提醒中陰身，當心靈反射作用升起之時，要帶著虔敬的心，祈禱下列的文句：

> 孑身離友獨浪遊，空識幻影顯心頭；
> 唯願諸佛慈加被，中陰境中無憂愁！[4]

最後，《度亡經》以下列的指導，做為它的結語：㈠轉入清淨佛土（若要進入上乘妙樂佛土，就必須要集中心識，證入此域），㈡選擇一個適當的胎門（若要再生的話，則必須集中心識於投生善胎）。

> 若得往生清淨樂土，其投生之法要以（思維或觀想）發如下之誓願：「唉！唉！我自

無始以來，流浪生死苦海，以迄於今，歷經不知多少長劫，何其煩惱！時至今日，我因一直未能了知意識為我，以致未得解脫而證佛道，何其悲痛！而今我對此種輪迴已經厭倦，已生怖畏，已感痛恨；準備脫離生死束縛的時候已經到來。我今自願如法而行，求生西方極樂世界阿彌陀佛座下，從一朵蓮花之中化生。」如此思維觀想之後，隨即殷切的將此一決定導向彼佛淨土；或者導向你所嚮往的任何其他佛土亦可，例如——上乘妙樂佛土、眾寶莊嚴佛土、長髮國土、無量蓮花光焰住處爾鑑座前；或者至誠一心的，導向你最渴望往生的其他任何佛土。你只要如此發願導向，即可隨念往生其中。[5]

如果做不到以上所述，本書尚提供再生的指導：

這裏跟前面一樣，發願是一件至要的事情，因此，你應如此發願：「我當轉生而為人間之王，或者轉生而為婆羅門，像娑羅樹一般（蔭被眾生）；或者生而為有悉地成就的大德之子；或者生於世系清白的家門之中；或者生於對聖教滿懷信心的族姓之間；且如此轉生後，得有大福報，以便利樂一切有情的眾生。」如此思維之後，即行發願投其胎中，同時本有（聖恩或善願）波光加持其胎（觀想），使其化為天宮，並且深信十方法王及其法王子，以及護佑諸尊，特別是大悲世尊，悉皆以慈力加持其上——你應祈請加被，而後入胎。❻

為避免進入惡胎，書中建議人們首先要能安住無偏無倚的等持之境，然後再以此一狀態投生。

死亡的儀式

死亡的片刻是充滿了美感與詳和的。它是降生過程的逆反。生命中所發生過的每一件事，都在此刻做一總結。因此《度亡經》強調，要培養適當的臨終思想，因為一個人死亡時的心靈狀態，有可能在死後被保留下來。而在這最後的一刻裏，最能直接的表露出自我。

此外，《度亡經》還提出一種稱為「遷識法」的練習，在這項活動當中，臨終的人：(a)保持純淨的心靈，清除塵世的羈絆，(b)觀想她或他頭上有一尊坐佛，並被一道彩虹所圍繞，(c)在一個得道的神佛前感覺到自我，(d)將意識觀想為腹部的一團火球，這個火球會一直上升到脊骨，直到它由頭頂梵穴離去，(e)體驗到自我意識與得道神佛結合在一起，就像水與水的融合一般。藉著識神的遷移，修習者學會將意識投射在脊骨，通過頭頂梵穴，進入神佛之中，以這種方式，他們便能在死亡時進入明光的領域。當然，這樣的修行不必非等到死亡之際才可以練習。事實上，西藏人透過這種在活著的時候即將意識加以轉換的練習，以一種預期的方式，把死亡帶入了生命之中。愈是精於將死亡轉換於具體生命之中，則愈容易在死亡的片刻完成此項轉換。

在《度亡經》開頭有一段指導性的文字，它說明了如何帶領人們獲得解脫。

在此，我們謹以這段中心思想裏的一節來做為本段的結尾：

> 上根智者，若依「指導叢書」修習，十拿九穩，當已得度；設或未然，若於死時中陰境相現前之際修習遷識大法，亦可僅因憶念此法而自得度。一般凡夫信士，若修此法，十之八九應已解脫；其或未然，應於實相中陰境相現前之際堅忍不拔，一心諦聽此一聞教得度大法。[7]

因此，臨終之人首先要「觀察死亡特徵自度法」，檢視其逐漸呈現出來的死亡徵候，接下來，在死亡徵候完全呈現出來完畢之後，就要立即運用遷識大法，如此一來，自然就能獲得解脫。如果遷識之法已經發生效用，那麼就無須聽誦《度亡經》了，但是如果它沒有發生作用，那麼就要在亡者遺體近處，正確而清晰的誦讀《度亡經》了。此時要注意的是，誦讀者絕對不可以觸碰屍身，只能儘量的靠近死者的耳朵誦唸。即使人已經死了，或遺體不在眼前，誦唸文字亦當正確而清晰。

《度亡經》的唸誦不但具有影響臨終的人，使他明白死亡儀式已經展開了的作用，同時也使得在場的人，共同參與死亡的過程。當神識愈來愈退化之時，《中陰聞教得度書》的文字，對於死者即將證得明光這一點，提供了一種強而有力的信念。

這些練習的重要性是雙方面的：它一方面支持著死者，使能順利的通過介於死亡與再生之間的中陰身；另一方面，則又在那些修行之人面對死亡時，提供其協助。至於摯友與親屬們，則此經告誡他們不許在死者或臨終之人身旁哭泣，甚或發出干擾其神識的聲音。亡者的遺體將不會立即被人移動，因為唯有如此，靈魂才能集中心識在變化的過程上。更進一步的說，既然死亡在西藏的文化之中並不是一個不可解決的問題，因而告訴臨終之人他們快要死了，便成為一項極其自然而重要的事，特別是如此一來，他們便能展開各自心靈的準備工作。

在《度亡經》的結語之中，涵括了前面所論及到的每一件事：

此法應儘可能的多多誦習，（以使人人）皆能對其字句與意義憶持不忘；而當死亡之事無可避免，且死亡徵象已經顯露之時，應由當事人親自讀誦，並思維其意——假如力能從事的話。假使力不從心，則由一位友人作生動之讀誦，使之深入其心。它的濟度功效絕無疑問。這部甚深大法，只要聽聞或只僅見，不假修習禪定或作微密儀軌，即得解脫；縱使惡業深重之人，亦可假此秘密之道而得濟度。學者應銘記其中意義與文句，縱有七類惡犬追逐，亦不忘失。學者臨終之時，可因此一上選教法得證佛道。縱令（過去、現在、未來）三世諸佛，同求上乘妙法，所得亦無逾於此。❽

從西藏人的觀點來看，在生死變化的期間，最具可能性的巨大成長已悄然發生。這也就是為什麼死亡以及對待死亡的適當態度，對於一個人的解脫，具有如此關鍵性的意義。死亡乃是生命的終極變化，如果一個人允諾自己在肉體死亡前，精神上個別達成自我的死亡，那麼在面對真正的肉體死亡時，所有產生於此的迷惑，都將消逝在這最後片刻的寧靜詳和中。

經過以上的論述之後，本章開頭時所說那位臨終的老尼師，也許現在具有了更為明確的意義。那位替全家採買的老人，與將要死亡的老尼師二人，透過行動所表達出來的，是對於死亡具有相同領悟。如果不是「時機正好」，他也不會離開老尼師前去購物，因為對老尼師而言，此刻正是實行其觀想的時機。「集中妳的心識，跟隨著佛」，老人在離去前說：「不要掛

念在世上的我們，我們會很好的。」❾

註釋：

❶ 索格亞・仁波切(Sogyal, Rinpoche)所著之《死亡之門》(*The Gates of Death*)，第二二頁，第二章至第三條，「在大笑的男人」(In the laughing man)。

❷ 由愛德華・孔滋(Edward Conze)所譯之《佛教經文》(*Buddhist Scriptures*)，頁二二七。

❸ 同前，頁二三九。

❹ 喬格奄・莊葛巴(Chogyam Trungpa)所譯之《西藏度亡經》(*The Tibetan Book of the Dead*)，頁六九～七〇。(本文所引《度亡經》部分，均採用天華出版，徐進夫所譯之《西藏度亡經》——譯者按。)

❺ 同前，頁九〇。

❻ 同前，頁九〇。

❼ 同前，頁三三。如同葛蘭・H・穆林(Glenn H. Mullin)在《死亡與死亡的過程：西藏的傳統》(*Death and Dying: The Tibetan Tradition*)這本書，頁一四二～一四五中所載的，只要小心謹慎的觀察死亡的各種徵候，便能很平易的達到自我解脫的目的。當地、水、火、風、土五大消散，而呼吸也完全停止時，一個人便能從無意識的狀態悟入明光之中。「修行者若能採用正確的冥想方式，其心識將立即轉入屬於真理的、無生、無創造的領域，此一最終狀態之中」(頁一四五)。理察・W・波爾斯特

勒(Richard W. Boerstler)在《讓他走》(*Letting Go*)這本書中，應用西藏人臨終所使用的呼吸法，發展出所謂的共同調解法(Comeditation)，是由一位指導者，協助病人呼吸，進入死亡。

❽ 同前，頁九一。

❾ 仁波切，同前。

日誌測驗

一、那位臨終的老尼是以什麼方式，表現出西藏人面對死亡的態度？當那位老人離開，留下她獨自一人時，她為什麼笑了起來？你能否想像自己以這種方式死亡？

二、想像一下你已經死了，而你的本質已進入死後所現的明光之中。盡你所能的描述一下。

三、使投影機投射出影像的，就是那道明光。而觀賞者從螢幕上看到的是什麼？螢幕又具有什麼象徵性的意義？

四、你知道在西方，是否有其它任何一本論述《西藏度亡經》的書嗎？如果有，試比較一下；如果沒有，你是否預見在西方，具有這類指導死亡修行的需要？

五、再重述一次那稱之為「遷識法」的整個過程。你能想像這種修行，被轉換成任何一種你所需要的宗教傳統？描述一下這種移轉。

六、假設有一位聰明而有修行的西藏人在此，他會如何回答下列的問題：關於技巧性的死亡，你的傳統給予你那些指導？也就是說，關於死亡，最具有宗教性的方法是什麼？

第六章　中國人面對死亡的態度

存，吾順事；
殁，吾寧也。

張載，〈西銘〉

有關於死亡問題的種種答案，往往可以在任何一種文化所創造出來的故事當中發現到，而這正是本章節中，所要呈現出來的主旨。在一些生動描繪著有關萬物生發之始的矛盾自性等，非典型的、以及正統體制之外的中國創生故事當中，這一點更是顯得特別真切：

有始也者，有未始有始也者，有未始有夫未始有始也者，有有也者，有無也者，有未始有無也者，有未始有夫未始有無也者。俄而有無矣，而未知有無之果孰有孰無也。

今我則已有謂矣，而未知吾所謂之，其果有謂乎，其果無謂乎？❶

在這一則道家的故事當中，莊子從有——無的角度，或生——死的觀點，來說明萬物的起源。換言之，包含在萬物生發之始當中的，是一種由未始到有始，屬於創造的自性，至於由未始到無，就更不用說也是其自性了。從這個角度來看，真正的有始，乃是無始，而「生」之中就已包含了其對立面「死」。

此外，另有一則關於起源的神秘自性的譯文指出：

有物混成，先天地生；
寂兮，寥兮，獨立而不改，周行而不殆。
可以為天下母，吾不知其名；字之曰道，強為之曰大。❷

這是先哲老子所記敘的一則韻文，據稱，他的生卒年代相當於孔子的時代（西元前五五一～前四七九年），由於生前受人敬仰，因此曾於死前受邀留下他的訓示。為此，他留下了兩本書，分別描述「道」，以及道所呈現出來的「德」。在書中，老子描述「道」是不具形式的，同時又是具有形式的，是靜的、空的，並且可以為萬物之母的。然而，就在老子稱之為「道」時，誠如他公開主張的，它已經超越了名相。

> 道可道，非常道；名可名，非常名。
> 無名天地之始，有名萬物之母。
> 故常無欲以觀其妙，常有欲以觀其徼。
> 此兩者同出而異名，同謂之玄，玄之又玄，眾妙之門。❸

在此必須指出的是，當「道」成為那些無法稱名者之名時，此時唯有那些泯除自我，或除去所有欲望的人，才得以掌握其奧秘。誠如老子所說的，即使一個人必須要有觀察的欲望，才會觀察「道」所顯示出來的現象，然而若要真正觀察到「道」的內在性，卻又必須達到無欲的境界。稍後在我們討論到「反」的過程時，還會回到這一點上，屆時，我們將會把討論的焦點，放在創造與死亡兩者間的聯繫上。

老子書中曾使用許多不同的象喻來描寫「道」，例如大道、自生者、天下母，以及自然的自性等。一次又一次的，道不斷被形容成為流動的水，它精緻微妙，不具侵略性，並且有節奏的在所有障礙的四周流動著。根本來說，道是一面明鏡，人們在鏡中發現到了屬於自己的、原始的、和諧的天性。

老子進一步指出：

> 道生一，一生二，二生三，三生萬物。
> 萬物負陰而抱陽，沖氣以為和。❹

這段韻文最重要之處，是在於陰陽兩者間所呈現出來的創生關係。創生作用即發生於陰陽區分開來的剎那：

> 於其始也，陰陽相合（明——暗、熱——冷、燥——溼）。繼之，清輕者上揚為天，濁重者下降為地，於是陰陽始分（健動——能容，男——女）。二者絪縕相盪，四時成焉，宇宙之質形焉。陽生火，其清輕者為日；陰生水，其清輕者為月。日月相交而生星斗，盈滿天際，如川流、塵土之充斥大地。至陰陽相合，萬物於焉化生，太極即內在於此二者之中。❺

陰——陽
循環

如圖所示，在中國的典籍當中，陰陽二者不僅在創生歷程中具有共同的特性，同時，在大圓當中的任何半圓都會被與它相對反的另一個半圓所滲入，而那兩個對反的、較小的圓圈，則又將各自分裂為「半圓」，再次滲透進入對面半圓。當然，不論這個創造出來的圖示所呈現出來的，是巨觀或微觀之下的宇宙，它既是屬於自然，又是屬於宇宙的範疇。中國古代的聖哲，將自然視為一個兩極化的實體，其中的每一個領域都包含了它的對立面，並且在持續的演化當中，變成其對立的另一面。因此，沒有雄則沒有雌，沒有夜則沒有日，沒有善則沒有惡，沒有死則沒有生，沒有陽則沒有陰，反之亦然。如同圖中所示，陰／陽符號象徵著雙方（或和諧的二元論）互相信賴的特性，它們總是彼此融合、彼此取代的。接下來的這個圖表，列舉了各種和諧、均衡的相反辭彙：

陽（日）	陰（月）
1. 陽電荷	1. 陰電荷
2. 天（渴望）	2. 地（質料、母親）
3. 日	3. 夜
4. 雄	4. 雌
5. 積極、進取的	5. 包容、順承的
6. 剛強的（河岸）	6. 柔弱的（河流）
7. 熱的（燥）	7. 冷的（溼）
8. 超越	8. 親近
9. 紀律、秩序	9. 自發、流暢
10. 生	10. 死

在論及自然進化的中國學說當中，陰始終處在轉化成為陽的過程之中，而陽亦始終處於轉化成為陰的過程之中，因為自然的性質從未固定下來。如同佛陀所說的無常（所有現象的暫時性）一般，關於大自然變化的意涵，中國人不但予以理解、吸收了，並且還將它予以應用。陰被視為大地之母、夜、雌性、包容、柔軟、流暢、自發的；而陽則被視為天、日、雄性、積極、硬、秩序性，以及具有紀律的。二者看來似乎是分別獨立存在的，但同時，它們卻又彼此和諧的滲透到對方。

為了更能理解陰陽互相滲透的含意，我們將檢視一下中國的死亡藝術。對中國古代聖哲而言，生命已經在死亡之中，而死亡亦已在生命之中。若強要將此兩者一分為二，將會使彼此成為殘缺。生命（陽）被視為死亡的前景，而死亡（陰）則如同生命的背景。此外，死亡的過程乃自然而必要的，它是由有意識轉變為無意識的狀態，是由有生命的軀體轉變為死亡的軀體。

在世界文學之中，面對死亡問題時，仍能抱持最樂觀態度的，莊子（西元前三九九～前二九五年）即是其中之一。他在著作中所呈現出來的精神是，相信生與死都是人類對於實在世界(one reality)所做的區分。他寫道：

> 生也死之徒，死也生之始。孰知其紀？人之生，氣之聚也。聚則為生，散則為死，若死生為徒，吾又何患？❻

這種認為生死之間沒有區分的特殊偏好，適足以說明為什麼莊子能以一種看似無動於衷的態度，來面對自己的死亡：

> 莊子將死，弟子欲厚葬之。莊子曰：「吾以天地為棺槨，以日月為連璧，星辰為珠璣，萬物為齎送，吾葬具豈不備邪？何以加此？」弟子曰：「吾恐烏鳶之食夫子也。」莊子曰：「在上為烏鳶食，在下為螻蟻食。奪彼與此，何其偏也？」❼

對傳說中建立道家的人物——老子而言，所謂的聖人，亦即得道之人，是不會把精力浪費在憂慮死亡這件事上。

因此，當老子說「死亡由生命本身產生」時，我們必須了解到，對於中國的聖哲而言，在死亡之際，死亡的力量已經由它曾經一直依附著的生命中心，走到生命的幕前。如同老子所寫的：

> 出生入死，生之徒十有三，死之徒十有三。人之生動之死地，亦十有三，夫何故？以其生生之厚。蓋聞善攝生者，陸行不遇兕虎，入軍不被甲兵，兕無所投其角，虎無所措其爪，兵無所容其刃。夫何故？以其無死地。❽

有三分之一的人，是充滿著生命的；有三分之一的人，業已走向死亡；另外有三分之一的人，則出於過份眷戀生命、刻意求生的結果，反而走向了死亡之域，或謂之走向了與生命發展相反的過程。道家聖哲告訴我們，藉著逆轉正常生命的發展取向、藉著回復到最原始的單純狀態，一個人有可能成為所謂的「真人」，不僅能發現到死亡的藝術，同時也能找到悲傷的藝術。雖然老子為文的態度並不一致，但他最主要強調的重點，仍在於如何長生，以及自然的死亡。在另一方面，莊子則完成了這種將生命過程逆轉的藝術，將之變成具有赤子之心般的精神狀態。他在自己的妻子過世時，就是以這種超乎常理的方式，來加以應對的：

> 莊子妻死。惠子弔之，莊子則方箕踞鼓盆而歌。惠子曰：「與人居，長子、老、身死，

> 不哭亦足矣，又鼓盆而歌，不亦甚乎？」莊子曰：「不然，是其始死也，我獨何能無概！然察其始而本無生；非徒無生也，而本無形；非徒無形也，而本無氣。雜乎芒芴之間，變而有氣，氣變而有形，形變而有生。今又變而之死。是相與而春秋冬夏四時行也。人且偃然寢於巨室，而我噭噭然隨而哭之，自以為不通乎命，故止也。」[9]

大自然超越所有人類的變化之外，在無止盡的生死循環之中，持續的表現著自己。潮浪湧起，然後墜落於地平線，向著海灘蜂湧而上，最後，終因撞擊而化為白色的泡沫，此時亦唯有退回大海，隱身於下一個浪潮之中。是故同樣的，人類生命的終止，與由即將來臨到離去、從陽到陰的方向是相逆反的。

像西藏人一樣，中國道家也透過最精緻的藝術，也是軍事上的藝術——冥想，強調要在活著的時候，練習死亡的過程。更為特別的是，中國人是以「太極」這種精神性的修行，以及氣功聞名於世的。而其中的任何一項，其修練者都必須培養出一種屬於自發性的藝術，亦即培養出活潑的、循環不已的、湧自丹田的氣（生命力）。一般稱之為「胎息法」，在道家祕密生理系統之中，認為「胎息法」這種周行全身不已的氣，能刺激陰陽活力的內在平衡。道家相信，透過這樣的運動，可以漸漸的發展出新的「胎體」（在肉體之內，更為稀薄的身體）。

而透過練成這樣的胎體，一個人就可達到不朽。

在反覆不斷練習這樣的冥想形式，並透過雙手緩慢探索光的型式的動作，一個自覺帶動著經驗的人，同時也正被氣所運。在此，有一個適足以顯示這種運動狀態的特性，那就是道家的自發性反轉活動，也就是「無為」的觀念；另一個則是儒家的道德培養，或稱為「禮」的觀念。這兩種方法，都提供了生者一種體驗死亡的途徑，因此，修練此法者，便能夠不再畏懼死亡。

祖先崇拜

如果老子和莊子在思想上，顯出一種自發的陰性特徵，那麼孔子（西元前五五一～前四七九年）基於對禮儀、行為，以及社會與家庭道德的培養等信念，就該被稱為具備了陽性特徵的人。孔子曾企圖要維繫中國古老的道德，其中包括了透過所謂的祖先崇拜活動，或者更正確的說，應該被稱為敬祖的活動，來完成其目的。敬祖活動背後的精神在於，人們認為死了的人會以來世的智慧，有益於在世的人，這就好比人類與自然歷程之間，具備著一種等向關係一樣；在生與死之間，也同樣具備了這樣的聯繫。對於年長者的擁有智慧，以及過世之人的更具智慧表示尊敬，實際上即是透過喪葬儀式、哀悼的程序，以及持續的獻祭活動等，參與了牽涉到所有生命體的宗教活動。這類活動祭拜的對象，僅限於一個人的血親，因為只有皇帝，才能依照律法獻祭開國始祖以及上帝。

我們可以由孔子與弟子子路的對話之中歸結出，影響他在面對死亡時所採取態度的主要信念為何：

> 季路問事鬼神。子曰：「未能事人，焉能事鬼？」季路曰：「敢問死。」子曰：「未知生，焉知死。」[10]

如同拒絕談論關於神或天的問題一般，孔子也拒絕談論死亡或來生的問題。就在他快要死亡時，有人要求他祈禱，但他說他已經祈禱好一段時間了。取死亡或來生問題而代之的是，孔子將他的教育重點放在有利益的行為之上，放在舉止合宜這一點上，他以儀式一般正確的方式，來指導人們從事每一件事：包括起床、盥洗、穿衣、飲食、談話、不說話、工作、社交、做學問、睡覺，以及死亡。每一個動作、請求、生育、婚姻以及葬禮等活動，都在結合了儀式動作的個人表現上，具備了意義。舉例而言：中國的傳統人物們，總是帶著深深的敬意，以自然而不造作的恭順態度，來和他們的老師打招呼，這份尊重是無須透過言語即可明瞭的。

為了能更清楚的看出日後在死亡的宗教藝術上，有那些部分的傳統是歸因於孔子的，現在讓我們來看看下面這段取材自《孝經》的文章，在這一篇文章當中，重點式的呈現出葬禮的正確程序：

> 子之喪親也，哭不偯，禮無容，言不文，服美不安，聞樂不樂，食旨不甘，此哀戚之情也。三日而食，教民無以死傷生，毀不滅性，此聖人之政也。喪不過三年，示民有終也。為之棺槨衣衾而舉之，陳其簠簋而哀慼之。擗踊哭泣，哀以送之，卜其宅兆，而安措之。為之宗廟，以鬼享之，春秋祭祀，以時思之。生事愛敬，死事哀戚，生民之本盡矣，死生之義備矣，孝子之事親終矣。[11]

隱含於孔子教義之中，有關心理學上以及道義上的主張，都被荀子（西元前二九八～前二三八年）加以發揚光大了。在一部隸屬於其結構完善的哲學系統的著作——《禮記》之中，荀子一開始便討論禮儀的起源，認為它實踐了人類對於宗教行為的欲求，荀子寫道：「凡禮，始乎梲，成乎文，終乎梲校，故至備，情文俱盡。」對於荀子而言，禮儀的含義，就像一條垂直線一般，確實是十分深遠的，它總是以一種適當的方式來加以運作：

> 卜筮視日，齋戒脩涂，凡筵饋薦告祝，如或饗之。物取而皆祭之，如或嘗之。[12]

從穿衣、祭獻、棺槨的裝飾等，每一件事都有許多規矩加以規範，透過這種方式，生死被視為一致無二。

死亡的儀式

人在死亡了之後，其名字便不再被使用了，因為一般認為，一旦死者的名字被提了出來，他或她便會被召喚前來。根據喪葬儀式的規定，在喪禮中，兒子要負起主要的義務。他要穿著特別的衣服，禁食某些特定的食物，舉止也同樣受到了限制。他內心的悲傷，只能透過某些適當的行為（也就是「頓足」，相對於婦女的「搥胸」），才能表現出來。

接續在荀子之後的儒家學者們，則發展出以下的觀念：每個人的內在都含有男性與女性的原理，同理，每個人都有一個層次「較高」的陽性靈魂，與一個層次「較低」的陰性靈魂。類似陰性的靈魂其組織較為稠密，並且附於身體上。它待在墓穴的附近，每年春季的時候，家屬會來祭掃他的墓。而那個類似陽性的靈魂，其組織則較不稠密，也比較沒有惡意，它會一直留在屋子的四周。屋子內的神桌前，每天都會點上一柱香，此外，一個月二次以及新年的時候，都要在神桌前供奉食物，給陽性的靈魂享用。正當人類學的研究著作，對這類普遍被接受、雙重靈魂的學說提出質疑時，這項儀式正反應出，祖先在家之靈魂和家人的親密性，與在墓穴的靈魂之間有著極大的不同。

在家裏的神桌前，死者的親友儀式化的崇敬著他們的祖先。如同我們曾經指出的，生者與死者之間，就如同天與地及人之間，或陽性靈魂與陰性靈魂之間，具有一種相互依存和彼此互惠的關係。祭祀者之所以紀念並供奉食物給亡者，是相信這樣的行為不僅能使亡者受益，同時也加惠祭祀之人。藉著在祖先牌位前的行禮，中國人指出了他們不僅僅是對逝者有所奉獻，也從家族的精神來源之處，得到了利益。

神桌放置在家中最受尊崇的位置上，它是祖先崇拜活動中的焦點。牌位也許是一個「祖傳下來的手刻物，它放置在巨大建築物當中，最中央那棟建築物的樓上；或者僅僅是一塊牌子，固定在只有一個簡單房間的屋子當中，一面牆上的高處。」[13]神桌上的香爐，或許是一些食物或酒的旁邊，是一塊刻著名字、稱號、死亡日期，以及排名等又高又薄的祖先牌位。而在神桌上擺放著的食物及筷子，則是為了在特別的日子裏，例如新年的時候，祖先能與在世的家人們一起享用、慶祝。

另一方面，陰性的靈魂則逗留在墓穴的附近，和那個具有家的歡愉的陽性靈魂比較起來，就顯得較為謹慎。因為墓地是不具形體的靈魂、鬼、或是妖精的居住地，他們包圍著靈魂，並且會找靈魂們的麻煩。雖然如此，在仲春時分（四月五日，冬至之後第一百零五天）的掃墓節時，全家人都要來到墓前。每個人都要再續他與逝者的關係，重訂誓約，求取恩惠，要求給予建言，並且愉快的回憶著親人。接下來，便是清掃祖先的墓地，並且在所有該做的都做了之後，家人們便展開其慶祝的活動。

在普通的中國家庭裏，每當有家庭成員過世時，在他們所舉行的許多儀式與風俗之中，總會有一位主祭者，他最主要的任務，是為逝者的靈魂在進入另一個世界時，提供一個安全而可靠的管道。為了這類善良風俗得以進行，在一般的情況之下，孝子是要負起完全的責任。不過，誠如愛達・普魯特(Ida Pruitt)在《漢人的女兒：一位中國職業婦女的自傳》(*A Daughter of Han: The Autobiography of a Chinese Working Woman*)這本書所告訴我們的，如今已經有所改變了。她寫道：在她阿姨死後，她被選中取代她的丈夫，成為哀悼阿姨的主導人，也就是負責拿那個祖傳的瓶子：

> 那是一個小小的、土製的瓶子。傳統上，家族中第二代的所有成員，會將食物——米、餃子、饅頭等放入瓶中。他們得將瓶子塞滿，因為這麼做也許會子孫滿堂；也許能使得要走向漫漫黃泉路上的人，有著足夠的糧食；也或許那些供應食物的人，因而會獲得好運。塞下最多食物的孩子，將會有最大的福報。而最年幼的兒子，則要在壺口放一個饅頭，然後插上一雙筷子。我必須擔下那名最年幼兒子的工作，在壺上插上一雙筷子，甚至於，我還要擔負起長子的角色，把瓶子帶著。帶著瓶子，就是主祭者的象徵。它將會被放入墓中，放在棺木之首。⑭

在阿姨過世時，愛達正好守在她的身邊。從中國人的觀點來看，在摯愛的人過世時，能有一些家人在場是十分重要的一件事。因為人們相信，如果一個人孤單的離開塵世，那麼他的來生便會沒有後嗣。就在阿姨嚥氣之時，愛達立刻塞了一個小紅袋子在她嘴裏，裏面裝了一件銀飾、一小撮茶、一塊糖，以及一口鹹菜，這樣一來，在她的旅程之中，食物以及金錢便能不虞匱乏了。接下來，她將她阿姨的腳綁在一起，因為這樣，身體便不至於再坐起來。當一切完成後，很快的她趕往土地廟，第二天又趕往城隍廟，第三天則前往天帝廟。

到了第五天，屍體便被埋葬了。在埋葬的前一天晚上，家屬以及主祭者，穿著未漂白、未縫邊的白色衣服，跪在棺木旁，並且在背景音樂輕柔的播誦聲中，靜靜的流淚。這樣做是為了要幫助逝者的靈魂離開身體，以便展開他的旅程。愛達披麻帶孝，手捧著那個祖傳的土瓶，走在棺木的最前面。到達墓地後，在唸唱的僧侶、哀傷的親人，以及喪禮樂聲之中，棺木被放入墓穴之中。到此我們可以說，葬禮的儀式算是結束了，但對於她的祖先的崇拜，則正要開始。

注釋

❶ 勃爾頓・華森(Burton Watson)所翻譯的《莊子》(*Chuan Tzu*)，頁三二八。

❷ 亞瑟・瓦利(Arthur Waley)所翻譯的《道德經》(*The Way and Its Power*)，第二五章。

❸ D. C. 羅(D. C. Lau)所翻譯的《老子：道德經》(*Cao Tzu: Tao Te Ching*)，第一章。

❹ 陳鼓應所翻譯的《老子注疏》(*Cao Tzu: Texts, Notes, and Comments*)，第四二章。

❺ 這是一段由不同的資料來源，所組合而成的文章。這個有關於創生的觀點，並不像中國早期的「圖式」那樣的年代久遠，它是屬於精神性的，而它的形成，則不會早於漢代《易經》的注釋。

❻ 勃爾頓・華森(Burton Watson)所翻譯的《莊子集》(*The Complete Works of Chuang Tzu*)，頁二三五。

❼ 同前，頁三六一。

❽ 陳鼓應書，第五〇章。

❾ 勃爾頓・華森的《莊子》，頁一一三。在普遍流行的道家思想中，對長壽和不朽的尋求，都具體的表現在神話、瑜伽，以及煉丹術的發展之中，但莊子對此並不表示同意。他說：「益吾生者，亦益死矣。」

❿ 溫采臣（Wing Tsit Chang，音譯）所著之《中國哲學資料選編》(*A Sourcebook in Chinese Philosophy*)，頁三六，《論語・先進篇》。

⓫ 瑪莉・蕾拉・馬克拉(Mary Leila Makra)所翻譯的《孝經》(*The Hsiao Ching*)，〈喪親章〉。在此，有一件事情也許必須先加以了解的，那就是，這一篇關於喪禮以及服喪活動等，有著卓越並具備象徵性意義的分析，乃是源於荀子（西元前第三世紀）。《荀子》一書中的〈禮論篇〉是可以說是其內容之來源。（查照Watson的翻譯，頁九八～一〇〇。）

⓬ 勃爾頓・華森所翻譯的《荀子本論》(*Hsün Tzu, Basic Writings*)，頁一一〇。

⓭ 克利斯・嘉慶(Christian Jochim)所著之《中國的信仰》(*Chinese Religions*)，頁一七一。

⓮ 愛達・普魯特(Ida Pruitt)所著之《漢人的女兒：一位中國職業婦女的自傳》(*A Daughter of Han: The Autobiography of a Chinese Working Woman*)，頁三一五。

日誌測驗

一、討論本章中所提出的、公開的兩難問題——由有未始到有始。莊子最後一段話：「而未知吾所謂之，其果有謂乎，其果無謂乎？」所指為何？

二、完整而詳實的畫一幅陰陽圖，由部分、整體，以及它的運作等各方面來加以深思。如果這個圖，對於你對死亡的看法有任何影響的話，那麼它是以那一種方式來影響你的？

三、再次描述一下，道家所謂「反」的過程，這種精神上的運作活動，是透過什麼樣的方式，影響著道家對死亡的態度？

四、再閱讀一次有關於孔子及其弟子，在孝子對於逝者所須擔負的義務上，有些什麼樣的教導？在西方有無相關的習俗可以加以對照比較嗎？女兒在喪禮上是扮演著什麼的角色？

五、陰性靈魂與陽性靈魂，兩者之間有著什麼樣的關係？其不同之處為何？他們是分屬於兩個不同的靈魂嗎？

六、一位聰明、服膺儒家或者是道家學說的人，將如何回答下列問題？也就是說，那一種是最具宗教性的死亡方式？你的傳統是如何指導你有關死亡的藝術？

第七章　美索不達米亞與埃及人面對死亡的態度

是什麼攫住了你，令你沈睡？
你迷失在黑暗之中，並且聽不見我的聲音。

《吉爾伽美什史詩》(*The Epic of Gilgamesh*)

根據考古學上的發現，目前所遺留下來最早的人類骸骨，大約可以回溯到西元前三萬年前，這些遠古舊石器時代的人們，非常關注生命中的三項基本問題：誕生、食物與死亡。他們不但以具體的行動，同時還以超自然的態度來對待這三件事情，這一點，可以透過其喪禮風俗來加以證明。舊石器時代的人們是以一種儀式性的方法，來埋葬死去的人，其過程如下：

一、他們通常以一種表示結合了血或生命力的紅色顏料，來覆蓋屍體，一般認為，這象徵著一種希望，期望生命力能藉此被保存下來，同時也反應出他們相信有所謂的來生。

二、在墓穴中發現到食物、工具以及武器等，這指出他們相信在來世裏，這些東西將在某些場合派上用場。

三、下葬時，屍體通常側臥著、腿被緊緊的縛住、雙手覆蓋在臉上，保持著胎兒般的姿勢，就好像預備從地母的子宮/墓穴中再生一樣。

四、以石頭或骨骼做成的裝飾品與小型雕像，亦被放置在墓穴內，那些雕像所強調的性別象徵，以及空白的臉孔，並非特指某位女性，而是母神的象徵。

當我們檢視古代西方文明中，較為早期的經典文獻時，可以發現到兩種具有主導性的態度。首先，透過《吉爾伽美什史詩》，這則有關蘇美人的故事當中所呈現出來的態度是：對於不朽的追求，實則揭露了不朽自身的虛妄性；其次，表現在埃及、希臘故事當中，以及其風俗習慣裏的，則是一種對於靈魂不朽的信仰。在本章的最後部分，我們將針對美索不達米亞（蘇美人）與埃及人的觀點來加以比較，因為由某些角度來看，雖然在表現形式上如今已有所不同，然而兩者間的歧異性則至今依然存在。

恩奇杜與吉爾伽美什

《吉爾伽美什史詩》不僅是目前所保有最古老的史詩，同時也是目前遺留下來，企圖反應出命運問題的最古老文獻。在尼尼微 (Nineveh) 城內，亞述國王亞述巴尼帕 (King Ashurbanipal)的圖書館中，發現到十二塊以閃族語系中的阿卡德語所書寫的泥板，是現存最完整的版本。雖然此處所引敘的部分，大約是出自於西元前七千年，然而，另外一批保留下來有關這個故事框架的泥板，學者們則認為是出自大約西元前二千年間的古代巴比倫。

這首詩是以類似舞臺劇的方式來加以敘述，首先登場的，就是吉爾伽美什(Gilgamesh)這位「發現萬物之源的人」，或「全見之人」。

> 我將對世人稱頌吉爾伽美什的行為。他是全知的，是能知世上所有國土的王。他具有智慧，能見得玄理，並知隱秘之事物，他為我們帶來一個洪荒時代前的故事。他曾長途跋涉，疲倦異常，衣衫襤褸而勞頓，在回來安定之後，將整個故事鐫刻在石上。❶

注意到這個故事的重點，是很重要的一件事。第一句話——「我將對世人稱頌」——介紹了吉爾伽美什，以及他的高貴、權能，和對不朽生命的悲劇性質問。它提醒著讀者，由於吉爾伽美什長征回來之後，僅在石上刻下了整個故事，因此，他們是在閱讀一篇根據吉爾伽美什自己所寫的，由史詩說書人所提出的口頭報告。我們所聽到的，是由一位當時的詩人，以讚頌、並且崇敬的方式，回想吉爾伽美什的故事，同時藉此，吉爾伽美什所要求的力量（權能），也在聽者的心靈中更生。

首先，這則史詩告訴了聆聽的人：吉爾伽美什被眾神創造為具二分神性、一分物性，半神半人的人物，他被任命為烏魯克(Uruk)當地的國王，那是一個距亞伯拉罕(Abraham)所住的烏魯克不遠處，阿拉伯半島上波斯灣附近的一個城池。在烏魯克，他為安努神(Anu)與女神伊什塔爾(Ishtar)建造了巨大的城牆與宮殿，其於藝術上的成就，是後來的國王所無法相提並論的。

接下來，說書人邀請聽眾一起去攀登烏魯克的城牆，與其行走於石子路上，仔細遍閱吉爾伽美什的城市。

> 沿著它走，我說；注意每一臺階的基石，並檢視那磚造的建築物，它難道不是經過烈火錘鍊、難道不夠好嗎？是七位賢人建下了這基業的。[2]

在故事的結尾，當吉爾伽美什由求取不朽的旅程中回來時，這些重要的段落將會再次出現，並且對於不朽性能因他而存在這一點所具有的唯一意義，提供了一個線索。

第一幕開始時，是敘述在吉爾伽美什的暴虐統治下，不論是為人妻或仍為女兒身者，沒有一位女子，能自他永無滿足的追索之中脫逃出來。於是為保護烏魯克一地的人們，並對他們的請托有所回應，女神阿魯魯（Aruru，曾創造了吉爾伽美什）便揉合了水與泥塑造成人，並將他放逐於荒野。於此，恩奇杜(Enkidu)創生了——一個多毛、食草、飲用著動物飲水坑裏水源的野人。

為了啟發恩奇杜，於是伊什塔爾（Ishtar，象徵愛與生產力的女神，同時也是天后）便找了一位高級的娼妓，來誘惑恩奇杜，他們睡在一起長達六日七夜。在那之後，野獸們便再也不認識恩奇杜了，見著他時都紛紛的跑開，因為他再也無法和他們一樣了。為了完成她的目的，這位高級的娼妓便將恩奇杜帶往烏魯克，去會見吉爾伽美什。恩奇杜粗暴的宣告了他的計劃，他要大膽的挑戰吉爾伽美什，並且大聲咆哮著說：

我乃此處最強壯的，
我乃前來改變那古老律法者，
我即是那生於山陵者，

我即是眾人中最強壯者！❸

進入了烏魯克城之後，他見著了吉爾伽美什，緊接著，空前的苦戰便展開了。最後，吉爾伽美什戰勝了恩奇杜，他們倆相互擁抱，於是結為莫逆之交。

在下一幕當中，這兩名新結交的朋友出發一起去剷除森林中的惡魔漢巴巴(Humbaba)，並且要在這個從未聽過吉爾伽美什名號的地方，為他建立起聲譽。這兩個目的他們都順利完成了。然而，就在他們凱旋歸來時，卻拒絕了伊什塔爾的親近而觸怒了她。因為誠如吉爾伽美什說的，她有太多愛人了。於是在盛怒之下，伊什塔爾遂差遣天牛來殺害吉爾伽美什，但反被吉爾伽美什與恩奇杜剜去了天牛的心臟，並拿去獻祭給沙馬什（Shamash，太陽神）。因此，眾神決定必須要處死恩奇杜，並將此消息透露給他。恩奇杜因此夢到他被帶到了「黑暗之屋」，那是個有去無回的地方。❹

於是恩奇杜病了，並後悔那一天為什麼要受到娼妓的引誘，來到這個城市而痛苦哀傷不已。當他死時，吉爾伽美什非常的傷心。在歷經四千年之後，他的傷痛仍深深的打動著讀者的心：

聽聽我的心聲啊！烏魯克的眾神，
我為我的朋友恩奇杜而垂淚。
像個女人一樣，痛苦哀傷不已。
我為我的手足而揮淚，
噢！恩奇杜，我的兄弟。
你是我身旁的斧鉞，
我雙手的力量，我腰際的刀劍，
我身前的盾牌，
最榮譽的袍子，我最愛的裝飾品；
惡運已籠罩著我……
是什麼攫住了你，令你沈睡？
你迷失在黑暗之中，並且聽不到我的聲音。[5]

吉爾伽美什拒絕埋葬恩奇杜，悲慟了七個日夜，直到蟲蛆爬滿了屍體，事到如今，他也只好將恩奇杜給埋了。吉爾伽美什召集了最優秀的工匠，要他們刻一尊恩奇杜的雕像。當這尊琉璃為胸、金石為身的雕像完成之後，他們將它放在硬木桌上。旁邊有一個盛滿了蜂蜜的紅玉碗，寶以及盛滿奶油的寶石做的碗。吉爾伽美什將殿堂呈獻給太陽，然後揮淚離開了這個地方。

面對著令人顫慄的事實——當我死去，該不會也像恩奇杜那樣吧？——關於自身生命有限性的事實，使得吉爾伽美什宣稱，他意圖尋求永生。他懷疑：如果這便是生命的目的，那麼它的重點又是什麼呢？如果不能伴隨著人們一直活下去，那麼又何必庸人自擾的去建造烏魯克城呢？生平第一次，吉爾伽美什面對了自身的死亡，並且因此陷入混亂與懷疑的情緒之中。吉爾伽美什決心要尋求死亡的意義，並展開了尋找烏特納庇什廷(Utnapishtim)的旅程，他是一位住在世界彼端，唯經達到永生的人類。

在這趟艱困的旅程當中，他越過了坡地、草原，穿越過山徑走過人跡所到之處。途中，他遇到了三位人物，每一位都試著勸他取消這趟旅程。對蠍人（The Scorpion-Man，冥府入口的守衛者），吉爾伽美什說他希望自己的淚，能將恩奇杜帶回陽世，但如果不能，他便決心要找到烏特納庇什廷（遙遠的那位）。然而蠍人告訴他：「沒有一位父母所生之人，曾達到你所渴望完成的目的。你所追尋的目標，是不可能的。」

於是吉爾伽美什離開了蠍人，通過整個黑暗腹地之後，來到了沙馬什（正義律法的制定者，太陽神）之處，然中沙馬什以相同的話回答了他。然而吉爾伽美什並未因此而改變心意。接下來，他又遇見了茜杜里(Siduri)，她是一位住在深海（也許是地中海）邊的麥酒店女掌櫃，是聖酒的製造者（也許是伊什塔爾的化身），當她明白了他的要求之後，回道：

汝所求之生命終難尋獲。
在眾神創造人類之際，
他們即已預設了死亡，
生命仍持於眾神之手。
汝，吉爾伽美什，實汝之腹，
日夜行樂。
日日歡宴，
日夜起舞、宴樂！[6]

這段文字十分貼切的掌握了美索不達米亞人面對死亡時的態度。他們的代言人茜杜里，建議吉爾伽美什在仍然有能力的時候，要盡情的享受他的生活。然而當她的意見，仍無法勸阻吉爾伽美什執著的心時，她給了他一份無價的禮物——她透露出到哪兒能找到爾聖納比（Urshanabi），亦即烏特納庇什廷的擺渡人。在見著了爾聖納比之後，吉爾伽美什對他吐露自己害怕死亡，因為他兄弟的命運，令其感到心頭沈重。

我如何得以靜默，
我如何得以安憩？
彼已化為塵土，而我亦將死亡
並被置於大地，永遠永遠。[7]

爾聖納比為吉爾伽美什的悲傷而動容，於是同意帶他去烏特納庇什廷處，但卻警告他說，在他們橫渡死海之時，千萬不要用手去碰觸海水。

這段旅程歷時不久，而在見了烏特納庇什廷之後，他所有的願望也很快的幻滅了。當吉爾伽美什問道：「我如何能找到正在尋求的生命？」剎那之間，如同佛陀一樣，烏特納庇什廷回應他並沒有所謂的永恆：

我們建造永恆的屋宇嗎？
我們訂立永恆的誓約嗎？
兄弟們能永遠禍福與共嗎？
怨憎能在這塊土地上永遠堅持下去嗎？
河流能永遠高漲並氾濫成災嗎？
蜻蜓要離開繭鞘
（但）牠的臉許能瞥見太陽的臉？
自古以來，已經沒有演奏了；
那休憩與死亡的，彼此是如此的相像！❽

他透露出，在眾神分配生命與死亡之時，他們並未揭露死亡的日期。但吉爾伽美什並未因此而緘默下來，緊接著又問：「告訴我，你如何能進入眾神之列，並且擁有不朽？」烏特納庇什廷回答他說：「我將對你透露那隱晦之事，我現在即將告訴你眾神的祕密。」

在下一幕裏，那個秘密即被披露出來，其中還包含了摧毀所有人類的大洪水之故事。很明顯的，史詩的作者定是有心將這個足堪與後來《創世紀》中的洪水故事加以媲美的神話，囊括在史詩之中。但不同於聖經中諾亞故事的是，在洪水之中，只有烏特納庇什廷和妻子，因為乘坐自己建造的大船而存活下來。由於他們的勇氣及技巧，眾神們於是頒令，他們夫婦二人將永生不死。安里奧（Enlil，大地、風與精神之神）說：「在過去的時光中，你們是可朽的；自今而後，你與你的妻子，將在遙遠的河口，永遠的生活下去。」

接下來的部分，乍看之下，也許一點高潮也沒有，但事實上，它卻是使這部劇碼得以呈現出完整性的重要部分。

烏特納庇什廷的妻子十分同情吉爾伽美什，她勸她的丈夫將那稱為「由老返少」的神奇植物，或稱為返老還童植物的祕密所在處，透露給他知道。於是烏特納庇什廷告訴吉爾伽美什：

你已來到此，辛勞且堅強。
也許你要回到自己的土地，我能給你些什麼？
我將透露，噢！吉爾伽美什，一件隱密之事，
並且……將告訴你關於一種植物，
這種植物，像鼠李一樣的是……

它的荊棘扎入你的手，如同玫瑰的刺一般。
如果你能保有這株植物，你將會有如枯木逢春。❾

吉爾伽美什立刻潛入水中尋找，並且將之帶回船上。在稍感安心之後，他和他的船夫便出發返回烏魯克城，然而在途中，當他在一個水塘沐浴之時，有一條蛇卻被這棵植物的香味吸引前來，並將它啣走了。當吉爾伽美什發現那棵植物被偷走時，他執起爾聖納比的手，流淚對著他說：「這就是我承受那麼多苦難的代價嗎？我什麼也沒得到。我找到了一個訊息，但現在它卻消失了！」

雙手空空，帶著一顆孤寂、絕望的心，吉爾伽美什終於回到了家。他叫爾聖納比爬上了烏魯克的城牆上，自己卻沒有爬上去：

檢查一下那塊基石，測試一下它的砌磚，看它是否是用燒煉過的磚石做成的，那七位賢人是否用它來奠基……❿

藉著再度肯定他所造城市的完美建築，以及暗示此城所具有的道德善性，吉爾伽美什指出，這是他僅能獲得的不朽性。於是他將整個故事，包括在故事中的故事，刻在一塊石碑上。

當他快要死亡時，僕人們聚集在他皇宮的四周，並吟誦著：

> 這國王已經躺下，並且不會再起來了，
> 庫勒巴(Kullab)的神將不再起身；
> 他曾征服了惡魔，他將不會再來；
> 雖然他曾擁有強壯的臂膀，他將不會再起身；
> 他曾智慧過人，並擁有俊美的面容，他將不會再來；
> 他已離去而走入山林，他將不會再來；
> 他已委身命運的床，他將不再起身，
> 他將不再從多彩的臥榻上前來。[11]

城裏的民眾們哀悼著，並且以一種儀式化的方式來稱量他們獻祭給逝去的吉爾伽美什，以及所有死亡之神的物品。如同先前的恩奇杜一般，吉爾伽美什死了，再也不會起來了。[12]

透過《吉爾伽美什史詩》一文，讀者們至少可以找到五項有關於死亡真實性的回應，其中沒有任何一項是具有實際的承諾：

一、在尋求因為死亡而產生出的問題的答案時，一個人必得全心全意、熱切的探索生命。

二、關於死亡的神秘性，唯一具有價值的答案是來自於個人自身的經驗，而非經由他人嘗試提供的答案中獲得。

三、人類沒有所謂的不朽，只有神才擁有不朽，人類的命運是掌握在諸神的手中，只有眾神知道一個人何時會走向死亡。

四、雖然人們可能暫時掌握到返老還童的祕訣，卻不可能永遠保有它。

五、社會（古代希臘的城市、國家等組織）的存在，將比個人的存在更為持久，它是人類唯一能夠達成的不朽性，也就是說，活在對於生活的記憶之中，即是活在這個故事本身的記憶之中。

伊西施與奧西里斯

從美索不達米亞的悲觀論點，進展到它的姐妹文明——埃及文化的過程，實際上就是從沒有個人不朽的觀點，轉化成為對於死亡懷有一種極度樂觀的成見。金字塔、墳墓、木乃伊、殉葬的器具、葬禮的文獻，以及《埃及度亡經》(*Egyptian Book of the Dead*)等，在在證實了埃及人在面對死亡時，是抱持著一種根本的樂觀主義。一項在埃及出土，約為西元前二三〇〇年代的文物指出，在當時一個講究的禮拜死者的儀式當中，屍體保存的技巧顯然已經有了長足的發展，有些屍體甚至已經保存了三千年之久。由一般視為死者紀念碑的墳墓——金字塔的建築，一直到製作木乃伊這種宗教的藝術，在西方文明史的起源上，埃及文化在儀式以及伴隨而來給予這項禮拜式一項意義的神話學上，均有長遠的發展。

整體而言，埃及的神話學反映出不同的城邦，往往各自崇拜著不同的神或女神的事實。就在每一位神或女神，都各自隸屬於自己的家族同時，卻也發展出一種更為大眾所普遍接受的神話學，在重要性上，它甚至取代了深具地域性的神話學。十分確定的是，在第一王朝（約於西元前二八五〇年）開始時，一般人相信，埃及法老王即是那位以或坐／或立的獵鷹為標誌的霍爾斯神(God Horus)。同時，法老王也與太陽相提並論，甚至在其後的埃及神話學中，霍爾斯與偉大的太陽神拉（Re，與亞圖姆神——Atum等同）則互相結合在一起。

這項對於眾神之王亞圖姆—拉神(Atum-Re)崇拜的禮拜儀式，後來被著名的法瑞歐・阿肯那頓法老王（Pharaoh Akhenaton，西元前一三六四～前一三四七年）給取代了，他試著引入對於亞登神(Aten)的一神崇拜，這是一名取材自他的名字Akhenaton（對Aten的讚美）的神。雖然他並沒能利用這則創造出古代敬神儀式的古老神話；但是他卻宣稱自己是拉(Re)的兒子。

針對此事，阿蒙—(Amon-Re)的祭司們在讚美詩中，特別強調阿蒙（那不可得見者）的奧秘。

> 一即是阿蒙，從他們那兒隱藏起自己，
> 由其餘眾神之處，隱匿自己……
> 他遠離天堂，不見容於地府，
> （是故）無神知其真實形色。[13]

雖然阿蒙是不可見、沒有形色、超越各式各樣名稱之外的，詩人們卻試著用否定的方式，來形容這名神。在接下來的這一段引文當中，總共用了三個形容詞，都是以否定的形式來加以運用：

> 眾神盡皆為三：阿蒙•拉和布達神，
> 對其而言，再無第二者。
> 如同阿蒙一般，隱匿為其名，其面容為拉，其身為布達。[14]

只要阿蒙是沒有形象的，他/她就是風；只要阿蒙有臉，他/她即是太陽；同時，只要阿蒙有軀體，他/她便是大地。

雖然埃及的神話學具有相當複雜的特性，又有眾多的例證足供我們討論，然而此處我們僅針對伊西施(Isis)與奧西里斯(Osiris)的神話來加以研究。因為這則神話不但切合於我們的研究主旨，使死亡的崇拜儀式形成了實用的理論基礎，同時，那名被暗殺的奧西里斯王的復活，亦成為後人得以新生的一項承諾。

故事發生在奧西里斯統治的那段期間，當時大地上並沒有死亡這回事，但是公正而具有智慧的奧西里斯王，雖然毫無疑問的和生長與多產的神話都有所關聯，卻總是被描述為一位慘遭橫死的真實人類。在埃及的聖像中，奧西里斯被描繪成身軀緊裹著布，但頭部卻沒有被裹起來的模樣。奧西里斯成為每一位期待克服死亡的靈魂的原型。在《埃及度亡經》這本書中，奧西里斯形容自己說：

> 我即是那位先行於前的無名小卒。我即是昨日。「百萬年前的先知」即是我的名字。我緣路而行，沿著神天審判官所踏之徑而行。我即是永恆之王。⑮

奧西里斯與伊西施

現在有關這則故事的說法是，奧西里斯以他的姐妹伊西施為侶，倆人彼此深深愛慕著對方，並且一起統治著這片大地。伊西施，這位奧西里斯的手足與伴侶，忠心的隨侍在他的身旁。並且以自己巧妙的口才護衛著他。雖然如此，奧西里斯的敵人們仍企圖謀反，特別是他那位善妒的兄弟——塞特(Seth)。一天晚上，塞特特別安排了一場宴會。會中他提出了一項新的遊戲，並捐贈了一只具有香味、由各種不同木頭所組合而成的精巧盒子，聲明只要誰剛剛好能塞進那個箱子裏，這只箱子就送給他。然而現場並沒有一個人剛好適合這個箱子，於是奧西里斯便脫下了他的王冠，十分完美的塞入那只箱子之中。說時遲那時快，塞特和他的隨從們立刻用釘子把箱子給封死了，並且將邊緣焊接密封了起來，然後將之擲入河中。奧西里斯於是成了第一個死亡的人。

具有大無畏精神的伊西施，跟隨著骨灰箱子來到了大海，一直到箱子消失在海中。然而伊西施並沒有因此而停止尋找，終於有一天，在比布魯斯的國王(King of Byblos)皇宮內一株直立如柱的樹木下，她發現了那只棺木。伊西施帶著骨灰篋子回到埃及之後，同她的姐妹妮芙蒂斯(Nephthys)擁抱在一起，為她們的兄弟奧西里斯而哭泣不已。接下來，這位信念堅定的伊西施便走近她的丈夫，打開箱子，吹了一口氣進入奧西里斯的嘴裏。因為這股氣，以及伊西施背上一對翅膀的搧動，使得奧西里斯重獲生命。於是他們便在那兒快樂的生活在一起。

然而很快的，塞特便得知奧西里斯復活的事，他對他的兄弟發動了再一次的攻擊。這一次，他成功的把奧西里斯切成了十四塊，並且把他散置各地。於是，伊西施又再度到各處去尋找，並將他丈夫的屍身碎片收集起來，重新拼湊組合完整。根據埃及「金字塔文」的記載，霍爾斯與托特(Thoth)將奧西里斯側舉了起來，在他們的面前，奧西里斯的沈冤於是得以昭雪。他的王國已然重建，天上、地下所有諸神為此都感到十分的滿意——並將天空與大地盡歸諸於他。然而歷經兩次重生的奧西里斯已不再是屬於天地的了，他的統治權，是屬於大地之下的地底世界。

他進入了一座永恆之神所屬的瑰麗庭園的祕密大門，並且矗立於此，循著太陽神拉的腳步，登上了榮耀的寶座。[16]

接下來，伊西施耳畔響起了一個聲音，告訴她奧西里斯已再次復生了，但是卻已成為地府的亡者審判官。

當我們在比較奧西里斯與埃及其餘諸神時可以發現，他的獨特之處便在於取代了卓越的權能，成了掌管死亡以及復活的神。這對於那些崇拜他的人而言，便成了不朽而深具意義的象徵。

靈魂的稱重

金字塔（西元前二四〇〇～前二〇〇〇年）內部牆上所鏤刻的「金字塔文」(Pyramid Texts)，以及在下一個世紀裏（西元前二〇〇〇～前一五八〇年）雕刻於棺木中的「棺文」(Coffin Texts)，是埃及神話的兩個主要來源。以象形文字所書寫的「金字塔文」，其主要內容包含了儀式、不可思議的符咒、祈禱文，以及關於法老王葬禮的聖歌等；而「棺文」則是為平民所設計的傳統神話的結晶。然而，從大約西元前一六〇〇年起，《埃及度亡經》這本書便取代了上述兩種文獻，這是一種類似於「棺文」，但是卻書寫在紙草卷上，並且被放置於墓穴當中的書。

《度亡經》被視為是針對死去的國王、僧侶與其他王室成員所規劃的宗教性文學，它的名稱是以象形文字撰寫於金字塔墓穴的牆上。它再次呈現出了一種宗教學的系統，其中，至尊的奧西里斯在眾神之中被高高的舉起。這部書與逝者的福祉有關，並為他們死後的新生，提供了線索。《度亡經》這部書，是在講述一則來世審判與判決的故事，它是透過一個以奧西里斯為首的神性會議的謹慎運作，以一種法庭審判的觀點，來加以敘述的。在審判儀式當中，死者的心臟將被放在天秤的一端稱重，而在天秤的另一端，則是一根象徵著瑪特（Maat，乃指神的創造性力量或「實體」）的鳥類羽毛。最後，死者將為自我辯解，然後法庭便下了裁決。如果那唯一被記載了的裁決過程是確實的話——例如，他將受奧西里斯之食，並得允諾以永恆居留此一圓滿國度——那麼《度亡經》的目的，無疑是要幫助逝者獲得一項好的裁決。

很顯然的，《度亡經》中最引人入勝的地方，是一個由四十二位審判者共同在奧西里斯的面前，決定一個人的命運這段審判過程。首先，死者要對審判官們發表一份懺悔書，其中包括了個人錯誤言行的部分。書中指出：死者的書記官阿尼(Ani)，將由他的妻子伴隨著進入真理與正義之廳，對著四十二位神祇宣讀死者的行狀。阿尼做出與死者自白書內容相反的陳述，說他沒有「不法的行為」、沒有「以暴力搶奪他人財物」、沒有「偷竊」、「謀殺」、「詐欺」、

「減少對神的捐獻」、「搶奪神」、「說謊」、「搶走食物」，以及「造成痛苦」等行為[17]。

在阿尼宣讀之後，有一段稱量死者靈魂的高潮戲。如果此人的心臟能與天秤另一端的羽毛取得平衡，那麼靈魂將被允諾給予天堂的喜樂。接著，阿尼便會對他的心臟宣讀一篇祈禱文，而他本人亦將聽到一份與呈給奧西里斯那份相同的裁決書。

> 托特，這位在奧西里斯面前，眾神之間的正義審判者說：「汝諦聽之，奧西里斯之心實已稱量，其靈魂已然立此，猶如目擊證人一般，藉至公天平的審判，真相乃昭然若揭。於他，無由見任何邪妄；未嘗浪費聖堂上之祭品；未嘗因己之行而傷人；於生之時亦未嘗妄語。[18]

這一幕生動的指證出在埃及的信仰之中，心臟或意識所在之處，將會成為受審之人的最後目擊者，會對他做出正面或負面的指控。這幕審判的場景同時也指出了，對埃及人而言，個人必須在來世裏交待他們在塵世的一切作為。

死亡的儀式

靈魂的稱重

如同我們所見到的，埃及人將肉體的生存視為一件非常重要的課題。一般相信，人在死亡之時，護衛靈ka（精神人格，或和人類形體相似之物）和身魂ba（真實的靈魂，一個縮小了的人頭鳥身物）會分裂開來。之後，由於護衛靈將會再需要一個身體，因此在墓中會建有一個特殊的房間，其中繪有逝者的生平種種，如此一來，護衛靈將可以回來享受它的來生，如同它依然具有生命一般。

在所有為永生所做的準備工作之中，木乃伊的製作當中所呈現出來的宗教性藝術，可以算是最為出眾的了。為了使死者的精神得以再次居住在肉體之中，埃及人企圖要將屍體予以保存。他們相信，屍體雖然已經沒有了生命，然而卻可復生而達到永生。為了完成此項目的，於是屍體要在「元氣房」(The House of Vigour)裏加以薰香，這個過程的本身被稱之為Senefer（意指死者軀體生命力的復原）。

屍體在處理的過程之中，將會在一位「讀者」(Reader)，也就是唱誦著適當儀文的僧侶指導之下，由其他僧侶與技術人員們開始處理，整個處理過程約需歷時七十天。此時，身體內部所有的器官，以及會腐朽的東西，都要被拿出來，大腦則由鼻孔取出予以丟棄。然後，腹部將會以香料填滿。而那些富有生命的器官，則立刻被貯藏到四個石壺之內。至於空無一物的屍身，則在全身毛髮都被剃除之後，放置在乾燥的天然碳酸鈉之中長達四十天，以便於將殘存的水份給吸收了去。

防腐的最後一個程序，便是將屍身縛以繃帶，數百呎上好的亞麻布被用來層層包裹，保護著屍體。在包裹的過程當中，祈禱活動仍不間斷的進行著，同時還要宣唱讖文。此時，視死者財富與權力的大小，在不同層次的屍布之中，會塞入珠寶與護身符等。項鍊般的護身符，是為了保護木乃伊的頸部用的，它同時還象徵著將逝者與永恆世界結合在一起的神奇羅網。除此之外，死者的腰部會緊繫著一條皮帶，上面則懸掛著古代儀式時使用的物件，以及一柄儀式用的短劍。

在裹屍的期間，不但要唸唱祈禱文，同時也要在屍布上傾倒藥膏及油，以利屍身的保存與木乃伊的運送。最後，整個屍體被裹在一大張亞麻布之中，此時，如果死者為王室的成員，那麼死者的臉上，便會被覆蓋上一個堅固的金質面具。僧侶一邊唸誦著《度亡經》上的章節，一邊將一個當做護身符的靠枕，放在死者的頸背之下，他們相信，如此一來，將會產生一種不可思議的熱氣，能令一個人抬起他的脖子。

接下來，一些由婦人們所帶來的基本傢俱，便連同木乃伊，由那些處理屍體的人們，一起放入墓穴之中。如果是皇室的成員，則屍體會被帶到尼羅河，放置於船上，然後乘船送到埋葬的宗廟。當他們到達墓地時，哀悼者們會大聲的哭泣，而舞者們則如古代精靈一般，穿著很短的纏腰布，在行進隊伍前跳著儀式用的舞蹈。

當所有的傢俱都在墓中擺好位置之後，木乃伊即以站立的姿態，置於墓穴的入口。接著，在唱誦著《度亡經》的讖文時，福水便會潑灑在面具上。在國王的木乃伊被放入墓中時，他的妻子要揚聲唱著：

> 吾乃汝之妻子，噢！至尊——勿棄吾而去！
> 噢！吾夫，吾將離汝如是遙遠，為汝之樂事否？
> 吾如何能孑然而去？
> 吾謂：「吾伴汝於此，噢！說樂於與吾對談之汝。」
> 然汝緘默若此，無言若此！[19]

在墓室外，燃燒著熊熊的火炬，音樂和舞蹈正在展開。哀悼的整個過程，到此整個完成。

很顯然的，在埃及人面對死亡的態度之中，對於審判的強調，是其中最富含意義的地方。美索不達米亞人則認為，除了留名於世與親人的追憶之外，沒有什麼能免於死亡。而其與埃及人的不同點在於，埃及人相信一個人不僅具有來生，同時還要接受道德的審判。當大審判的領導人——奧西里斯（那位死了，卻又復生的神）成為不朽的象徵時，他便成了令信仰者得以分享永生的明證。而那塊歷代所有先人們休憩之處的永恆國土，亦正是尚未降生的億萬生靈們，將會來到的美麗西方國土。因為，沒有任何人可以長久的徘徊在埃及的大地上而不死。

注釋：

❶ 珊達爾斯（N. K. Sandars）所翻譯的《吉爾伽美什史詩》(*The Epic of Gilgamesh*)，頁六一。

❷ 同前。

❸ 同前，頁六五。

❹ 詹姆斯・B・普里查德(James B. Pritchad)所編纂之《古代近東：文獻與圖片選粹》(*Ancient Near East: An Anthology of Text and Pictures*)，頁四〇～七五中，由E・A・斯畢瑟(E.A.Speiser)所譯之古巴比倫譯文。

❺ 珊達爾斯書，頁九四～九五。

❻ 莫爾西・伊里亞德(Mircea Eliade)所著之《由遠古作品到禪》(*From Primitives to Zen*)，頁三二九。

❼ 珊達爾斯書，頁一〇三～一〇四。

❽ 伊里亞德書，頁三三〇。

❾ 同前，頁三三三。

❿ 同前，頁三三四。

⓫ 珊達爾斯書，頁一一八～一一九。

⓬ 在一份關於《吉爾伽美什史詩》的亞述文譯文當中，尚包含了第十二片泥版，這無疑是事後追加進去的，它描述吉爾伽美什遇到了恩奇杜的影子，後者告訴他有關於地底王國的事，其中還包含了對腐敗肉體的殘酷描述。

⓭ 科內利烏斯・洛伊 (Cornelius Loew) 所著之《神話、宗教歷史與哲學》(*Myth, Sacred History and Philosophy*)，頁八五。

⓮ 同前，頁八六。

⓯ E・A・沃利斯・巴奇(E. A. Wallis Budge)所譯之《度亡經》(*The Book of the Death*)，頁六〇九。

⓰ 援引自J・H・布雷斯特德 (J. H. Breasted) 所著之《古代埃及宗教與思想發展》(*Development of Religion and Thought in Ancient Egypt*)，頁三六。

⓱ 沃利斯・巴奇所譯之《埃及度亡經》(*The Egyptian Book of the Dead*)，頁三四七～三四九。

⓲ 同前，頁二五八。

⓳ 克里斯蒂安・德羅謝—諾布耳庫德(Christian Desroches–Noblecout)所著之《杜唐卡門》(*Tutankhamen*,

杜唐卡門乃十四世紀時的埃及國王，他的墳墓在西元一九二二年時被考古學家挖掘出來——譯者按），頁二四一。

日誌測驗

一、吉爾伽美什對於他的朋友恩奇杜的哀悼，是十分深切的。除了為恩奇杜揮淚這項事實外，吉爾伽美什是透過什麼樣的方式，同時為自己而垂淚？

二、想像一下你就是吉爾伽美什，而且正因為某些因素（如果對於你的說明很重要的話，可以加以補充）而無法回家，你已經學習到了不朽的秘密——那就是不朽乃專屬於眾神的，至於人類乃是可朽的。選一個你想寫信給他的人，並告訴他或是她，有關於你的發現。告訴那人有關於烏魯克（也就是家）的事，你現在最為感激的是什麼？

三、討論一下，伊西施與奧西里斯的故事，奧西里斯的復活與耶穌基督的復活，二者之間，具有那些相似性或相異性？

四、《埃及度亡經》與《西藏度亡經》二者間有什麼關聯？將你所能想到的觀點盡量列出來，然後深入的檢視其中之一。

五、討論一下木乃伊的製作過程。你認為這項舉動的真正意圖為何？當今有沒有類似於此的行為？如果有，他們具有相似的意圖嗎？

六、比較並對照一下美索不達米亞人與埃及人對死亡及來生的態度？在當今之世裏，你能想到任何類似於二者的例子嗎？

第八章　希臘人面對死亡的態度

那麼，辛苗斯，這是一項事實了呀！
真正的哲人把死亡
以及死亡的過程視為他們的職志……

蘇格拉底・《費多篇》(Socrates, *Phaedo*)

當我們開始把研究的觸角，伸向希臘人如何面對死亡、以及死亡的歷程時，首先必須要做的一件事是，檢視在他們智慧寶庫之中，兩個相互依存的觀點。這兩個相互依存的觀點，乃是存在於神話與哲學之中的，它們在希臘文化當中，扮演著十分重要的角色。首先，或者可以說是從一個比較柔性的方式來進行討論，我們再一次的把關於美女賽姬(Psyche)與愛神愛羅斯(Eros)兩人的神話，再次拿出來溫習一遍，並且檢視一下死神（thanatos，死亡的驅策）

在賽姬的生命之中，是如何具體的顯現。其次，或者可以說是從一個比較陽剛的角度來加以論述，我們將溫習一下有關於蘇格拉底(Socrates)死亡的故事，並對於他在靈魂不朽問題方面所做的提示，好好的深思一番。

賽姬與愛羅斯

在賽姬與愛羅斯的神話之中，有好幾處談論到了死亡的問題，其中有一部分甚至涉及到了對於再生的看法。故事是由古代一位國王的女兒——賽姬開始敘述起的。賽姬是國王三位女兒之中最年輕、美麗、有著女神一般容貌的一位，但由於她的美麗，卻引起了愛之女神阿普洛迪(Aphrodite)的妒意。於是奉有神諭的阿普洛迪便宣稱，賽姬必須被鎖鍊鎖在一塊大石頭上，並且被人類所能想像的、最為醜惡的怪物——死神(Death)給捉走。她的婚禮，可以說即是她的葬禮。阿普洛迪為促成這件事的完成，便差遣她的兒子——愛羅斯前去助成，然而愛羅斯卻不慎被自己的箭尖刺破了指頭，因而深深的愛上了賽姬。於是愛羅斯便將賽姬帶走，讓她成為自己的妻子，唯一的條件是，她永遠不能得知他的容貌，並且也不能察探他的行蹤。

雖然在此情況之下，賽姬確實也別無選擇，然而對她而言，這新的生活畢竟是幸福的，同時很快的，她有了身孕。愛羅斯告訴賽姬，這個孩子將會成為天神，但他也警告她，一旦她違背了誓言，那麼這個孩子就會成為凡人，而愛羅斯也將離她而去。就在這個時候，賽姬的姊姊們前來探望這位小妹，並詢問著有關她丈夫的事。他長得怎麼樣？做些什麼工作？為什麼不讓妻子瞧見他？難道孩子生下來之後，他要把孩子給吞吃了？

為避免這些令人憂慮的事件發生，她的姊姊們提出了一項計畫。他們要賽姬準備好一盞燈、一把短劍，在愛羅斯沈睡的時候殺了他。受了姊姊們妒意的影響，賽姬帶著刀與燈，來到愛羅斯的床準備殺他，然而卻不小心被愛羅斯的箭尖刺到，因此深深的愛上了他。此時，愛羅斯正巧被油燈上的熱油滴到而醒來，發現賽姬正看著他，於是他對賽姬說，她已經違背了自己的誓言，然後就飛走了。

賽姬如今方才明白，自己的丈夫是具有神性的，她為自己違背了誓言，而導致愛羅斯的離去而瀕臨崩潰，並恨不得立刻將自己給溺死。此時自然之神潘恩(Pan)出現了，他不但勸阻了賽姬自溺的行為，並且還要她向愛神禱告。於是賽姬便虔誠的祈禱，但她的禱告只發生了部分的效用，因為愛羅斯雖貴為愛神，但依然順從母親阿普洛迪的意旨。

在放棄了自殺的意圖之後，賽姬乞求阿普洛迪讓她和愛羅斯復合。而她所得到的答覆卻是，她必須完成四件工作，同時阿普洛迪又警告說，一旦失敗了，那麼她將難逃一死。為了贏回愛羅斯，她必須要做到的是：

賽姬——愛羅斯

一、將一堆種子予以分類；

二、帶回一根金色的羊毛；

三、將一只水晶高腳杯盛滿冥河的水；

四、從地府帶回一只盒子，一只屬於冥后佩兒西鳳(Persephone)所有，用來盛裝能令人美麗的油膏的盒子。

在獲得外力的協助之下，她順利的完成了最後一件工作，並從前往冥府的路上返回。此時，在好奇心的驅使之下，她試著打開了盒子，想看看裏頭到底有些什麼？然而，她非但沒有看到美麗的源泉，反而被盒內湧出來的死亡睡眠煙霧給籠罩了。她倒了下去，如同死亡一般沈睡著。愛羅斯在發現了此事之後，便立刻飛去援救她，並且將睡眠煙霧從她的眼瞼上拂去，再次將它放入篋中。然後帶著賽姬和盒子回到了奧林匹斯(Olympus)。在宙斯(Zeus)的祝福之下，賽姬位列仙冊，和愛羅斯正式結為連理，並將他們倆人的女兒，命名為愉悅(Pleasure)。

在這則神話之中，至少包含了四種有關於死神，也就是死亡的本能的議題，每一項都和愛羅斯有著密切的關聯。首先，賽姬被許配給死神，從較為深刻的角度來看，這意味著她的婚禮，同時也就是她的葬禮。事實上，如同過去的研究指出，傳統上，一位新娘所失去的，絕不僅僅是名字的改變而已，同時也包含了自由、個人獨特的人格與童貞的失去❶。

其次，當失去愛羅斯的痛苦，變得令人無法承受之時，賽姬直覺的想要去自殺。在那一刻，失去所愛的感受壓倒了一切，而她則準備好要獻上自己的生命，直到潘恩出現，指示了另一條路方才放棄。

第三，在明白四項工作中任何一項的失敗，都將會招致死亡之後，賽姬同意去從事如女英雄般的探索，並接受了阿普洛迪的四個挑戰。她身上所具備愛的本能，強大到足以克服死亡的恐懼。在她期望為愛人而死的時候，卻同時強烈的想再次見到愛羅斯。

第四，也是最意味深長的，當賽姬打開了盛有美麗油膏的盒子時，卻招來了如死亡般的睡眠。就像佩兒西鳳一樣，就在賽姬打開盒蓋搶先獨佔美麗之時，她反而披上了死亡的標誌。然而在這一點上，由於是愛羅斯使賽姬死而復生的，因此，死亡的驅策力乃是藉著愛(eros)來完成的。像伊西施在奧西里斯死後，又使他再度復生一樣，是愛羅斯神性之愛的力量，將賽姬從死亡的勢力中給解救了出來。而像奧西里斯一樣，賽姬則因為愛而甦醒復生。

我們可以這麼說，在這一則神話之中，有關死亡驅策力的三項證明，正好可以和第一章中所談到死亡三相相提並論。首先，賽姬必須經歷到心理上的死亡，也就是接受一位不允許她看到自己顏面的男人迎娶。她不僅獻出了自己的純真，同時又懷了愛羅斯的孩子，因此可以說是放棄了心理上的獨立自主性。其次，當賽姬發現到在這段期間內自己的所作所為，以及她所失去的人時，她開始思索著自身肉體的死亡。第三，她之所以打開為了阿普洛迪而取自冥府的盒子，為的是讓自己能變得更加美麗，使愛羅斯愛她更深之故。然而相反的是，盒子裏所盛裝的，卻是如同死亡一般的睡眠煙霧，是個能令她舊有的自我死亡的東西。為了愛羅斯之故，她幾乎已經死了，卻也因為愛的力量，她又得以還陽復生。

蘇格拉底

凡與希臘人面對死亡的態度有關的討論，都無法避免的要談到一個人，那就是哲人蘇格拉底。蘇格拉底出生於西元前四六九年的雅典市，恰好是佛陀圓寂後一〇〇年。雖然生前並沒有留下任何著作，他的門徒柏拉圖(Plato)，卻或多或少有系統的記錄了他的言行。在〈費多〉(Phaedo)這一篇文章中，柏拉圖提供了一份報告，其中記錄的是蘇格拉底生前最後的幾個小時，以及他最後的談話，這一部分，稍後我們會在本章中加以討論。

蘇格拉底生長於一個民智發皇的時代，他所從事的職業是石匠與雕刻師。但是他卻在市場、在公開的議會場合裏、在廊柱下，在每一個地方和雅典的人民交換著觀念，只因為他相信，他的任務，就是在詢問他所耳聞的每一件事情的正確性。藉由檢驗所有所謂的真理，蘇格拉底透過對話發展出一套教授的方法。同時，也因為他往往對各種陳述後頭所彰顯的真理，進行一種毫不留情的探索活動，因此對居住於雅典的市民而言，蘇格拉底成了一位不受歡迎的人物。

就在西元前三九九年，蘇格拉底將近七十歲的時候，他被市民梅勒特斯(Meletos)等人指控對神不虔敬、意圖顛覆城邦，以及腐蝕未成年人的心。當時的法庭沒有所謂的法官或陪審團，只有大約五〇一人所組成的公民團體，來進行投票的活動。蘇格拉底雖然為自己的所作所為加以辯護，卻終因二八一比二二〇的投票比數而被宣判有罪。雖然他的主要控告人——梅勒特斯要求判他以死刑，但是依據法律條文規定，蘇格拉底可以提出另一種取代死刑的刑罰方式，讓公民團體來加以選擇。然而出乎意料之外的，蘇格拉底表示，因為他所追求的是雅典人民的福祉，他理當接受流放，並寄居於市政廳。然而，他又以更為嚴肅的口吻說，因為他已經太老了，不適宜過流放的生活，因此他提議由他的朋友們——克利陀（Crito）、克里托布洛斯(Critobulos)、以及阿波羅多人斯(Apollodoros)等人，繳交相當於三十米納(Mina)的銀子。如同大家所猜想的，法庭是不會被他這番說辭所勸服的，於是再次開庭之時，他便被宣判死刑。

蘇格拉底對於迫害他的人，絲毫不存有怨恨之心，他很平靜的告訴他們，最困難的工作不是要逃避死刑，而是要避免邪惡。這位偉大的師尊，在最後離開法庭前說道：「我的死期已經到了，我死了，而你們依然活著，但到底是誰的所作所為較合乎善道呢？」

在監獄之中，蘇格拉底的一位朋友曾安排他逃走，但卻為他所拒絕了。面對門徒們不可置信的表情，蘇格拉底解釋說：

一、如果雅典的居民們不能接受我的話，又有誰會接受我呢？

二、如果我不能再討論有關德性的問題，又有什麼理由值得我活下去呢？

三、他們不正希望我的軀體活著，而信仰卻消失嗎？

四、在我選擇了（軀體的）死亡時，不正選擇了（精神的）存活嗎？

蘇格拉底解釋說，一旦逃走，就是放棄了他的信仰。而且，在回答另一位門徒所提出——「你如何知道自己的作為是正確的呢？」這項問題時，他回答說：「藉著對任何人所發現的真理都加以質疑，我必須要親身去發掘它。」從這個角度來看，蘇格拉底只是傳授了方法，並沒有傳授任何的教義。他教他的跟隨者們去尋求（他們自己的）真理，並不要信任他人所發現的真理，特別是關於來生意義的追求這一部分。透過對話的方式來探討真理這項原則，蘇格拉底對於自己選擇了死亡這一點，不但覺得是正確的，並且還感到十分具有自信。

為了不麻煩太太在自己死後還要為他清洗，蘇格拉底退下去洗了個澡。在洗完澡回來之後，他拒絕別人提供給他一件上好的衣服，並指出伴隨了自己一生的皮囊，便是死後最好的壽衣。接下來他又交代：「按照一般的方式來葬我。」

當獄吏帶著由藥草所提煉的毒藥出現在他面前時，蘇格拉底頌讚他說：「看哪！這是一位多麼好的人啊！他是如此慷慨的為我而流淚啊！就讓我們照著他的話去做吧！」此時克利陀說：「但是太陽尚未下山，還有很充裕的時間啊！」蘇格拉底說：

> 你們所談論的那些人們，他們會盡量拖延時間，這也是很自然的一件事呀！克利陀，因為他們認為值得如此。但我卻不會這麼做，這也是很自然的一件事；因為我深信晚一點飲毒酒，對我而言沒有任何益處。當生命已經無法有所作為時，如果我依然在那兒苟延殘喘，對我來說，這是一件十分荒謬的事。來吧！照我的話做，不要憑添麻煩。❷

至此，蘇格拉底示意身旁的一位僕人將毒藥遞給他。接著又問獄吏，能否用少許酒來奠祭諸神，但所獲得的回答卻是，毒藥的劑量剛好夠他一個人用。蘇格拉底說：

> 我明白了。但我想，我總可以、或有義務為自己離開這個世界，奔赴另一個隆盛的地

方而向諸神禱告吧！那麼，這是我所祈禱的；並且，我期望這是被允許的。❸

說完這些話後，蘇格拉底平靜而沒有絲毫難喝表情的，一口喝光了杯中的液體。

根據柏拉圖的記載，在蘇格拉底喝毒酒之前，他的門徒與朋友們尚能勉強的抑制住悲傷，但當他們看到蘇格拉底真的飲下毒藥之時，卻再也忍不住的流下了眼淚。費多引述當時的情況說：「我心碎的淌下了淚水，但卻不是為他，而是為我失去了這樣的一位朋友而傷悲。」然而蘇格拉底卻回答說：

說真的，我的朋友們，這是什麼樣的行為舉止啊！為什麼會這樣呢？我之所以遣走婦人們，就是要避免這樣的打擾啊！因為我曾聽人說過，一個人在死之前，應當要保持一顆寧靜的心啊！鎮定點，並試著勇敢一些。❹

在緩慢的來回走了一段時間之後，麻木的感覺開始襲上他的雙腿。他平躺下來，覆蓋了一床毯子。一陣寒意佈滿了全身，太陽已經西沈。蘇格拉底小聲的說著：「克利陀，我們尚欠醫藥之神阿斯克勒庇俄斯(Asclepius)一隻公雞；別忘了要去還啊！」說著，他便死了。

靈魂不朽

蘇格拉底乃哲人中的哲人。對他而言，生命中最值得關切的一件事，便是揭露哲學的目的。換句話說，對蘇格拉底而言，一位哲人在成為哲學家的過程當中，對自己的一生進行反省，是一件合乎公理的事。更甚者，他還指出，既然哲學之目的，是在面對死亡之際能找出生命的意義，以及了解靈魂的本質，那麼所謂真正的哲學家，便是一位能在任何時候實踐死亡藝術的人。如同蘇格拉底對辛苗斯(Simmias)所做的推論：

「我們所謂的死亡，不就是靈魂離開肉體，獲得了自由嗎？」

「誠然」，辛苗斯說，

「那麼解放靈魂的欲望，對一位真正的哲人而言，應該是最主要或唯一的心願了；事實上，哲學家的職志，就在於由肉體之中解放靈魂於倒懸，不是嗎？」

「顯然是如此。」

「那麼我先前所講的，如果一個人終其一生的訓練自己，盡可能以一種接近死亡的狀況生活，那麼對他而言，當死亡來臨之時，卻依然悲痛不已，這不是件非常荒謬的事嗎？」

「誠然。」

「那麼，辛苗斯，事實的真相乃是，真正的哲人既視死亡為職志，因此對他們而言，所有人類的死亡，皆不足以驚異。」❺

蘇格拉底所辯論的有關死亡的藝術，不過是將死亡視為（依然存在的）靈魂脫離了（已然停止存在的）肉體。大致上我們可以這麼說，蘇格拉底相信：

・永恆的靈魂，是唯一不會朽壞的實體。
・肉體乃是靈魂的外衣，此兩者乃彼此二元對反的。
・靈魂是永恆的本質，因此並非死亡的對象。
・靈魂在肉體內得到更新。
・死亡釋放了靈魂，使它能回到永恆的家。
・死後的靈魂，將歷經數次的輪迴。
・當靈魂淨化了或沒有污點之時，便能得到自由而與諸神同在。

要理解以上所列之表的關鍵所在，便要先理解蘇格拉底是如何定義靈魂（心靈）的。在蘇格拉底與塞比斯(Cebes)的對話之中，他以如下的語氣說：

> 現在，塞比斯，看看這是不是我們前面所說的，整個討論的結論：靈魂十分類似於神聖、不朽、智慧、渾一、不壞，以及永遠不變之物；而肉體則十分類似於凡夫、可朽、雜多、愚痴、可壞，以及變易之物。[6]

就好像在他之前的巴曼尼得斯(Parmenides)與海拉克利圖斯(Heraclitus)所說的一樣，對蘇格拉底而言，靈魂乃是自我領域中的生命核心，而自我所顯現出來的生命，則是在自我與他人的不斷對話之中撐持起來的。由於靈魂的這項特性，因此它不像肉體一樣受制於無所遁逃的死亡。

再回到相同的推論過程，在和塞比斯的對話當中，蘇格拉底對於靈魂的不朽，表達了自己的看法，他問道：

「那麼，告訴我，能令肉體生存的要務是什麼？」

「靈魂。」

「一直都是如此嗎？」

「誠然。」

「那麼，當靈魂據有肉體之時，它必當帶來了生命？」

「是的。」

「是否有和生命相對反者？」

「是的。」

「那是什麼？」

「死亡。」

「那麼，這是根據我們先前所同意的，靈魂絕對不允許和它所具有的生命相對反存在，這個結論所引申出來的嗎？」

「完全正確。」

「那麼，現在我們所採用的，那個不允許偶數形式的名稱是什麼？」

「非偶數。」

「那不容許正義或教化的，我們又如何稱呼它？」

「沒有教化的；以及沒有正義的。」

「很好，那我們又如何稱謂那不容許死亡的？」

「不朽。」

「靈魂也不容許死亡存在嗎？」

「不容許。」

「所以，靈魂乃不朽的。」

「是的，它是不朽的。」

蘇格拉底說：「那麼，我們能不能說，它已經被證明過了？你以為如何？」

「十分完整了，蘇格拉底。」❼

在這一段對話裏，對於一個人在遭遇死亡時，他的靈魂發生了什麼樣的變化，有著十分生動的描寫。肉體雖然消解，然而靈魂，如果它能由在世的污點中解脫出來，就可以永遠的與諸神同在。但是如果靈魂不夠美善，被欲望給污染了，並且變得不夠純正時，那麼它很可能會在墓穴與墓地上遊蕩，直到再進入另一個肉體，履行前世的欲望。這段文字後面的發展，聽起來似乎和《奧義書》中轉世的教義十分的相似。在下面這一段引述的文字裡，蘇格拉底在和塞比斯談話時，即將這種看法納入其中：

「誠然，如你所知，當一個人死亡的時候，雖然就其肉眼可見、屬於物理層面的部分而言，也就是從躺在這個現象世界，我們稱之為屍體者而言，它的腐敗、分解與消散，是為十分自然的一件事，然而卻並非立即發生的；只要肉體處理得宜，又置於溫暖的季節，即便是死亡已經登場，它仍能維持原樣好長一段時間。真的，像在埃及，肉體在被乾燥處理，塗上香料防腐之後，幾乎可以維持完整，令人無法置信的長時間保存著；即使身體的其餘部分已經腐敗了，但某些部分——如骨骼、肌腱或任何類似於此者——卻終能永久保存。不是嗎？」

「是的。」

「然而那個肉眼看不見的靈魂，卻即將離開，去到一高貴、純潔、肉眼無法得見之處——真正的冥府，或不可見之世界——進入善與智慧之神的所在（如果神意如此，那是我靈魂速去之處）——如果它的特性和我們先前所描述的相同，它是否會同一般所見一樣，在脫離肉體的時候，消散毀滅了呢？真相實非如此，我親愛的辛苗斯與塞比斯，它應當是這樣的：如果靈魂在脫離肉體之際，是純潔而不受肉體污染的，因為它在有生之時並不期望有身，並避之猶恐不及——換言之，如果它已經正確的往哲學方面加以追求，並確實修習如何從容的面對死亡，這就是所謂的『練習死亡』，不是嗎？」

「完全正確。」[8]

如同其他文化一樣，蘇格拉底也在死後靈魂的遭遇問題上，表達出自身的觀點。當一個人死後，一位守護靈將會前來帶領靈魂，將它帶到某一處地方，在那兒，靈魂將面臨審判，然後去到冥府。因為這一路上有著許多的「裂縫與枝芽」，因此這位嚮導是絕對必要的。如同蘇格拉底所說的：

> 據說，任何一個人死後，他生前所隸屬的守護靈，將會帶著他，來到所有死者聚集的地方，並在審判之後，在專門護送靈魂由此世到彼世的守護靈的引導下，出發前往下一世。當他們獲得了應有的經驗，完成了在世的時光，在歷劫多世之後，另一位嚮導即會再次將他們帶回。[9]

關於死後的情況，蘇格拉底只有如上的敘述。對他而言，死亡的恐懼是建基在一項假設之上，亦即確實知道在死亡當中，會發生什麼情況。但既然除了懷疑之外，並沒有人真正知道在死亡之際，實際上發生了些什麼事，因此這種恐懼乃是沒有道理的。因此蘇格拉底認為，死亡沒有什麼好悲傷的，我們應當帶著耐心與接納之心，以一種尊敬、感恩及和平的態度走向死亡。

死亡的儀式

如同中國的習俗一樣，在希臘文化當中，家人必須和死者保持親近。當死者斷氣之時，一位家族成員會闔上死者的雙眼，而逝者的雙手、雙腳及下顎，則會被縛起來。一般相信在死亡的那一剎那，靈魂已順著死者之口，在呼吸之間由記憶之中解脫了。屍體將會被處理乾淨，穿上昂貴的壽衣，並陳列給家人與朋友們表達最後的敬意。整個過程很快就結束了，因此屍體也很快的便被埋葬了。一般相信，靈魂要在下葬之後，才能完全的脫離肉體，而且要等到肉身完全腐化，只剩下白骨的時候，才能去到另一個世界。

希臘文化中的死亡儀式，其主要目標不單在於安撫諸神，同時亦在於協助靈魂，使它能順利的由此世過渡到彼世。如同許多文化所表現出來的一樣，下葬之前，家人與朋友們會抬著棺木組成一個送葬隊伍。這是在破曉之前完成的。人們帶著火把照亮路徑，同時也象徵著為逝者的靈魂照路。

當行進隊伍到達墓地之後，死者手腳與雙顎都不得張開，棺木就在打開的情況之下，放到墓穴之中。在家人與朋友們向棺木各撒一把土之後，一位祭司向著屍體奠酒。接著，死者臉的覆蓋上屍布，棺木便蓋了起來，然後再用土將整個墓穴給填滿。離去之前，家人與親友們會洗淨雙手，以淨化他們自己。

死後第三天的傍晚，女眷們首次在墓地前聚集與哀悼。在此之前，是不允許任何人來到墓地的。無論如何，在此之後，每一年逝者生日的那段期間，家人們都會來到墓地，並舉行紀念的儀式。下葬之後至少五年，在所有血肉盡皆消散之後，逝者的家人們會自墓穴中掘出剩餘的白骨。這一堆白骨提醒著人們，他們所鍾愛之人的靈魂，已經進入了天堂。

注釋

❶ 羅勃・強森(Robert Johnson)所作的《她：了解女性的心理學》(*She: Understanding Feminine Psychology*)，頁一二。

❷ 哈・特列丹尼克(Hugh Tredennick)所翻譯的《柏拉圖：蘇格拉底的最後數日》(*Plato: The Last Days of Socrates*)，頁一八一。

❸ 同前，頁一八二。

❹ 同前。

❺ 同前，頁一一二～一一三。
❻ 同前，頁一三二。
❼ 同前，頁一六七。
❽ 同前，頁一三二～一三三。
❾ 同前，頁一七〇。

日誌測驗

一、用自己的語文模式，或許是以一個現代的成語或一段文字，將賽姬與愛羅斯的故事再說一次，你是以什麼方法，讓自己的敘述和原故事有所不同？

二、想像一下，你預定與蘇格拉底進行一次會談，關於那些他對於死亡的看法，你要如何加以質問？

三、蘇格拉底對於那些為他即將死亡而揮淚的人，說了些什麼？對蘇格拉底而言，在一個人的心靈狀態，與死亡的過程之間，有著什麼樣的關係？

四、蘇格拉底如何保證靈魂是不朽的？你同意他的推論嗎？如果不同意，為什麼？如果同意，詳細說明之。

五、從蘇格拉底的基本觀點來看，要使一個人的心靈為死亡預做準備，最佳的方式是什麼？換言之，哲人們是如何死亡的？

六、一個聰明、奉行蘇格拉底學派的哲學家，將如何回答下列的問題：你出身的傳統，是如何教導你死亡的技巧？也就是說，那一種是最具宗教性的死亡方式？

第九章　希伯來人面對死亡的態度

在你死前，
終有一天，你當悔悟……
因而……悔悟終日。

拉比・以利沙爾(Rabbi Eliezer)

拉比乃指經過正規宗教教育，學過《聖經》和塔木德而擔任猶太人社會，或猶太教會眾的精神或宗教導師的人——譯者按）

現在，我們將把探索的觸角，延伸到三個偉大的閃族宗教——猶太教、基督教和伊斯蘭教——他們曾經為西方文明中一神教的形式，打下了堅實的基礎。雖然和埃及社會比較起來，這三種宗教都顯得十分粗淺而不夠成熟（這是針對在西元前三〇〇〇年時，埃及就已經建造了金字塔而言），然而希伯來人卻在歷史上，首次發展出徹底的一神教，以及隨之而來的道德正義觀。這種由埃及與希臘觀點中延伸出來，非常獨特的混雜了神學與實用的結果，使得猶太人在面對死亡的態度上，和面對生命的態度互為一致，那就是萬有來自於上帝，萬有盡皆為善。如同下表所陳列出來的，希伯來人在面對死亡的反應上，和埃及人與希臘人對來生的肯定比較起來，是抱持著一種較不確定的態度，至少在《聖經》時期是如此的。

關於西方的死亡觀點

來世	埃及人	希臘人	希伯來人
1. 靈魂／肉體	1. 分離	1. 分離	1. 分離
2. 靈魂	2. 遷流不已	2. 遷流不已	2. 遷流不已
3. 肉體	3. 木乃伊製作成	3. 在儀式中殯葬	3. 在儀式中殯葬
4. 靈魂與肉體的再度結合	4. 是	4. 否	4. 也許
5. 最後的審判	5. 是	5. 是	5. 是

在猶太人的傳統之中，並沒有所謂的死亡，因為死亡時肉體與靈魂二者依然存在，亦即回歸到他們的出處。在(Midrash)中這樣描敘著，因為在上帝的眼中創造即善。因此，上帝注視著死亡(Maweth)說：「看呀！死亡即善。」由此可知，死亡既非命定，也不是天譴，而是創造的一部分。

如同下面我們將會看到的，猶太人的傳統與他們的神學並不一致。事實上，猶太教當中包含了各種不同的信仰，其中除了有不相信來生的觀點之外，尚有肉體復活的信仰，以及靈魂不朽等看法。然而在看來相異的表面現象之下，它所呈現出來的，卻是另一種不顧生命內容的荒謬可笑，卻持續不斷去發掘它的意義的精神。的確，有什麼能比二次大戰時的納粹集中營與六百萬猶太人的慘遭大屠殺，更為荒謬可笑的事呢？這個夢魘產生了一個至今依然存在的問題，那就是：一位正義、充滿了愛心的上帝，怎麼會允許這樣一種不人道的暴行發生？從另一個角度來看，這同時也是約伯（Job，《舊約聖經．約伯記》中的人物，上帝為考驗他信仰是否堅定，曾令其子女喪亡，財產蕩盡——譯者按）對上帝所發出的疑問：「我這麼一個正義的人，為什麼要遭受這樣的苦難？」而上帝所給予的答案就是：「當我創造這個世界的時候，你又在那兒呢？」這實在無法令世世代代反覆追問這個問題的人完全滿意。然而對猶太人而言，問題的答案並非是最重要的一件事，他們所關注的焦點是，如何為這麼一個無法提供一個容易，或令人感到全然滿意的生命，尋找出一個意義。維多・佛朗科博士(Dr. Viktor Frankle)這位既是維也納的作家，同時水又是精神治療師的人物，可以被視為現代的約伯，因為他曾在奧希維茲(Ausch Witz)集中營裏，渡過了三年恐怖的歲月，並在其間發現到了支撐他求生意志的意義是什麼[1]。在身陷牢房的這段期間，他的父母、兄弟與妻子，都已經死在集中營裏，當然，這些事都是他後來才知道的。像其他的犯人一樣，佛朗科過去所擁有的一切，都全部被剝奪殆盡了，他不但營養不良、沒有姓名、只剩下一個囚犯的號碼，並且還不斷受到集中營看守員泯滅人性的對待。不論是在那兒，死亡都緊緊環伺著他，甚至連他自己都不確定是否能活著離開集中營。然而就在這樣深刻的苦難當中，在他的內心深處，卻經歷到一種同樣深切的自由感受。

在《人類對意義的追求》(*Man's Search for Meaning*)這本書中，佛朗科以三個時期來說明他的遭遇：進入集中營、集中營的日常生活，以及被釋放之後三個階段。

在被抓入集中營之後，很快的，佛朗科所有的財產、衣物、證明文件等，都被剝削一空了，在全身體毛都被刮除殆盡之後，他拿到了一件破衣服，以及一雙不合腳的鞋子。佛朗科很快的發現到杜思妥也夫斯基(Dostoevski)說過的一句話是真的，那就是人能夠適應任何的事情。然而話雖如此，卻仍然有無法適應的獄友們，孤注一擲的跑向通了電的鐵絲網。

如果說集中營內生活的第一階段，刻畫的是大量死亡，以及人性尊嚴被橫加剝奪而產生的震撼，那麼第二階段所刻畫出來的則是冷漠、漠不關心或情感上的死亡。犯人們無不想停止由於想家所帶來的心靈煎熬，以及對周遭環境所產生的嫌惡感受。誠如佛朗科文中所敘述的：「那些身受苦難的人們、死亡的過程，以及死亡本身，對我們而言，都變得視而不見了……這麼一來，他們就再無法驅役（我們）了。」❷和其他的人一樣，他經驗到我們曾經說過的心靈上的死亡，在當時那種情況之下，這是一個人得以生存下去的必要條件。

不論自己身處在多麼恐怖的環境當中，佛朗科體驗到了短暫的超越感受。他曾詳細記載了自己所掌握的「人類生命中最偉大的秘密，那就是：人類的救贖是通過愛，並且在愛之中完成的。」❸藉著默想妻子，並且在心靈上與她對話，佛朗科發現到「愛與死亡具有同樣強大的力量。」❹而內在生命力量的增強，也為他在集中營裏艱難而痛苦的真實生活之外，提供了一個足供避難的場所。

在親身經歷的故事之中，佛朗科插入了兩則值得玩味的小品文，這兩則故事的主角在面對死亡時，和前文所述的方式相反。在第一則故事當中，一位富有的波斯人正與他的一位僕人在花園中散步，這位僕人告訴主人，自己才剛和死神打過照面，並且要求主人，希望能將那匹跑得最快的馬給他，這樣他就可以逃到德黑蘭(Teheran)去。當主人同意了他的要求之後，那位僕人便快馬加鞭的疾馳而去。事後這名主人便轉身回家去了，卻不意竟撞見了死神，於是他問：「你為什麼要用這種方式來嚇我的僕人呢？」死神回答他說：「我沒有嚇他，我只是很訝異他居然還在這兒，因為我原來計劃今晚要在德黑蘭和他會面呢！」❺當然，這則故事的寓意是，沒有任何方法，可以從死神的手中逃脫。

在第二則故事當中，佛朗科談到一名年輕的婦女，這名婦女知道自己將於近日內死亡。當佛朗科和她交談時，她雀躍不已的說：「我很感激命運給了我如此沈重的打擊。在前半生裏我被寵壞了，在精神上毫無長進。」然而，她指著監獄的窗外說：「這棵樹在我孤寂的時候，是我唯一的朋友。」透過那扇窗子，僅僅能看到一棵栗子樹的一根枝芽，在那根枝椏上開了兩朵花。「我時常和這棵樹說話」，她對佛朗科說。這件事令佛朗科感到十分的驚訝。當他問道這棵樹有沒有什麼反應時，她回答說：「它對我說，我即在此——我即在此——生命在我，永恆的生命。」❻

由於曾有過那麼一段集中營的生活體驗，佛朗科所得到的結論是，如果生命中有任何的意義存在，那麼人類所遭受的苦難也必然具有一定的意義。他發現：「一個人什麼都可以被剝奪，但是人類最後的自由——當被迫處在任何環境之中時，選擇自己因應態度的這項能力，卻是無法被剝奪的。」❼他發現一個人接受及面對逆境所採取的因應之道，都在生命之中透顯出某些意義。誠如尼采(Nietzsche)所說的——「以查因問果的態度生活的人，將能竭盡所能的以任何一種方式，承受起生命中的種種磨難。」這成了佛朗科的親身體驗。佛朗科還發現到，苦難能使一個人的生命更具有深度，因為它提供了一個自我超越的機會，對成長與成熟皆有助益，同時，通過苦難的試煉，每一個人才能成為獨特的個體，才能獲得全然的自由。

佛朗科在書中談到，就在被釋放之後不久，有一天，他獨自步行穿越一片鄉村的草原，一哩又一哩的走著，沒有任何干擾視野的景觀，沒有人，沒有建築物，除了寬廣的天地之外，什麼東西都沒有。經歷了這麼長一段時間的禁錮之後，能自由的依著自己的意志到處走走，可以想像得出來，他的內心洋溢著幾乎無法置信、澎湃不已的喜悅感受，當他聽到枝頭雲雀歡悅的鳴叫時，剎那間體會到了一項深刻的暗示：

> 我停了下來，環顧四野，翹首望天——接著便屈膝跪下，在那片刻之中，我對自己及世界都所知甚微——心中只有一句話——一直重覆著：「我在我那狹窄的監獄中呼喊著上帝的名，而祂在自由廣漠的天地中回答了我。」我已經不記得自己到底跪在那兒，重覆這一句話有多久了。但我明白從那一天、那一刻起，我的新生命展開了。我一步步的前行，直到再次感受到自己是一名人類。[8]

聖經中的觀點

在希伯來文的《聖經》當中，死亡這個字至少有三種使用方式：生物機能的停止；與上帝的創造力量相反的力量；含有能引人遠離上帝的任何事物的暗示。然而，其中著墨最多的，卻是前面的那一項。

根據生物學上的說法，死亡的發生是在於生命力(ruah)、或呼吸由咽喉中溢了出來。早期希伯來人面對死亡的態度之中，並沒有回歸到上帝這樣的暗示在內，也不認為所留存下來的只是影子、幽靈、或是陰間(Sheol，也許意味著「地府」、「無國土」或「非國土」)當中暫時存在的殘渣等等。在後期的詮釋中，人類的靈魂(ruah)被視為具有記憶與個人的特質。在這種信仰之下，人類在降生之時，便是帶著相互依存的純潔靈魂與肉體。靈魂因為在肉體被創造出來之前，便與上帝同在，因此不但先於肉體存在，同時在肉體滅亡之後，依然存在。上帝賦予人類具有生氣的肉體，也就是說，因為生命力(ruah)的存在，肉體形式因而有了生氣。生命力顯現在兩個部位，呼吸以及血液。在希伯來人的觀念之中，人格是被視為「富有生氣的肉體」，這一點，可以和希臘人「賦形的靈魂」(佔據了肉體的靈魂)的看法，相互對照來看。

是故，死亡並非是敵人。《舊約・撒母耳記》下，第十四章十四節的作者這麼寫著：「我們都是必死的，如同水潑在地上，不能收回。」死亡並非對生命不合理的入侵。〈傳道書〉第三章第一節的作者也寫道：「凡事都有定期，天下萬物都有定時。」生死並非相互背離的，而是在上帝的意志下，結合在一起的。「賞賜的是耶和華，收取的也是耶和華。耶和華的名是應當稱頌的。」（〈約伯記〉，第一章第二一節）。

希伯來的經文當中，有一則是關於死亡與死亡過程的最著名段落，在這一段詩文當中，讚美詩的作者大衛王因為自身靈魂上的困擾，對著耶和華大聲呼喊著：

我的生命臨近陰間，
我算和下坑的人同列，
如同無力的人一樣，
我被丟在死人中，
好像被殺的人，躺在墳墓裏，
他們是你不再掛念的，
與你隔絕了。[9]

他感覺到上帝的憤怒正沈重的壓在他的心頭上，而朋友們則早已遺忘了他。接著，在深沈的悲痛之下，他大聲叫道：

耶和華啊，我天天求告你，
向你舉手。
你豈要行奇事給死人看麼，
難道陰魂還能起來稱讚你麼？
豈能在墳墓裏述說你的慈愛麼？
豈能在滅亡中述說你的信實麼？
你的奇事，豈能在幽暗裏被知道麼？
你的公義，豈能在忘記之地被知道麼？⑩

「難道上帝的神蹟無法行於冥府嗎？」大衛王大聲的質疑著。「難道上帝聽不到來自坑中祈禱者的聲音嗎？」

在殘酷、無欺的自我評價之中，大衛王下了一個結論：

我自幼受苦，幾乎死亡。
我受你的驚恐，甚至慌張。
你的震怒漫過我身，
你的驚嚇，把我剪除。
這些終日如水般環繞著我，
一齊都來圍困著我。
你把我的良朋密友，隔在遠處，
使我所認識的人，墮入黑暗裏。⑪

這則讚美詩有兩種可能的解釋，它們都再次指出了猶太人在面對死亡與死亡過程態度上的兩個結果。其中一個解釋指出了，如同約伯一樣，大衛王因為對結果的不滿，因而在祈禱當中提出了抗議。他問，為什麼他會被上帝與朋友們棄絕？這則解釋，在短暫的黑暗之上，提供了少許的希望。另一則解釋則指出，耶和華將聽到他的祈禱，而大衛王亦將從來自死亡的覺悟之中找到答案。他的希望是在永恆的光之中，而在經典之中，這道永恆的光總是能夠戰勝黑暗的。其後的一則讚美詩，即是和這種解釋結合在一起的。大衛王在詩中吶喊道：

我愛耶和華！
因為他聽了我的聲音和我的懇求。
他既向我側耳，我一生要求告他。
死亡的繩索纏繞我，陰間的繩索抓住我，
我遭遇患難愁苦。
那時，我便求告耶和華的名，說
耶和華啊！求你救我的靈魂。[12]

而因為耶和華乃仁慈、容易受到感動的，因此他將大衛王自坑中給解救了出來。

創造與死亡

要明白死亡是如何侵入這個世界的，首先我們必須瞭解一下希伯來的創造故事。無論人們是怎麼翻譯的，〈創世記〉第一章第一節（「起初，神創造……」）時常被解釋成為是對創造(ex nihilo)的一段描述，也就是對由無中生有所做的描述。創造(bara)這個字的本身，是特別指陳上帝的行動，而不是指在什麼都沒有的狀況之下，製作出了某物的觀念。然而若是「起初」(beginning)這個字，是指創造事物的絕對開始，那麼在上帝建立這個世界以前，無物能存於世界化成之外。這樣的一種理解，在其後的聖經外傳《馬克比書・二》(Maccabees)中，記載得相當清楚，這一段的內容是，一位母親對她的孩子說：

我哀求你，我的孩子，
仰觀於天，俯察於地，
思索存於其中所有的一切，
並明瞭是神創造了他們。
除此之外，無物存在，
人類的存有
亦循此道而致。[13]

在精神(ruah)——或者是風、或上帝的氣息——開始創造之後，上帝說：「讓我們以我們的形象來造人(imago Dei)。」對希伯來人而言，這是指上帝的智慧與榮耀的投射。因此人類也就是具備了肉體與靈魂者，就被視為是依上帝的形貌而創生者，反之，透過某些神秘的途徑，上帝亦同樣具備了肉身與靈魂，是男女陰陽的結合。

在〈創世記〉的第二章中，首先，男性是由大地的黏土塑形而成的，在上帝吹息到他的鼻子中之後，他便成了一個活生生的人。在此我們應當記得，對印度人、佛教徒與實行冥想的中國人而言，氣息具有著相當重要的含意。在創造了男性(ish)之後，上帝就令他陷入沈睡，並且在他沈睡之際，從他的肋骨中取出其中的一根，做成了一名女性(isha)。如同在中國文化之中陰是出於陽，而陽是出自於陰，同樣的，在〈創世記〉之中，女性乃出自於男性，而反之亦然。

這名女性——夏娃(Eve)，以及這名男性——亞當（Adam），獨自生活在伊甸園之中，除了各種花果樹木之外，園中尚有象徵著不朽的生命之樹，與能分辨善惡的智慧之樹，上帝告訴亞當與夏娃說，除了智慧之樹外，其餘樹上的果子都可以摘食。因為如果吃了智慧之樹上的果子，他們就會死亡。「那不是真的，」蛇（罪惡的力量）這麼對夏娃說。「妳不會死；事實上，妳的眼睛將會第一次開了光。」[14]蛇這個角色的出現，使我們回想到《吉爾伽美什史詩》中的蛇，吉爾伽美什所擁有令人復活的植物，就是被蛇偷走的。

亞當和夏娃因為聽信了蛇亦真亦假的話，於是選擇了摘食禁果，眼睛因此而明亮了起來，變得能夠辨識出善之與惡。當上帝來到園中，他們便羞慚的躲藏了起來。於是上帝便對亞當與夏娃說：

你必汗流滿面
纔得餬口，
直到你歸了塵土，
因為你是從土而出的。
你本是塵土，
仍要歸於塵土。[15]

接下來，上帝將亞當與夏娃永遠逐出了伊甸園，並且在通往不朽的生命之樹的路上，設置了天使以及四面轉動發出火焰的劍來防守著，以免他們會以待罪之身吃了樹上的果子。

傳統上，這一段往往被解釋成因為人類的罪，或因為所謂存在的肯信，因此死亡便降臨到了世上。在此同時，一些學者們卻認為，與其說死亡（肉體的回歸大地）是因為不服從的緣故，毋寧說死亡乃是一個人的自然結果，而上帝持續不斷、用來懲誡他所創造的孩子們的，也並非死亡的本身，而是（面對死亡時的）憂慮與不安。

從另一方面來看，問題可以是這麼問：如果上帝早知道人類會犯罪，那麼他為什麼又要以這種方式來創造人類？當然，誠如上帝是根據時間與歷史的條件來運作是個錯誤的假設一樣，假設上帝「知道」他們會犯罪，這也是錯誤的。然而根據這個故事則可以知道，人類在創生時是帶著自由選擇能力的，他是具有自由，而非罪惡的。若果如此，那麼又將產生另一個問題：上帝為什麼不把吃了禁果的後果，更加完整的說個明白呢？關於這一點，後來的猶太教牧師與聖人回答說，這是因為在這一段敘述當中，自由選擇的能力已經受到了限制的緣故，而它之所以受到了限制，則是因為男人和女人是在畏懼上帝大於尊敬上帝的情況之下，遵從祂的指示。這則故事顯示出來的意義是，亞當和夏娃是在所謂存在的信賴造物主的基礎上，被要求遵守規則的。也就是因為人類本來不具備相信上帝的能力，因而招致罪惡以及繼之而來的死亡。這一則故事的奧秘之處在於，上帝與人類的意志，都是自由而完全的運作著。

在救贖歷史的故事展開之時，上帝發現有必要為男人和女人的墮落而處罰他們，並且在他們拒絕悔改之時，引發了一場洪水。像《吉爾伽美什史詩》中的烏特納庇什廷一樣，諾亞(Noah)建造了一艘方舟，因此他和家人，以及其他存活下來的生物，便從周遭腐敗、墮落的情境之中被拯救了出來。這場洪水（也許底格里斯河和幼發拉底河曾引發洪水氾濫過這個區域）持續了四十天之久，因這場洪水之故，上帝和諾亞訂立了盟約，要建立上帝選民——以色列的王國，而這項誓約透過猶太人之父──亞伯拉罕的行徑，就更顯得有力且歷久彌新，因為他曾聽從上帝的指示，由信仰多神教的美索不達米亞，遷移到迦南(Canaan)，過著遊牧的生活。

除了摩西(Moses)之外，在希伯來的經典之中，沒有一位人物能比亞伯拉罕這位長老，更具有代表性了。對猶太人而言，他一生當中最具有象徵性意義的，便是獻祭自己「唯一」的兒子以撒，因為這段文字在文學上與宗教上所呈現出來的衝擊性，因此在這兒，我們將全文引述出來。

> 這些事以後，神要試驗亞伯拉罕，就呼叫他說：「亞伯拉罕」，他說：「我在這裏。」神說：「你帶著你的兒子，也就是你的獨子，你所愛的以撒，往摩利亞地去，在我所指示給你的山上，把他獻為燔祭。」亞伯拉罕清早起來，備上驢，帶著兩個僕人和他的兒子以撒，也劈好了燔祭的柴，就起身往神所指示他的地方去了。到了第三日，亞伯拉罕舉目遠遠的看見那地方。亞伯拉罕對他的僕人說：「你們和驢在此等候，我與孩子往那裏去拜一拜，就回到你們這裏來。」
>
> 亞伯拉罕把燔祭的柴放在他兒子以撒身上，自己手裏拿著火與刀；於是二人同行。以

撒對他父親亞伯拉罕說：「父親啊！」亞伯拉罕說：「我兒，我在這裏。」以撒說：「看啊！火與柴都有了，但燔祭的羔羊在那裏呢？」亞伯拉罕說：「神必會為燔祭準備羔羊。」於是二人同行。

他們到了神所指示的地方，亞伯拉罕在那裏築壇，把柴架好，捆綁他的兒子以撒，放在祭壇的柴堆上。亞伯拉罕就伸手拿刀，要殺他的兒子。耶和華的使者從天上呼叫他說：「亞伯拉罕！亞伯拉罕！」他回答說：「我在這裏。」天使說：「你不可在這孩子身上下手，一點都不可害他。現在我知道你是敬畏神了，因為你沒有將你的兒子，就是你的獨子，留下來不獻祭給我。」亞伯拉罕舉目觀看，不料，有一隻公羊，兩角卡在稠密的小樹叢中。亞伯拉罕就捉了那隻公羊，獻為燔祭，代替他的兒子。亞伯拉罕將那地方命名為耶和華以勒(Adonaiyireh)，直到今日人們還說，在耶和華的山上必有預備。[16]

在明瞭上帝的要求在亞伯拉罕內心所引起的衝突之前，讀者們必須知道，獻祭活人是盛行於他那個時代，而以撒又是他的獨子。當時亞伯拉罕和女僕夏甲(Hagar)所生的兒子以實瑪利(Ishmael)，已在撒拉(Sarah)的要求之下被放逐於沙漠之中了。因此獻祭以撒，便表示亞伯拉罕所領導的偉大王國，已經後繼無人了。然而由於亞伯拉罕對神的信心，戰勝了他對死亡的恐懼，因此位於耶路撒冷，在今日稱之為登普山(Temple Mount)的山上，就在燔祭即將舉行的剎那，上帝阻撓了這事。這不只是因為亞伯拉罕的信心獲得了證實，同時也是因為以撒的信心得到了證實。一頭公羊取代了以撒，使得他「再生」成為雅各(Jacob)之父，至於亞伯拉罕也因此而成為猶太民族之父。亞伯拉罕與以撒兩人，在追隨上帝的意志之下，經歷了精神上的死亡，從而成就了精神上的再生。

在猶太歷史之中，那些著作猶太法典的聖人們，賦予這個故事更為深刻的詮釋，他們指出，自願為獻祭品的以撒，是為以色列人的罪行擔負起了贖罪的工作。他們將這個故事解釋成為以撒早就知道會被獻為燔祭，然而他卻願為他人的罪行而死。更進一步的，這則故事又被說成不僅是以撒做了自我犧牲，亞伯拉罕和撒拉也同樣透過兒子的犧牲，將自己給獻了出來。接著在教育性的文學著作之中，這則故事又再發展成為，在亞伯拉罕舉刀向著以撒之時，以撒的靈魂早已脫離了軀體而導致死亡。然而當上帝的天使赦免了他的時候，他的靈魂又回到了身體之內，而他則猶如「復活」一般的又活了過來。如同早期所指出的，以撒的犧牲在《聖經》之中具有精神死亡與再生的比喻作用，因為他是自願赴死的，因此他不僅是再生成為原來的自己，同時也成為了神。

亞伯拉罕一以撒

在以撒這個事件之後，很快的，亞伯拉罕的妻子撒拉，也就是那位在九十歲時才奇蹟般懷了以撒的女子，以一二七歲的高齡死於迦南的基列亞巴(Hebron)。根據傳統的說法，她是在看到亞伯拉罕自摩利亞山(Mount-Moriah)回來，卻沒有和以撒同行時，由於擔心他會遭到不測而死亡的。依據傳統習俗，亞伯拉罕在哀悼之後，便向西台人(Hittites)買了一塊地，以便能將他的妻子葬在隱蔽的洞穴之中。這則故事到此為止，再沒有更進一步的敘述了，其後，不論是摩西、約書亞(Joshva)或是大衛(David)的殯葬，都沒有提及任何可能涉及來世的生命。然而在預言家時期，死者將自墓穴中醒來的觀念，卻已開始發端。

彌賽亞的(Messianic)願望

在第一座廟宇被毀，猶太民族被流放到巴比倫之後，先知以西結(Ezekiel)受神靈的引導，來到一處充滿了死人骸骨的谷地。上帝對以西結說：

> 你對這些骸骨發預言，說：「枯乾的骸骨啊！要聽耶和華的話。」主耶和華對這些骸骨如此說：「我必使氣息進入你們裏面，你們就要活了。我必給你們加上筋，使你們長肉，又將皮遮蔽你們，使氣息進入你們裏面，你們就要活了；你們便知道我是耶和

華。」[17]

上帝告訴以西結，這些骸骨即是以色列的家，他將會令他們起身，將上帝的靈放入其中，如此一來，他們便回到原來居住的地方。但這一切會在什麼時候發生呢？

這個問題的答案，可以在先知以賽亞(Isaiah)的預言中找到，是他指出了彌賽亞（救世主）來臨的時代，到那時，死亡即將會被毀滅。

在這山上，
萬軍之耶和華，必為萬民
用肥甘擺設筵席，用陳酒擺設筵席。
他又必在這山上，除滅
遮蓋萬民之物，
和遮蔽萬國蒙臉的面紗，
他已經吞滅死亡，直到永遠。
主耶和華必擦去

各人臉上的眼淚；
又除掉普天下
他百姓的羞辱，
因為這是耶和華說的。[18]

〈以賽亞書〉的作者，清楚的區分出何者為邪惡的人，也就是那些死後不會復活的人（他們將會被人們自記憶中除去），以及何者為正義之人的屍身。他對這些正義之人的屍首說：「要復活，要興起，睡在塵埃中的人啊！要醒起歌唱，因你的甘露好像菜蔬上的甘露，連陰曹地府也要交出死人來。」（〈以賽亞書〉第二六章第十九節）

根據後期拉比文學的說法，彌賽亞的時代(Yemot Hamashiah)將會在歷經浩劫之後降臨，而在他降臨之處，和平(shalom)將會自此擴展到全世界。耶路撒冷將再重建，死人將要復活，再次與其靈魂結合在一起。從先知以賽亞開始，《聖經》的傳統便談論到一位彌賽亞，他像大衛王一樣，將前來建立一個完美的社會。獅子和羔羊那時將和平相處，而來自耶西(Jesse，大衛王之父——譯者按）的後裔，將會秉持正義統治世界。

這位將會自死亡當中贖回人類，鼓動上帝在地上王國的彌賽亞是誰？除了正統派猶太人相信彌賽亞是一個人之外，許多猶太人認為彌賽亞不是一位個別的拯救者，而是一項集體的救贖行動。彌賽亞被詮釋成為救世主的時代，是人類與其所處世界之間，達到真正和平的時代，是人類達到了覺悟，與正義得以伸張的時代。那時也就是彌賽亞的時代。到了那一天，我們現在所瞭解的死亡，都不復存在。我們可以這樣說，彌賽亞將為所有的生靈，不論大小，帶來永遠的和平。

和上述彌賽亞說法的發展十分相似的，希伯來人對於永生的觀念，同樣是基於兩條不同的路線發展開來的——既是具有個別性的，又是集體化的。如同我們已經指出的，幽靈——一個人最脆弱的一面——在陰間依然繼續存在著。在後期的猶太教當中，地獄成了沒有肉體的靈魂所在之處，並且和天堂區分開來，善良者歸天堂，卑劣者入地獄。

早期的希伯來思想之中，同樣也發展出團體人 (a corporate person) 與公有的不朽 (a communal immorality)兩個觀念。在與冥府中個別殘存的幽靈比較之下，十分類似吉爾伽美什所發現到的真理，並且和在人類當中持續存在的來世觀念相同的是，所謂的不朽，乃是指持續發展中的團體。基於這一點，亞伯拉罕才會在臨死之前，仍然十分關切的表明了以撒的妻子，必不得是迦南人，而必須是一名以色列人，因為唯有如此，亞伯拉罕的直系後裔才能在上帝的許諾之下，子孫繁衍不絕。

啟示錄的觀點

現在暫且拋開以上這些觀點不論，在此，我們可以發現到有一項轉變，那就是早期經文對於來世這個觀點常保持緘默或否認，但到了後期的《聖經》時，則轉變成著墨於肉體的復活，特別是當我們接觸到新舊《聖經》混雜在一起的時期，更是可以發現到這種現象。西元前一六五／前一六四年成書的〈但以理書〉(the book of Daniel)書中，我們發現到希伯來的經文中，關於從死亡中復活的最古老的，並且是唯一清晰的註解：

> 那時保佑你本國之民的天使長米迦勒，必站起來。未來將有艱難，從有國以來直到此時，沒有像這樣的。到那時，你本國的人民中，凡名錄在冊上的，必得拯救。睡在塵埃中的，必有多人復醒。其中有得永生的，有受羞辱並且永遠被憎惡的。[19]

這一則經文反應出《聖經》當中的人類學，在此，肉體和靈魂（生命力）並非彼此分開存在的。和印度人與希臘人認為靈魂乃獨立於肉體而存在的觀點有所不同的是，對猶太人而言，心靈(psyche)與肉體(soma)是結合在一起的。在此，彌賽亞和永生兩者之間，是通過最後審判來臨時，在上帝面前的個人功過書的觀念，而得以聯結在一起的。但以理說：

我在夜間的異象中觀看，
見有一位像人子的，
駕著天雲而來，
被領到亙古常在者面前。
得了權柄、
榮耀、國度，
使各方、各國、各族的人，
都事奉他。
他的權柄是永遠的，
不能廢去，
他的國必不敗壞。[20]

這是對在塞魯瑟地（Seleucid，乃馬其頓將軍在Seleucus所創立的中亞細亞王朝——譯者按）的律法之下，那些面對自身死亡的猶太殉道者們，在對正義與報償產生疑問時所給予的天啟答案。隨著這一段遭受苦難與打擊時光而來的，將會是天啟時代的來臨，到那時，以色列人將會得到救贖；死人將會復起，但並非是不具肉體之靈魂的復起，而是富有生氣的肉體與靈魂的結合，他們將與上帝永遠同在[21]。雖然在此，凡是有關於復活的性質一點都沒有談到，但在其後的猶太法典(Talmud)與傳教著作之中，卻敘述著死人們將披著他們自己的衣服（肉體）興起，而這完全是來自於上帝的奇蹟。在猶太法典時期，猶太傳統中這種復活、天國、地獄、以及審判等觀念，都會愈來愈明確。

死亡的儀式

拉比以利沙爾快要死的時候，有一天，他的信徒們去探望老師，並要求他最後一次為他們講道。拉比以利沙爾回答說：「在你死前，終有一天你當悔悟！」他的信徒們感到十分的困惑。「就算那一天到來了，我們又如何能夠知道呢？」他們問道。「因此你當悔悟終日」，這就是他的回答[22]。在猶太文化之中，一個快要臨終的人必須隨時有人照料著他。死者在臨終之前將行告解，但不需有牧師在場。接著，為他祈禱的人將為他助念，助念的內容包括了舍瑪（Shema，意思為你要諦聽——譯者按）「以色列啊！你要聽。耶和華是我們的上帝，是獨一的主。」(《申命記》第六章第四節)——希伯來語聽起來就像「舍瑪，伊斯若欸耳，阿兒諾伊耶耳樓嘿奴，阿兒諾伊，伊后的。」舍瑪非常可能是一個人臨終的最後一句話。

由死亡到殯葬的整個期間，屍體絕不會沒有人照管。兒子或最親近的親屬當中，總會有一人將死者的雙眼、雙唇闔上，並將死者的手臂及手安放於屍體的兩側。埋葬之前，屍體會被妥善的清洗過，並穿上白色的亞麻布或壽衣。這個風俗必須回溯到猶太人的傳統，因為在傳統觀念中，穿著壽衣下葬象徵著謙卑，並且足以和奢華的羅馬式裝束有所區別。由於正統猶太教徒並不施行薰香及火葬，因此逝者將儘快的盛殮在松木做成的棺木中下葬。

整個喪葬過程完成後，死者的親屬們將聚集在墓地旁邊，唱誦著哀悼者的祈禱文(kaddish)，那是一篇祝禱生命的祈禱文，文中盛讚著上帝：「上帝賜予，上帝拿走；稱頌上帝的名。」然後牧師將會唸道：「致我們所懷念的逝者，願他在永生中得到平安與喜樂。願他在天主之前找到榮耀與慈悲。願這些敬畏上帝的靈魂，在上帝為之貯存的無法形容的善中得到喜樂，願他們死後的名聲，能為珍愛他的人祝福。」以韻律與節奏而著名的哀悼文，是悲哀經驗中最基本的一部分，具有相當的重要性，並且在守喪一年之內，最近的血親將時時唸誦這篇哀悼文。在棺木下葬入土之後，哀悼者會撒下一小撮的土，以示最後的道別。

緊接著在未來七天裏，家人們在某個地方遵守渡過一段強烈悲痛的時期(shiv'ah)，通常這個地方是在家中，而此處則稱為「哀悼之屋」。哀悼者坐在低矮的地上，沈思、祈禱，並閱讀猶太秘教的經典*Mishnah*和*Zohar*。在這一段期間，所有的日常活動都將停止。沒有娛樂，不刮鬍子，不准進行房事，不需工作，不許照鏡子，也不能穿鞋子。每一天，都會有一名家族成員唸誦哀悼文，這整個過程要持續一整年。

無論如何，在這些儀式之外，我們所要指出的是，這些都是為著能進入天國(gan eden)而施行的原則，它使一個人的生活得以與上帝的律法一致。反之，若是故意違反上帝的戒律，那麼他就命中註定要入地獄(gehinnom)。一個人死後，他生前善良、正直等種種行為，要和他的惡行稱量比重。在《埃及度亡經》中，死者的靈魂是和一根羽毛比重，而在猶太人的信仰之中，一個人的靈魂是要和自己比重。如果正義重於罪惡，則此人將獲准進入天國。基於這一個原因，今日的猶太人將較多的精力放在正確的生活上，以及正當的行為上(mitzuah)，而非放在發展縝密的來生神學上。

然而現在我們不禁要問，把死亡過程的經驗以這樣一種方式帶入生活之中，難道是為了要使信徒能對死亡有所準備嗎？

根據儀式化的說法是，這個問題的答案其實相當的明顯，因為猶太節日中最重要的一個節日就是贖罪日(Yom Kippur)，這是一個贖罪的日子。在那一天，人們要齋戒、上猶太教會堂去反省過去的罪過與缺失，並且不斷虔誠的祈禱。某些特定的祈禱文與讀本還會提醒與會的群眾們，即便是罪惡，亦同樣的有肉體的性質。事實上隨之而來的是，當象徵性的或精神性的死亡發生時，也就是說，當那由於自我觀念的綁縛，而形成的個人獨特性消失時，團體便出現了，以色列民族便更新了。

由於猶太人的宗教性，也許我們可以這麼說，它是無需畏懼死亡的。因為死亡乃上帝的創造之中，屬於宗教的，而且自然的一部分。它不但過去是，現在也是罪惡性質的結果；然而，死人將隨著彌賽亞的來臨而復起，人們無須為逝者過分的悲傷。當拉比布南(Bunan)的太太因為丈夫將死而淚如雨下時，他以幾近交代遺言的語氣對她說：「妳為什麼要哭呢？我一生自奉儉樸，因此應該學會了怎麼死！」在他死亡的那個時辰，美名大師（Baal Shew Tov，十八世紀猶太宗教運動哈西德派的創始人——譯者按）說：「現在，我知道自己被創生的目的了！」

注釋

❶ Genesis Rabbah第九章第五節。對於猶太文明而言，死亡並非罪的結果，而是混雜於賞罰的理論之中。例如，因為正義之士的死亡，象徵著生命中奮鬥的終止，因此可以被視為一種獎賞。在猶太法典的其

中一段裏，聖人們指出，每一個人都擁有三位伴侶，父親、母親以及上帝。當死亡降臨時，大地取回了屬於它的部分（身體），而上帝則取回了屬於祂的部分（靈魂）。更進一步的說明則見於Nidda 31a；Eccl. Rab第五章第十節；Gen. Rab.第四章第十節；以及Lev. Rab.第四章第五節。

❷ 維多・佛朗科(Viktor Frankle)所著《人類對意義的追求》(*Man's Search for Meaning*)，頁三三。身為維也納醫學院(The University of Vienna Medical School)的神經學與經神病學教授，以及美國國際大學(The U.S. International University)語言療法的著名教授，維多・佛朗科是維也納第三心理療法學校(The Third Vienna School of Psychotheraply)——亦即語言療法學校的創辦人。第二次世界大戰時，他曾被囚禁於奧希維茲(Auschwitn)、達豪(Dachau)，以及其他的集中營之中。

❸ 同前，頁五九。

❹ 同前，頁六一。

❺ 同前，頁八九。

❻ 同前，頁一〇九～一一〇。

❼ 同前，頁一〇四。

❽ 同前，頁一四二。

❾ 〈詩篇〉第八八章第四至第六小節，接下來所引經文部分，除非有其他不同的看法，否則皆出自《耶路撒冷聖經》(*The Jerusalem Bible*)，而坑（陰間）與其說與賞罰有關，毋寧是指一個被上帝棄絕之

處，在那兒，人們將過著行屍走肉般的生活。

❿〈詩篇〉第八八章第十至十三小節。

⓫〈詩篇〉第八八章第十四至十七小節。

⓬〈詩篇〉第一一六章第一至四小節。

⓭〈馬克比書〉(2 Macabees)第七章第二八節。

⓮〈創世記〉第三章第四至五節。

⓯〈創世記〉第三章第十九節。

⓰〈創世記〉第二二章第一至十四節，神諭。

⓱〈以西結書〉第三七章第四至七節。

⓲〈以賽亞書〉第二五章第六至八節。第十世紀時，有兩位彌賽亞的觀念曾在猶太思想中盛行一時，彌賽亞約瑟(Messiah ben Joseph)曾是/至今仍是一位政治上的領袖，是他聚集了被放逐於巴比倫的猶太人，在陳屍於戰爭之前返回耶路撒冷的，而彌賽亞大衛(Messiah ben David)則將成為一位精神上的領袖，並帶來和平、恢復律法。(參照〈創世記〉第四九章第一至二七節，與〈以西結書〉第三七章第十五至二八節)。

⓳〈但以理書〉第十二章第一至二節。

⓴〈但以理書〉第七章第十三至十四節。

㉑ Apocalypse這個字（希臘字，指露出）被猶太教以及基督教引用時（自西元前二〇〇年至一五〇年），所指陳的乃是即將來臨的宇宙巨變，那時上帝將戰勝罪惡，彌賽亞的王國將會升起。

㉒ 拉比以利沙爾(Rabbi Eliezer)所著的*Tractate Shabbat*, 153a。

日誌測驗

一、維多・佛朗科所說的兩則關於死亡的故事中，那一則對你影響較大，為什麼？關於這兩則故事，你還看過其他的說法嗎？也許你願意以一個合於時代潮流的暗喻，來創造出自己的說法。

二、佛朗科在令他留下慘痛回憶的集中營裏，發現了什麼？在現代生活中，有沒有任何一個地方，也許是適用於他的洞見？

三、在亞當和夏娃吃下智慧之樹的果子前，他們沒有任何途徑足以認知（善與惡間）不同，或是認知由於兩者之間的不同而產生的結果為何？因此，他們真的具有選擇吃與不吃的自由嗎？

四、〈以西結書〉使用了什麼樣的意象，來描寫死者的復活？它是以什麼方式牽扯到創造這件事的？

五、再一次反思亞伯拉罕和以撒的故事。它是以什麼方式，使得自我犧牲成了主旨？此外，這樣的自我犧牲有可能發生在現今社會之中嗎？

六、一位有智慧、有修養的猶太人，將如何回答下面的問題：關於如何技巧的死亡，你的傳統給予你那些指導？也就是說，最具宗教性的死亡方式為何？

第十章　基督徒面對死亡的態度

凡想保全生命的
將喪失生命；然而
凡為我而喪失生命的
將保全生命。

耶穌

關於永生的問題，基督教在許多形式上，都已經發展出精緻而豐富的傳統。事實上，對於修行的基督徒而言，永生的信念具有一種不但是個人的，並且是普遍的重要性，很少有信念能像它一樣。舉例而言，在天主教與正教傳統當中，永生或天堂的喜樂，被描述為產生自兩個來源：一個是來自上帝的完美知識與愛；另一個則是存在於上帝國度中關於所有人類的愛的知識。使徒約翰曾描述天堂的生活，乃是當下或由於恩寵而得見上帝所形成的，在此，「我們必要像他，因為必得見他的真體。」（〈約翰一書〉第三章之二）因此對基督徒而言，天堂乃是一種能永遠參與「上帝的永恆目的」的一種可能性。但首先，我們必須從剛才所敘述的天堂樂園的無上喜樂中，回到歷史上來，回到耶路撒冷的時代，因為所有基督徒們對於死亡的看法，都建基於耶穌的生命以及熱情。

在猶太教經典當中，耶穌是一位先知、師尊，以及療癒家，他不但告訴人們上帝的國度即將來臨，同時也指導人們慈悲、正義的倫理觀——也就是愛敵人如同愛鄰人（雖然不必以相同的方式）。如同「福音書」中所記載的，在宣傳教義的這個階段當中，他為人治病，使盲者得見，為受邪魔附體之人驅魔，原諒罪人，重新詮釋戒律，並且「以權威的姿態」說話，以預言的方式向每一個人挑戰，要使他們懺悔，並相信天父的國度即將到來。可以想見的是，他被長老會中的保守份子（亦即管理儀典施行的貴族行政官），以及表面看似尊重律法的偽善者（亦即那些視履行正確儀式的行為為服從上帝精神的人，以及那些透過對律法文字的嚴謹服從，來感受「被證明為正當」的人），視為一項威脅。耶穌的行為從外表看來似乎是違反了戒律，因此使得一些人相信，為了國家的福祉，必須要將他剪除。

審判

在《新約聖經》裏的〈馬可〉、〈馬太〉、〈路加〉與〈約翰福音〉中，對於耶穌所做的歷史性描述，可以分成四種不同的版本。每一種版本在風格、觀點以及觀眾的身份上，都有些微的差距。為了本書的目的，我們得逐步的閱讀「福音書」中的內容，以瞭解耶穌由被捕、審判到被判死刑的整個事件。

耶穌是在逾越節前後的耶路撒冷(Jerusalem)被捕的，這使得猶太會議主持的祭司團以及書記等，都感受到強大的壓力。在目擊證人做出對耶穌不利的指控之後，祭司卡亞法(Caiaphas)便問耶穌一個能確立他的罪名的問題：「你是上帝之子基督嗎？」耶穌斬釘截鐵的回答說：「我是！」卡亞法立刻還以律法所規定的譴責方式：他撕裂自己的袍子，宣判耶穌死刑（參照Dt 13:2–12），那時，猶太公會便宣布耶穌應當判死刑，羅馬士兵於是便將他帶往彼拉多(Pilate)的審判堂。

「我們已經發現此人意圖顛覆國家」，群眾們呼喊著，「他反對向凱撒(Caesar)付稅，並且自稱是吾王彌賽亞(Messiah)。」當時羅馬總督彼拉多，因為逾越節慶典而逗留在耶路撒冷，他對耶穌進行了第二次審判。彼拉多注視著耶穌問說：「你是猶太王嗎？」耶穌回答說：「是你自己這麼說的呢?還是有人告訴你?」彼拉多因為找不到耶穌有任何觸犯律法的地方，於是宣布，因為耶穌曾給他上過一課，因此，他必須釋放他一次。於是他判耶穌接受鞭笞之刑，用上頭附有尖銳的金屬片，或是骨頭的皮鞭加以鞭打。然而群眾依然叫囂著:「把他釘在十字架上，把他釘在十字架上。」於是耶穌被披上了紫袍，用蘆葦鞭打著，受人群的唾面，並且還被戴上了荊棘編的冠冕。人們嘲笑的呼喊著:「猶太人之王啊!」

這個時候，彼拉多又費心的再次向群眾們說理。根據逾越節的慣例，政府官員可以在節慶的時候，依照人們的要求而釋放一位犯人。彼拉多於是問群眾們，是否要他釋放猶太人之王?然而群眾卻異口同聲的要求釋放凶犯巴拉巴(Barabbas)。於是，彼拉多只好下令將耶穌帶到群眾的面前，並且說:「你們自己將他釘上十字架吧!因為我實在找不出他犯了什麼罪。」此時猶太祭司們便說:「他自以為是上帝之子，他該死!」

彼拉多回過頭來問耶穌說:「你是打哪兒來的?」耶穌並沒有回答，於是彼拉多又問:「你難道不明白我有將你釋放、或釘上十字架的權力嗎?」耶穌對他說:「若非上級賦予你權力，否則你是不能辦我的。」此時群眾們則不斷的喊叫著:「如果你釋放了這個人，你就不再是凱撒的朋友了。」

羅馬人認為「褻瀆神祇」的指控，只是一種宗教上的過失，對羅馬律法而言，是不會將犯了這種罪的人判處死刑的。明白了這一點之後，群眾們便引用了另一個不同的指控，他們說耶穌冒充自己是基督之王，這意味著他是政治上的煽動者與革命分子。最後，彼拉多終於同意了這項指控，並且清洗雙手表示不管這整件事。剩下來的，就是釘十字架這件事了。

耶穌被帶往耶路撒冷城外，一座名為各各他（Golgotha，意為髑髏地——譯者按）的小山上，因為這座山看起來很像一個人的頭蓋骨。在那兒，耶穌雙腕雙腳被釘在十字架上，十分痛苦的死去。他的頭上安放著一個牌子，寫著：「拿撒勒人耶穌：猶太人之王。」

遺言

若要了解在這一段時間裏耶穌的心路歷程，方法之一就是由他的遺言開始著手，遺言不但反應出了耶穌的仁慈，同時也呈現出他的聖潔，他的最後遺言是：「以羅伊！以羅伊！拉馬撒巴各大尼——我的神，我的神，為什麼離棄我？」（〈馬太福音〉第二七章四六節；〈馬可福音〉第十五章三四節）以及「天父啊　！赦免他們，因為他們不曉得自己在做些什麼。」（〈路加福音〉第二三章三四節）前一句話（節錄自結尾是祝禱耶和華的第二二條〈詩篇〉的開端）讓人覺得耶穌當時似乎感到很迷惑，並且有著被棄絕的感受，這完全是屬於人類的呼喊。然而在第二句話當中，那位感到被主棄絕的人，卻在深懷諒解之心的情況下，傳達出一種幾乎無法置信的慈悲，耶穌被釘在十字架所說的這二句「話」，使得一顆屬於人類疼痛的心，和超越人類的悲憫情懷，都同時在他的身上顯現出來。

根據〈約翰福音〉的記載，我們得知在耶穌被釘在十字架上時，他的母親瑪麗亞，以及他所鍾愛的不具名的門徒們，都站在十字架的底下。耶穌往下俯視，溫柔的對他們說，他們是他來世家族的一員，這是個屬於上帝的家族，是超越血親之上的。他對他的母親說：「母親，看哪！那是妳的兒子。」又對使徒說：「看哪！那是你們的母親。」（〈約翰福音〉第十九章二六節）這裏暗示著他們將彼此照應，如同基督照撫他們每一個人一樣；同時，他們也因此成為基督慈悲的化身，要將慈悲的精神傳播到新的信徒團體當中。東方正教的神學家們，將耶穌臨終時的這一刻，視為教會（是在聖誕節時發展開來）的起源。

要了解耶穌此刻的遭遇，我們就必須牢記他是如何被殺死的。他不只是被釘在十字架上，同時他的腳下可能還有一個橦子，以防止他在數分鐘之內就窒息而死亡。這個橦子能使受難者得以支撐著，讓他們在不斷跌落下來之前有喘一口氣的機會。他不斷的在窒息與喘氣之間掙扎著。一直到快要死了的時候，耶穌再次引用希伯來的讚美詩：「我把我的靈魂，交付在祢的手裏。」像一個奔赴母親或父親的孩子，必然會在雙親的懷抱中尋求到安全一般，耶穌是以信賴、臣服的語氣，對天父說了如上的話。他在地上的任務已經完成了。他犧牲了自己，並且在最後的言行之中，使得十字架由賜予死亡的支柱與樑木，轉化成為永生的樹木。

復活

神學家們說，透過死亡這個狹隘的通道，通往復活的道路於焉開放，復活，它顛覆了人類的期望。基督徒在面對死亡與死亡過程時，其應對態度所呈現出來的力量，以及它的宣言所引發的衝突，都是建基或者消弭在基督復活的真實性上。誠如保羅所說的，如果基督不曾復活，那麼任何人的信仰，都是徒然的。事實上，「福音書」的撰寫，乃是透過基督復活信念的眼光來加以完成的；而在早期教會裏，「福音書」被視為歷史的中心，視萬事萬物為由此開展，亦循此而展開，同時，它也是歷史的終點，是上帝承諾的實現。

的確，耶穌在死前曾對他最喜愛的門徒之一，他所愛的馬大(Martha)，說過有關復活的事。這段談話的起因，是緣於馬大埋怨耶穌沒能及時趕到，拯救他的兄弟拉撒路(Lazarus)於危亡之際。馬大叱責耶穌說：「我的兄弟必不至於死。」然而耶穌卻說：「你的兄弟必然復活。」對於耶穌的回答，馬大感到十分意外，但由於她是位虔敬的法利賽猶太人，因此她回答說：「我知道在末日復活的時候，他必復活。」但耶穌卻答辯：

> 復活在我，
> 信我的人，
> 雖然死了，也必復活，
> 凡活著信我的人，
> 必永遠不死，
> 你相信嗎？[1]

馬大回答說：「主啊！是的，我已相信你就是彌賽亞，是神的兒子。」（〈約翰福音〉第十一章二七節）。在〈約翰福音〉中，馬大與三福音書中的彼得（彼得曾三次否認他認識耶穌——譯者按）不一樣的是，她證實了耶穌的確為「彌賽亞」（猶太人所期望的救世主——譯者按）。另一方面，她的姊妹瑪麗(Mary)，則俯伏在耶穌的腳下流淚悲泣，耶穌因而流淚不已。他心境十分混亂的來到了墓前，並因為天父的垂聽而感恩祈禱。接著，他大聲呼叫說：

「拉撒路，出來！」那死人就出來了，手腳裹著布，臉上包著手巾。耶穌對他們說：「解開，讓他走。」❷

藉著聲稱「復活在我」，耶穌不但證明了自己具有使拉撒路復活的權柄、自己即是復活的本身，同時，他也證明自己即是「生命」，或是永生的力量。以這種方式來看待耶穌，就是理解到了耶穌的復活能令生死得以一致，黑暗與光明得以一致，並且是以克服死亡的方式來完成生命的循環週期。耶穌的現身，使得尚未來臨的復活時代，已經在最初的階段中發生了。❸

既然基督的復活，成為了開啟死亡奧理的鎖鑰，在此，我們必須提出一個十分重要的問題，那就是：耶穌軀體的復活，到底意味著什麼？

有很多的人曾企圖要形容復活的情狀，但一般而言，他們都會落入三種看法之中。首先，有些人主張，就在基督將拉撒路從死亡中帶回來時，實際上復活的乃是真正的軀體。例如約翰・厄普岱克(John Updike)所寫的：

確切無誤：若他全然復生，其軀體亦同；
若細胞的分解未曾逆轉，
分子再扣牢，氨基酸再燃，
教會將會瓦解。[4]

這種文學性解說的困難之點，在於福音書中曾經指出，復活後的基督，不但能夠自己走出大門，同時也能突然的出現或消失。

此外，有些神學家以及心理學家則堅持，復活只發生於親近之人的想像、信仰或希望之中。這種心靈重新構作理論的困難，在於《新約》中曾記載了耶穌的墓穴是空的，而且他也曾出現於門徒之中，與他們一同吃魚，並接受湯瑪士（Thomas，湯瑪士因觸摸基督手上的釘痕而信其復生——譯者按）的觸摸。

最後第三種觀點則是建議，耶穌的復生，是一種超越人類心靈所能掌握的精神上的奧秘，同時，透過某種深不可測的方式，耶穌以數種不同的方式出現，或在不同的場合之下顯聖，諸如這類的說明，都是將復活描繪成：復生或精神的軀體已經有所轉換，再也不會受到時空的限制。

上述的最後一種觀點，是以復活的最早期證明為基礎，因此在福音書（同時強調空著墓穴，以及基督的出現）當中是找不到這類內容的，但是在〈保羅書簡〉(Pauline letters)之中，卻曾不斷重覆強調基督的出現或是顯聖。對保羅而言，軀體的復活是不能以生理學的眼光加以看待的，它必須被視為軀體(soma)或者人格。復活的軀體，是整個個別實體的完成，也是俗世歷史的完成。在下面這段話中，保羅指出了這項轉變：

> 死人復活也同屬一理。我們現在的身體是會朽壞的，但復活之後是靈體，是永不朽壞的。我們現在有血肉的皮囊，是軟弱不堪，令我們羞恥的，但復活後的靈體，是強壯榮譽的。我們這血肉之軀像是種子，死了之後，就生長出屬靈的形體。既有血肉之軀，也必有屬靈的形體。❺

在這裏，保羅將由俗世的軀體(psychikos)，轉變成為精神性的形體(pneumatikos)的過程，完全用文字描繪了下來，使得過去只是肉體形貌的，現在竟成了高貴榮耀、屬於來世的軀體，它是如此的神秘，以致於很難去加以掌握。

換言之和，否認個人歷史的佛教輪迴觀點、將死亡前得證梵天視同江河匯入大海的印度教觀點，以及靈魂永恆脫離肉體的希臘等觀點不同的是，基督復活後的身軀，是圓滿的、永恆的人類身軀。舉例而言，耶穌和毗濕奴(Vishnu)的化身黑天神之間的根本不同點在於，人們必須要透過歷史意識的眼光來看待耶穌，才能對他有所了解。耶穌的生命，不能像黑天神一樣，簡化為一種神話的表達方式，也不能簡化為像容格(Jung)所謂的「自我」(Self)一樣的心理學型態。基督教向來主張耶穌是一位歷史性的人物，他確曾活過、死過、復活並且昇華。也許有人要問，從那一個角度來看，耶穌的復活是與歷史有關的呢？

根據德國神學家渥夫哈特・帕南柏格(Wolfhart Panneberg)所說的，既然我們只能透過歷史上所記載耶穌的事蹟來理解上帝，那麼，復活就完全是一項歷史性的事件，而不單純是信念的問題，對於本世紀最具影響力的天主教神學家卡爾・拉納(Karl Rahner)而言，基督徒們如何定義、以及看待「救贖歷史」(salvation history)，是與一般的歷史有所不同的，因此，我們必須謹慎的加以區分。救贖歷史包括了（並超越了）如亞伯拉罕(Abraham)、以撒(Isaac)、雅各柏(Jacob)以及耶穌等，能使上帝的存在得以具顯的一般歷史事件。而一般的歷史由於部分受到科學要求的影響，因此，若從此一觀點來看，則復活在物理上便成為不可能的，並且在科學上也是不可見的事件。因為它是無法被拍攝下來，做為一個例證的。即使有都靈屍衣(Shrond of Turin，包裹耶穌屍體的屍布——譯者按）為證，由一般歷史的觀點來看，復活若不是心靈主觀的產物，或是信徒的想像，就是對於真實、肉體性的復甦，所做的一種客觀、文學性的描寫。[6]

但若由救贖歷史的觀點來看，則基本上便有完全不同的見解。誠如拉納所言：

> 最後，耶穌的復活，採用了一種獨特的救贖歷史的特質，因為透過信仰我們認知到，復活是上帝對世人承諾以自己的一項實現，是一種屬於末世學的無法改變的歷史呈現。[7]

其次，復活終將成為一般歷史中的一個事件，以及救贖歷史中的一個末世學事件，二者雖俱在歷史之中，卻又不屬於歷史。若非如此，則誠如聖多瑪斯(Saint Thomas)所指，基督徒將無法再談論復活的軀體，而只能假設有個新的軀體。誠如拉納所下的結論，若非如此，則「他是活的」的命題，將無法使早期的教會，發展成具有日後的規範。

《新約聖經》的教義

在前面一章中，我們曾討論到在〈但以理書〉中的猶太啟示文學的特性，而在《新約聖經》中，依然發展出這類強調啟示的特性。猶太人相信彌賽亞的到來，將會戰勝死亡，這種信仰最後透過耶穌的生與死，成為一項完成的事實。進一步而言，在《新約聖經》中關於死亡的教義裡，至少出現了四個主要的觀點：死亡是罪惡的結果；死亡是軀體與靈魂暫時的分離；罪惡的消失，即是進入永恆的生命；死人將會復活，並在耶穌再次來臨時按受審判。

首先，猶太人和基督教的共同點是，二者皆認為罪惡與死亡具有密切的關係。在〈保羅書〉這部分裏，罪惡是死亡的原因，就如同死亡乃是亞當罪惡的結果一樣。「這就如同罪是透過人類進入了這個世界，因而死亡也就隨著罪惡而來了，那時，死亡就控制了人類，因為眾人都犯過罪。」（〈羅馬書〉第五章第十二節）

亞當被上帝由天堂放逐之後，兒子亞伯(Abel)就被殺了。亞當帶著死去的兒子回到夏娃那裏，將亞伯柔軟的身體放在夏娃的臂彎之中。是他們那個嫉妒的兒子加音(Cain)，謀殺了他的兄弟亞伯。在深沈的悲痛之中，他們憶起上帝曾經說過：「在你吃了樹上果子那一日，你將必死無疑。」（〈創世記〉第二章第十七節）

如果亞當不曾犯罪，那麼他將履行他在地上的生活，並在離開這個世界時，得以避免死亡。他將經歷到神學家卡爾·拉納所稱的「無死之死」。換言之，亞當將不會遭受到人類所遭受到的肉體死亡。對保羅而言，罪罰與神聖正義是相反的。因為罪象徵著失敗、不服從上帝與脫離神所賜予的愛。因為在死亡時，軀體和靈魂暫時分離了，因此，腐敗的肉體也分解了，而靈魂則展開了其來世之旅。於是肉體便「沈睡」或「休憩」於屬於所有肉體的大地，直到它與靈魂再次結合之時。

第二個觀點——身體與靈魂的分離——是針對埃及哥普特教會（The Coptic Egyptian Church）的發現而言的。在那裏，身體與靈魂的分離被Mu這個字給擬人化了。在一份特別權威，名為《木匠約瑟夫之史》（*The History of Joseph the Carpenter*，四世紀時翻譯自希臘原文的作品，耶穌的父親為一名木匠——譯者按）的偽造作品當中，耶穌現身告訴他的門徒說，他親眼看見死神進了他的房門，將他的父親約瑟夫給帶走了。死神見到耶穌時，立刻躲藏到了門後，耶穌不得不喚死神進門，令他完成所應擔負的角色，將他垂死父親的靈魂，從他的軀體中帶走。如同我們曾說過的，在死亡時，肉體歸於大地，靈魂則展開了它的來世之旅。換言之，當肉體「沈睡」之時，靈魂若不是上到了天堂（或亞伯拉罕的懷中），就是到了地獄。然而天堂或地獄都是暫時的，是最後審判前的一種暫時存在，只有天國與地獄，才是再次具有形體的靈魂的最終歸宿。在基督教神學當中，天國與地獄不只是一個人們要去的具備了時空條件的地方，反之，它被描寫成一種在我們現世生命當中，同樣可以體驗得到的超越時空限制的地方。[8]

在〈路加福音〉(The Gospel of Luke)這一部分當中，記述了耶穌告誡大家上帝的國度即將來臨的一系列寓言，我們發現其中有關拉撒路的寓言，其實就是有關於來生的寓言。故事內容如下：有一位富人在世的時候，穿著上好麻布做成的衣服，天天奢華宴樂，卻不理睬那位躺在他家門口，渾身生瘡，渴求富人剩餘食物的乞丐拉撒路。當他們兩位都死了以後，拉撒路被天使帶去亞伯拉罕的懷中，而富人卻到了地獄。

> 他在陰間身受痛苦的時候，抬頭看見拉撒路在亞伯拉罕的懷裏，就叫嚷：「我祖宗亞伯拉罕啊！求你可憐我，打發拉撒路，用指頭尖蘸點水來滋潤我的舌頭，因我在這火焰裏，極其痛苦。」亞伯拉罕說：「孩子啊！你要想想，你生前窮奢極侈，拉撒路卻受盡苦楚。如今他在這裏得到安慰，而你卻受折磨。不但這樣，在你我之間，隔著一道深淵，阻止這邊的人到你那邊去，也不讓你那邊的人到這裏來。」❾

在另一個世界裏，各人的處境是無法改變，並且被對掉過來；乞丐成了富人，而富人則變窮困了。在最後的審判之前，人們是無法跨越這兩個領域的鴻溝。

富人苦苦哀求：「我的祖宗啊！既是這樣，那麼求你派拉撒路到我父親家去，及時警告我的五個兄弟，以免他們將來也來到這痛苦的地方。」

亞伯拉罕說：「他們大可聽從摩西和眾先知的教訓啊！」富人說到：「不行的，我祖亞伯拉罕啊！因為他們是從不留意先知書和律法書的，但如果有一個死而復活的人去警告他們，他們一定肯悔改的！」於是亞伯拉罕對他說：「如果他們從不理會摩西和先知的教訓，即使派一個死而復活的人去警告他們，也是無濟於事的！」[10]

這個故事當中暗示著兩個「審判」——首先是每一個人個別的審判，這決定了他或她的靈魂將立刻被送往天國、地獄或是煉獄；其次，則是世界末日時的最後審判，那時，死亡的軀體將會由他所沈睡的大地中甦醒，再次的被賦予靈魂[11]。關於這兩種審判的討論，指出了在個別性與社會性兩方面的表現上，人類具有雙重的天性。這兩種審判，彼此交互運作著，和諧的認同於對方。

然而，煉獄是什麼呢?煉獄不只是一個地方，在天主教信仰當中，它是一種洗滌的過程，是在基督二次降臨之前，靈魂由罪惡變得純潔的一種轉變。在〈馬克比傳〉（2 Maccabees，《聖經》外傳的最後一章）第十二章三九至四五節中所論及到的煉獄部分，其基本精神受到教會傳統的影響，遠比受到《聖經》的影響來得大。在此，我們必須記得一件事，那就是沒有永生，自然也就沒有佔據某個超自然據點的地獄存在。天國毋寧是一個超越時間、肉眼無法得見上帝所在的領域，這個領域是遠遠超越人類的理解能力之上的。

《新約聖經》教義中的第三個觀點，與所謂神秘或立即的死亡經驗、超越一般死亡過程的死亡過程，以及活著的時候就可能發生的無我的藝術等之間，都有著密切的關係。從《新約》的觀點來看，要周全的為死亡預做準備，就必須去除所有的錯誤，並且在活著的時候，即進入永生的源頭。耶穌為了預告自身的死亡以及後人的讚頌，曾對安得烈(Andrew)與腓力(Philip)說：

我實實在在的告訴你們，
一粒麥子如果不死在地裏，
仍是一粒；
如果死了，
就會結出許多子粒來。
愛惜自己在世上的生命，必會喪失生命；

憎恨自己在這世上的生命，
才能保全生命，直到永生。⑫

那位因為「被釘在十字架上」，再由掃羅(Saul)再生為保羅的人寫道：「我已經與基督同釘十字架上了，現在活著的，不再是我自己，乃是基督活在我的裏面。」（〈加拉太書〉第二章第二〇節）同時「因我活著就是基督，我死了就有益處。」（〈腓立比書〉第二章第二一節）因此就如同耶穌放棄了神性而成為人類，甚至接受了死亡一樣，門徒們亦當捐棄自我，接納基督。保羅在談論到那些為基督而殉難，並且與他一同復活的人時曾寫道：「畢竟，你們已經死了！你們的生命與基督一同藏在神裏面。」（〈歌羅西書〉第三章二至三節）舊有的自我已經被拋棄了，取而代之的，是在造出物者的形象之中，重新構造的嶄新自我⑬。

在《新約聖經》當中，我們看不到像由殉是難者，以及聖人的生命史當中所呈現出來的門徑那麼戲劇化之處。除了史蒂芬（Stephen，在殉教時得見天國，並見天空大開，耶穌站在上帝榮座的右側）、彼得和保羅之外，早期殉道的基督徒當中，最著名的要算是西元第二世紀中葉的波利卡普(Polycarp)了。這位士麥那(Smyrna)的主教在拒絕立誓誹謗基督時，便已經決定了自己的命運。當羅馬人威脅說要將他丟給野獸時，他回答道：「要求他們吧！對我們而言，要求由好變壞是不可能的；然而由惡變善，卻是值得讚美的。」[14]在他說著這些話的時候，勇氣與歡愉充滿了他的心房，而他的臉部則沐浴在慈悲之中。羅馬總督決定要把他活生生的燒死，因此將他像獻祭的公羊似的綁了起來。

在柴堆點燃之前，波利卡普仰望著天國，感謝上帝給予他這個機會，使他得以「在聖靈的純淨之中，身體和靈魂皆得以復活而致永生。」[15]然而，就在柴堆引燃之際，一陣風吹來，像牆一樣的圍繞在他身體四周，因此劊子手只好拔劍向他刺去。波利卡普生前總是希望能為基督的意志而死，總祈禱能在死亡之時，進入基督復活的生命之中，如今，他可謂得償宿願。基督徒的生命可以，事實上也必須成就為一種精神的殉難，這種殉難是透過基督徒們自願忍受痛苦，將自我中與基督不相類似的各個部分，都臣服在神之中而得到證明。

《新約聖經》看待死亡的態度中的最後一個觀點，雖然令人感到十分的難以理解，卻也使人感到相當的好奇，那就是它對世界末日，或謂之最後審判的看法。保羅曾經寫道：

> 我們都知道，我們現在這身體的軀殼，就好像是在地上搭的「帳棚」一樣，一旦地上的帳棚毀壞了，上帝就在天上為我們另外預備一座不是手工建造的永恆房屋。我們在這帳棚裏歎息，希望早日遷進天上的房屋，就好像更換衣服一樣。一旦穿上新衣之後，

> 就不會是未有形體的靈，好像赤裸的一樣。我們在這地上的帳棚裏，雖然覺得擔子難當而歎息，仍不願意脫去這個軀殼，只是盼望能穿上那個永存的新身體，讓那永遠的生命，吞掉這必死的身體。這是上帝給我們的安排，祂又賜聖靈給我們作這事的保證。⑯

靈魂在死亡的時候變得赤裸裸的，一直要到再次加入它超越形式、或謂之復甦的軀體之後才得以免除，而這種情況，則只有在「人子有大能力、大榮耀、駕雲降臨」（〈馬可福音〉第十三章二六節）時才會發生。

據此，保羅更進一步在〈帖撒羅尼迦前書〉(1 Thessalonians)這一章宣稱，當基督在榮耀之中（在上帝的號角聲中）回來時，首先，死者將會復活；然後，「我們這些到時仍然存活的人，才跟他們一起被提昇到雲端，在空中與主相遇」（〈帖撒羅尼迦前書一〉第四章十七節）。保羅告誡我們：所謂的那時，就在「眨眼之間」。

> 當最後的號角吹響的時候，死人就要復活而成為不朽壞的，我們也要有所改變，朽壞的身體都要變成不朽壞的，而必然死亡的，也要變成永恆不滅的。這必朽壞的將變成

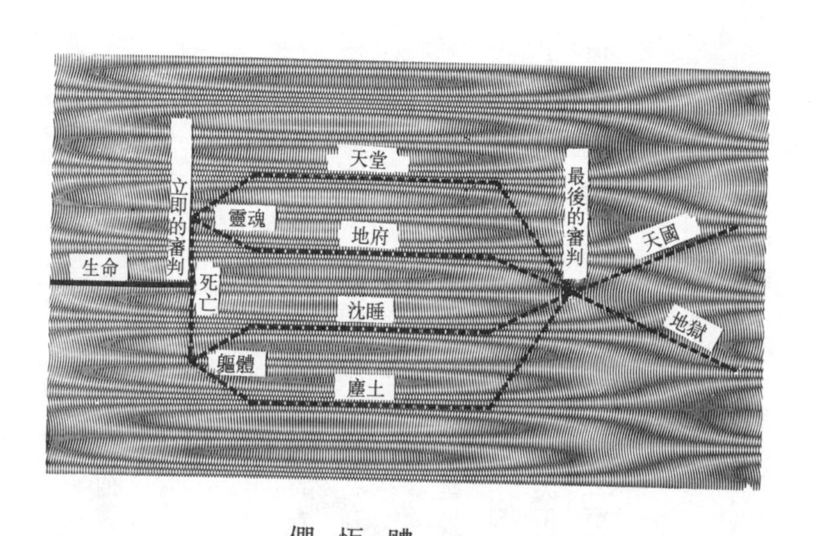

不朽壞的，這必死的將變成永恆不滅的；那時經上所記：「死亡終被勝利吞滅」的話就應驗了。「死亡啊！你得勝的權勢在那裏？死亡啊！你的毒針又在那裏？」死亡的毒針就是罪，罪是藉著律法彰顯它的權勢。⑰

當人子坐在榮耀的王位，面對每一個再次結合肉體的靈魂之時，有一些靈魂將會被遣送走，去接受永恆的懲罰。而得到永生的嘉許的，則是那些以服侍他們的鄰人來服侍耶穌的：

因為我餓了，你們給我吃；渴了，你們給我喝；無家可歸，你們接待我，讓我有棲身之所；我衣不蔽體，你們給我衣服；我病了，你們看顧我；我在監裏，你們來探我。⑱

《啟示錄》（The Book of Revelation，《新約聖經》中的最後一個部分）所呈現給我們的絕不是圖像，而是插入作者自己所處歷史當中有關永生的描寫。我們可以這麼說，在約翰的天啟(John's Apocalypse)之中，永恆與時間兩者乃互為因果的。〈啟示錄〉這一部分，是以約翰看見一位穿著長袍、白髮、有著火焰般眼神，像似「人子」的形象做為開端的。約翰記載著：我一見著他時，便仆倒在他跟前，但他用右手按著我說：

> 沒有什麼好懼怕的，我是首先的，我是末後的，又是那永活者。我曾死過，但已經復活，而且要活到永遠。我執掌著開放死亡和陰間的鑰匙。[19]

在撒旦(Satan)和他的軍隊被天火毀滅之後，約翰擬想「一個新的天地」，它將降臨新的耶路撒冷，「就如新婦盛裝等候著她的丈夫一般美麗」。

> 我又看見一個新天地。因為先前的天地已經消逝了，海洋也不再存在了。我又看見聖城新耶路撒冷，由上帝那裏從天而降，就如新婦妝飾整齊，等候著新郎，我聽見從寶座中傳來的洪亮聲音說：「看啊！上帝在人間設立住所，要長久與人同住；他們要做

> 祂的子民，祂要做他們的上帝，與他們同在，上帝要擦乾他們的眼淚，城中不再有死亡，也不再有悲哀、哭號。因為以前的世界都過去了。」[20]

聖城被描寫成一個猶如水晶般透明的寶石，有十二個門，黃金舖成的街道，同時，城中沒有廟宇。基督說：「那些洗淨自己衣服的有福了！可得通往生命樹那裏的權柄，也能從門進城。」（《啟示錄》第二二章十三至十四節）

在《聖經》中有關聖徒行蹟的部分裏，充斥著對於靈魂進入天國的描寫，在那兒，靈魂與一群天國的居民們在一起，而且不論其各人經驗為何，皆能體會到與基督面對面的感受。使徒安得烈（St. Andrew，第九世紀）曾為文表示，當他倒臥在君士坦丁堡(Constantinople)的街上，幾乎要凍斃了的時候，曾經有過一段奇特的遭遇。當時他感到身體裏暖烘烘的，並且被接引到了天堂。他描寫著：

> 之後，一種恐懼的感受襲向我，我似乎是站在穹蒼的峰頂……看哪！一隻光輝燦爛的手撥開了簾幕，像預言家以撒(Isaiah)一樣，我看到了主，祂坐在至高無上的寶座上，寶座頂端則站著六翼天使。主穿著紫色的袍子；面容光彩奪目，以充滿了慈愛的眼光

凝視著我。看到了這番景象，我即刻俯伏在祂面前，臣服於祂榮耀、懾人的寶座之前。得見祂的面容的喜悅征服了我，那是筆墨所難以形容的。[21]

死亡的儀式

在基督教的各個教派之間，有著各式各樣不同的喪葬儀式，其中多少有些精心之作。現在稱為之「復活彌撒」(Mass of the Recurretion)的天主教的死亡彌撒，是獲得較高發展的形式之一，彌撒中包括了聖餐、《玫瑰經》、祈禱文、音樂、鮮花，以及送葬的行列。《玫瑰經》和祈禱文，是為了幫助靈魂在前往朝聖的路途上，得以順利的通過煉獄。在此，我並不想討論有關彌撒的問題，我只想藉著敘述兩種可能達到死亡過程的練習，做為本章的結尾。這兩種練習就是：領取聖餐的死亡過程，以及禱告的死亡過程。

早期教會理解到，一個人死亡之前的行為與當時所處的情況，都具有特殊的意義。因此在早期歷史當中，教會發展出了所謂的「最後儀式」，或稱之「傅油式」(extreme unction)，在今天，這種儀式稱為「為病人抹油」。「抹油式」通常還伴隨了其他的聖禮、告解（現稱為「修交的儀式」）與聖餐。每一項聖禮的中心活動，都環繞著信徒們對基督真實存在的回憶、以及參與。

基督教聖禮（由內在精神上的慈悲，展現出來的外在符號與象徵）中的每一項儀式，都對基督的死亡與復活，提供了一種精神化的參與。透過聖禮的形式來看待死亡，使得基督徒有勇氣躍入死亡的未知領域，並堅信生命能得基督的支持而獲得轉化。

在為「病人抹油」的聖禮當中（參照〈雅各書〉第五章十四至十六節）牧師至始至終的為病人祈禱，並以為了此一目的，而由主教施福過的聖油，塗遍病人身體的六個部位（眼睛、耳朵、鼻孔、嘴唇以及雙腳）。牧師在為病人抹油之時會說：「願主自罪惡中拯救你，並將你扶起。」在聽了這名垂死之人的告解之後，作為教會代表的牧師，便會赦免此人所有的罪，然後給予聖餐，這代表著令基督進入這名臨終之人的經驗的中心。整個儀式在一陣祈禱之後結束，而死者則會因為耶穌身體與血液的呈現而復原，並且被引領進入上帝的國度。聖禮最主要的目的，乃是要使靈魂能更加的堅強，不但提供它精神的協助，給與它安慰，同時也使人能平靜的面對、甚至於戰勝死亡。

最後，從基督教的觀點來看，病人將獨自，並且十分虔誠的踏上了死亡之路。基督為了排除人類對死亡的恐懼，自己接受了痛苦以及死亡，因此基督教在面對死亡的態度之中，便包括了預期和上帝相遇這個觀點。同時，因為耶穌曾在客西馬尼（Gethsemane，耶穌被猶大出賣、被捕之地——譯者按），以及死亡前的十字架祈禱過，因此，基督徒們也當為他們自己的死亡而祈禱。為了在整個死亡的過程當中，能使基督活生生的出現，信徒們於是培養出一種心靈祈禱的態度。

當死亡的腳步迫近之時，所有個人關心的事物、今世的願望，以及任何未完成的志業等，都將被擺在一旁，反之，那種能使個人再次恢復信心的反覆祈禱，卻成了最重要的一件事。如同印度教徒在死之時要冥想著黑天神、佛教徒要唸誦「揭諦、揭諦、波羅揭諦、波羅僧揭諦！菩提薩婆訶！」以及猶太教徒要祈禱「舍瑪」(Shema)一樣，天主教徒或正統基督教徒在死亡前的最後祈禱也許是：「主耶穌基督呀！請憐憫我們這些罪人。」或「聖母瑪麗亞，上帝之母，現在為我們這些罪人而祈禱，並在我們死亡之時祈禱！」

注釋

❶〈約翰福音〉第十一章二五至二六節。所有的經文都選自《耶路撒冷聖經》(*Jerusalem Bible*)，更具體一點說，在對觀福音書（〈馬太〉、〈馬可、路加〉）中，就在彼得告解耶穌乃是基督之後，他最親近的門徒們便看到了耶穌，他變得莊嚴而神聖，兩旁立著摩西（律法）與以利亞（預言家）。至少，他的三位門徒——彼得、雅各與約翰——曾經歷到耶穌變身復活的預示。他們見到耶穌身著白色亮

麗的服飾，他的容貌改變了，身體則耀眼如光。

❷〈約翰福音〉第十一章四三至四四節。

❸約翰・厄普岱克(John Updike)在《七〇首詩》(*Seventy Poems*)這本書中所做的「復活節七節詩」(Seven Stanzas at Easter)，頁八。

❹〈哥林多前書〉第十五章四二至四四節。

❺曾存放在義大利杜林(Turin)好幾個世紀，現屬於梵帝岡財產的杜林屍衣上面所顯示的男人形象，近來已引起學術界的注意。杜林屍衣乃保存於杜林市的聖喬萬尼(Durmo San Giovanni)的巴蒂斯塔大教堂(Capella della Santa Sindone)內，主要祭壇上頭的一個銀篋子內。自從一八九八年第一張顯示了一個男子臉部正反兩面痕跡的照片出現之後，神學家與科學家們，便對此影像展開了研究。一項法院的鑑定報告指出，照片上顯示出一位身長五呎十吋，重一七五磅的男性，年齡約在三十至三十五歲之間，背部、頭骨、雙腕及雙腳有受鞭笞及十字架刑罰的受傷痕跡。採自屍布的花粉樣本顯示出，它的纖維乃屬於巴勒斯坦區的植物。美國空軍軍官學校的科學家約翰・傑克森博士(Dr. John Jackson)與艾瑞克・強普博士(Dr. Eric Jamper)，曾利用一種通常用來加強有關行星照片的儀器UP-8影像分解器來加以研究，他們將屍布放置在儀器上，很審慎的提出了下面的論點：屍布的影像，是輻射能在千分之一秒的時間內，強烈爆破所形成的，這樣強烈的爆破能量，足以在布上印刻下痕跡，卻不至於將布給毀了。

❻ 卡爾・拉納(Karl Rahner)所著之《神學的研究》(*Theological Investigations*)第十七章頁二一二。

❼ 〈路加福音〉第十六章二三至二六節。亞伯拉罕的胸膛亦即在別處所謂的大堂（〈路加福音〉二三章四三節，與〈啟示錄〉第二章七節），在波斯文中的意思是快樂的花園，它和陰間或冥府乃是並存的。是描寫個人靈魂在肉體死亡之後，一種立即而且中介的存在狀態。至於天國與地獄，則成了最後審判的完成。

❽ 〈路加福音〉第十六章二七至三一節。

❾ 根據天主教神學家所言，瑪麗亞・約瑟夫、天使以及使徒們，都已經在天國了。藉著隆重的宣言，教會正式宣布：「純潔的上帝之母，聖母瑪麗亞，在結束塵世的生命之後，我們假定，她的身體和靈魂已歸向榮耀的天國。」（教皇庇護十二世於一九五〇年十一月一日所作之Munificentissimus Deus）傳統上，比較輕微的罪被定義為，罪足以損害健康，但尚不至於毀滅靈魂所屬的超自然生命。這毋寧說它是一種靈魂上的傷害而已，而不是如同犯了足以使靈魂死亡的大罪一般，會招致靈魂的死亡。至於足以使靈魂死亡的大罪則被定義為，靈魂喪失了聖潔的慈悲，因而嚴重的背離上帝。它必須在具備三個條件之下，罪名才足以確立，那就是它必須：在道德上犯了重大的錯誤；對於行動的罪大惡極具有完整的認知；是在深思熟慮之下才做的。

❿ 在這兩個審判當中，教會已經前後一致的宣告了它的信念。

⓫ 〈約翰福音〉第十二章二四至二五節。

⓬ 為有助於這種神秘的死亡——亦即死亡前的死亡——所達成的自我更新，早期的基督教僧侶尋求將死亡帶入日常生活之中。聖・本尼狄克(St. Benedict)曾建議他的僧侶們，在死亡之前，要養成每日思索死亡的習慣。如果可能的話，那麼他們的蒙主寵召，即是死於上帝之中，並在上帝的國度得到永生。一位早期的埃及僧侶，在回答有關永恆救贖的問題時曾記載著：變成死人，並不考慮俗世的稱頌。因此，在僧侶們的祈禱之中，凡祈禱者，將成為利己主義階級的人，並且變成完全只是在祈禱罷了。事實上，祈禱的對象，不是那個正在祈禱著的我，而是那個透過我來祈禱的精神。因此我們理解到，他們是以這種方式來施行死亡的宗教藝術，使得死亡成為達到超越的門徑。

⓭ 傑克・史巴克斯(Jack Sparks)所編《使徒時代的基督教教父》(*The Apostolic Fathers*)，頁一四三。同書，頁一四六。在我們這個時代，有許多故事可以表彰這種信念，如波蘭教士馬克西連・科爾比神父(Father Maximilian Kolbe)，即曾在第二次大戰時期的奧希維茲(Auschwitz)集中營有過傑出的表現。在他被囚禁於奧希維茲時，有一次，德國指揮官隨便選了其中十個人，並且對他們處以絕食之刑（一種緩慢而痛苦的死亡方式）。這時，其中的一個人哭喊道他不想死，因為他的太太已經懷孕了。於是，科爾比便自告奮勇代替他死。他以不斷的祈禱，唱讚美詩來讚頌上帝，推崇聖母瑪麗亞，並鼓舞其他的九個人。一九四一年八月十四日，因為希特勒的秘密警察衛隊(SS troups)要將房子騰出來給其他的受難者使用，因此科爾比便被注射石碳酸而死，他的遺體在八月十五日聖母昇元節時火化。四十一年之後，他被追封為聖人。誠然，他只是眾多為教會而殉難的人之一，然而他們的血成

⓮

了「教會的種子」，而他們的生命與死亡，則證明了他們是一種復活的心態來看待死亡。

⑮〈哥林多後書〉第五章一至五節。

⑯〈哥林多前書〉，第十五章五二至五六節。

⑰〈馬太福音〉第二五章三五節。

⑱〈啟示錄〉第一章十七至十九節。

⑲〈啟示錄〉第二一章一至四節。

⑳在羅絲(Hieromonk Seraphim Rose)所著的《來世的靈魂》(*The Soul After Death*)這本書頁一四五至一四六，特別是第十章中，對這類經驗有著廣泛的論述。在希臘與蘇俄正統基督教信仰的歷史當中，對於天國與死後生命的高度觀想，已經有了長足的發展。正教的神學家們透過《聖經》中對於教會修士，以及聖徒生命的記載，首度談論到天使的問題，所謂的天使，不但具有發光的形體，同時會在人類死亡之後出現，引領著靈魂進入來生。這些天使是不受時空所限的精神體，或是騰雲駕霧的實體，他們護衛著靈魂，與保羅所謂的「天空下的惡靈」(〈以弗所書〉第六章十二節）進行決戰。除了天使之外，正教的神學家們還談論到所謂「凌空的通行關卡」(aerial toll houses)，只要能通過此一關卡，朝聖的靈魂便能到處漫遊了。每一個通行關卡，都負責檢測一項特別的罪（例如說謊、驕傲與謀殺），從幼年一直到生命結束的那一刻，都是它所檢測的範圍，而朝聖旅程的長短，則自然是決定於有多少殘餘的罪有待被淨化。

㉑〈路加福音〉第二三章四三節。

日誌測驗

一、想像一下，你可以和歷史上的耶穌對話一番，問他有關死亡的問題，他會怎麼說？然後，想像一下和復活後的耶穌對談，他又會說些什麼？

二、耶蘇在十字架上的最後談話，對你而言，那一部分具有特別的意義？另外對於死亡的過程，那一部分揭露了最深刻的洞見？

三、在保羅的回顧之中，復活的耶穌是以什麼方法，去解救那些相信他已從死亡中復活的人？對於保羅所說的，你有什麼樣的觀點？

四、何謂神祕的死亡？關於這一點，耶穌是怎麼說的？保羅又是如何談論的？它有可能發生嗎？舉例而言……。

五、以聖禮的形式死亡，具有什麼樣的意義？它和其他宗教傳統上的死亡儀式，完全相同或有所不同？試將西藏所施行的儀式，和「抹油式」加以比較。

六、一位聰明、虔誠的基督徒，將如何回答下列的問題：關於如何技巧的死亡，你的傳統給予你什麼樣的指導？也就是說，最具宗教性的死亡方式為何？

第十一章　伊斯蘭教面對死亡的態度

珠露的幸福
在於能融入河水。

迦利布的抒情詩(Ghazal of Ghalib)

「萬物非主，唯有真主阿拉(Alah)，穆罕默德(Muchammad)乃主欽使。」這是每一位穆士林（Muslim，意為順從者、服從者，專指順從真主阿拉旨意，信仰伊斯蘭教的人——譯者按）為表明其信念(Iman)所做的第一項聲明：也就是完全臣服（Islam，伊斯蘭教一詞的阿拉伯文含義，即是歸順與服從——譯者按）於唯一的真主阿拉，敬重並奉行先知穆罕默德（西元五七〇～六三二年）的教誨。身為虔誠伊斯蘭教團體(Ummah)的一員，必須承認並尊崇阿拉乃萬物的創造主，以及最後的仲裁者；尊敬但不能崇拜先知穆罕默德，因為《可蘭經》(Holy

Quran)中神的話語，乃是阿拉透過穆罕默德而透露出來的。

為了要明瞭伊斯蘭教在面對死亡時所採取的態度，由《可蘭經》中所描述的創造著手，並且比較它和猶太基督徒的創生故事間對應的關係，乃是一項必要的工作。在《可蘭經》數種譯文當中，其中有段譯文是這麼開始的：

我使精液
變成凝結的血塊；
然後使那血塊
變成一團肉；
然後再由這團肉造出骨骼，
包裹上肌肉，
然後我把它造就成另一個生物。
所以讚美阿拉，最好的創造者！
然後，你們必會死亡。

阿拉伯文（阿拉）

阿拉伯文（穆罕默德）

在復活日，你們又將復活。❶

在回顧《聖經・創世記》中的創造故事時，我們注意到它與《可蘭經》之間有著顯著的不同點。從《聖經》的創造故事角度來看，《可蘭經》中不但加入了死亡乃不可避免的這項宣告，同時也增加了復活日的看法。因此，創造、死亡與復活三者，每一項都是神聖的，並從大初開始就緊密的環環相扣在一起。

另一個創生故事的譯本，則對創生的過程有著詳盡的描述：

眾人啊！如果你們
對復活有所懷疑，
（當考慮）我以泥土為質
令之化為精液、形成
緊緊附著的血塊，然後變成
成形或不成形的肉，
這是為了證明

我對你們有權柄；
　我把我所意欲創造者
　停放在子宮之內，
成為一項約定，
使你們得以
嬰兒姿容出現，並（養育）你，
你們將盡力達至天年，
其中有些將會死亡，
有些則返回到
虛弱的耄年。
因此他們在知道（許多事之後），
又將成為一無所知。❷

對那些對於復活感到有所懷疑的人而言，這是一篇為他們而做的演講，文中指出，阿拉真主的創造太美妙了，以至於不容許以死亡來做為結束。進一步來說，除非一個人能夠完成整個循環的過程——也就是通過這些過程之後，靈魂便能獲得自我成長，否則以上這些階段，都不具備任何的意義。因此，生命只是為靈魂通過死亡階段，並於來生獲得成長所做的預先準備。

在《可蘭經》的創生故事當中，關於亞當接受誘惑以及墮落部分的描寫，十分類似於它的《聖經》版本，對於死亡的根源都具有解釋的作用。故事是由真主對天使們說明有關人類的創造中展開。莊嚴又純潔的天使們問真主一個有關凡間的問題：「當我們在讚頌你時，人類在製造危害及作惡流血嗎？」而真主則回答說：「我知道你們所未知的。」（經文第二章第三〇節）

真主在創造出亞當之後，曾教導他事物的性質、或其內在的特質。在以阿拉伯文寫的經文當中，一句句的記載著：「真主教導亞當各物的名稱。」它提供了另一種有別於〈創世記〉中所記載的，上帝賦予亞當命名其所創生萬物的權柄的說法。在《可蘭經》的記載當中，真主曾要求天使們要向亞當，這位「告訴他們其自性（名）」的人鞠躬。並且對亞當及夏娃說，除了那棵會造成傷害與犯下罪行的樹之外，他們可以吃園中的任何東西❸。然而如同〈創世記〉中所記載的，《可蘭經》中也敘述了亞當和夏娃受到撒旦(Satan)的誘惑，因此「溜出花園」，並「脫離了幸福的狀態」。❹

《可蘭經》中記載著，亞當和夏娃是同時吃下禁果，並且因此被逐出了花園，拘禁於地上，過著難免一死的生活。然而很幸運的，真主將屬於精神的知識灌輸給亞當，並且告訴他：

> 我說：「你們一同從這裏下去吧；
> 我的指示將達到你們那，
> 凡接受我的指導者，
> 將免除恐懼與悲傷。
> 但凡捨棄信仰
> 辜負神蹟的人，
> 火獄將永遠都伴隨著他們，
> 令其羈留於其中。」❺

一個人的靈魂若不能往接近真主的慈悲方面發展，便是滯留於精神的火獄之中。這項選擇，可以說是介於遵循阿拉的意旨而獲得再生或「新生」，與堅持不信仰真主，而招致再次死亡、或永遠死亡二者之間。第一次的肉體死亡是不論信仰阿拉與否，都同樣必須遭受的痛苦，然而除此之外，信仰阿拉的人，將不再嚐受到死亡的滋味。

因此，真主在創造人類的時候，並沒有夾帶著死亡，相反的，祂是要使人類能從罪惡的錯誤當中獲得解脫：

> 那給你們生命的真主，
> 將令你們死亡，
> 然後再次賦予你們以
> 生命：人類實在是
> 最忘恩負義的動物！❻

審判日

從穆士林的立場來看，死亡乃是指由這一世轉換到永恆。如同《可蘭經》中所宣稱的，生命的目的，乃是在為永生預做準備。因為「每一個靈魂都將嚐受到死亡的滋味」（經文第二一章第三四節），而也唯有在生命的試鍊之後：「讚頌那創造了生命與死亡的真主，祂將測試你的行為是否為善行。」（經文第六七章第二節）這項《可蘭經》所關切的關於死亡的測驗，就是所謂的審判日，現在，我們得將注意的焦點轉到這一方面來。

然而首先，我們可以這麼問：在肉體死亡與復活的過程之間，死者到底經歷了些什麼事？《可蘭經》告訴我們，在活人與死人之間，有一道無形的關卡(barzakh)將他們分隔開來（經文第二三章第一〇〇節）。因此，逝去的人將無法返回陽世，亦無從投胎。此時，靈魂仍處於等待的階段，等待復活與審判日的到來。根據傳統的說法，靈魂一旦脫離了肉體，便將展開其天國之旅。它同時還取材先知穆罕默德由麥加(Mecca)到耶路撒冷，再到天國的這段神秘旅程，認為此時靈魂將由加百列(Cabriel)天使護送而通過七重天。

在穆罕默德的生命史上，有一段最受人們稱頌的插曲是：一天晚上，有人將先知帶往聖城耶路撒冷，在那兒，他見著了阿拉真主。就像亞伯拉罕與摩西能直接和上帝交談，而耶穌和上帝有父與子的關係一樣，穆罕默德和他的真主之間，也有著十分親密的關係。曾經有一次，所有的先知都聚集在天堂和穆罕默德會面，並且一起齊聲讚頌真主。阿拉真主指導祂的先知創立了禮功（Salat，指一天祈禱五次），以之為臣服於創造主的一種方式。

至於這趟天國之旅的目的，則可以說是要讓每一個人都能得知上帝的形象。中世紀的神秘學家迦札利(Al-Ghazali)即曾以生動而富於想像的形式，將這幅景象付諸於文字：有八萬個月亮照耀著真主，有八萬名信徒頌揚著真主。然後，靈魂便回到墓穴之中，等待審判日的到來。

根據伊斯蘭教義以及信仰，在審判日當天，死人們將在一場破壞了大自然運作秩序的巨大變動之中，由他們的墓穴之中復起。他們將根據天國當中司職記錄人類言行的天使之紀錄，各自依其善惡行為的多寡而接受審判。至於審判日的結局為何，《可蘭經》描繪出不信仰真主的人，將會遭受悲慘的命運，不但枷鎖纏身的綁縛在一起，同時還要被丟入熊熊烈焰之中：

你難道沒有看到那些人，
他們摒棄了真主的恩惠，
而代之以褻瀆，此舉
令其子民屈身於
沒亡之家？——
地獄之中？他們將遭火舌纏身
棲身於此——一個罪惡的地方！
他們崇尚（偶像）

如同崇拜真主，
（將人類）由正道導入邪行！我告訴你們：
「享受（你短暫的能力）吧！
但你們實際上是朝向地獄的方向呀！」❼

另一方面，那些行善的人則將接受前往天堂(Aljanat)的獎勵，並得以永遠居住於其中。《可蘭經》允諾信徒們，在死亡的時候：

他們將進入……
永恆的花園，在他們之下
活動著（令人愉快）的河流：他們
將在此擁有所有的
願望：真主即是這樣
賞賜信道行善的人。❽

穆罕默德在《可蘭經》中有兩段文字，特別談到了審判日。在第一段文字當中他說，當無法避免的災難來臨時，當大地震動、山岳撼裂而碎成微粒時，復起者將分為三個等級：

那麼（將有）
右手邊的一員——
有什麼會成為
右手邊的一員？
以及左手邊的一員——
有什麼會成為
左手邊的一員？
而那些（在信仰上）
最忠誠的，（在末世）
亦將領先眾人。[9]

右手邊的成員所指的，是屬於正義的人們，而左手邊的成員所指的，則是那些因為一己的罪行，而承受著痛苦折磨的人。至於在信仰上最忠誠的人，則是指那些「最靠近真主」、在精神上最有長進的人。在審判日當天，自古以來的先知和導師們，都將斜倚在古色古香的金色寶座之上。在這裏聽不到輕浮的聲音，只能聽到「安靜！安靜！」的聲音。那些在右手邊的成員們，將會居住在依傍潺潺流水之旁的花叢與樹蔭之間，並且都處於純潔無瑕的年齡。至於那些屬於左手邊的成員們，則將處於火星迸射的烈焰，與沸騰的滾水之中，在那兒，沒有任何東西可以提振這些人的精神。真主命令說：若有人問起有關肉體復活的問題，告訴他們：

他們習慣說，
「什麼！當我們死去
化為塵土與枯骨之時，
當真還能
再度復活嗎？——
（我們）及歷史的祖先們也是這樣？」
我說：「是啊！歷代祖先，

以及後世子孫，
是皆必然
集結在一起，為那早已指定
人盡皆知的日子。」[10]

第二段敘述同樣描寫了最後的審判，但是卻更為生動而富有詩意般的想像。在一陣天搖地動之後，大地山川都化為粉韮。那時，記錄了人類言行的案卷將會公諸於世：

那天，汝等將被帶去審判，
而所欲隱藏的在世行為，
亦將無法隱瞞。[11]

因此，個人基於各自在塵世的行為，將被分配過喜樂的生活，或分配處於烈焰之中。這項訊息，已經由真主透過先知穆罕默德之口而傳達下來。

死亡的預備

那麼，穆士林是如何為那已經確定的最後審判，預做準備的呢？又是如何為死亡過程自身預做準備呢？

在伊斯蘭教當中，為死亡預做準備在精神上是必要的，至少在其中的蘇非教派(Sufism)裏是如此。蘇非教派的信徒們（Sufis，這個字乃取自Suf，意為一種白色的羊毛外衣）乃是禁慾者以及神秘主義者，因此當他們為阿拉的愛而奉獻犧牲時，往往產生與阿拉融為一體，並且消解於阿拉之中的經驗。蘇非派詩人杜南(Dhūl-Nun)曾經寫道：

> 我死而未亡
> 將滿腔熱情摯愛奉獻予你
> 我唯一的目的，並非是要擁有你的愛
> 而是要緩和我靈魂的熱情。[12]

在奉獻的熱情之中，蘇非信徒發展出所謂的歸真（fana，意指滅絕、消滅），意指同時包括了與真主同在，與自我的消滅兩者。這兩項要件，在下面這段由阿布・耶齊德(Abu Yazid)所敘述的文字當中清楚的呈現出來：

> 祂曾將我扶起，安置在祂的前面，並對我說：「噢！阿布・耶齊德！我所創造的萬物真切的渴望見你。」我說：「將我裝飾於祢的宇宙，為我穿上祢自己的斗篷，將我舉至與祢同在，那麼當祢所創造的萬物看見我時，他們將會說，我們已見著祢：他們見的將是祢，而我則完全消失而不存在。」⑬

從蘇非教派的立場來看，要真正與阿拉有親密的接觸，首先就必須要將自我消滅，因為致令人類消滅自我，並與真主同在的，就是真主自己。於是，阿拉成為愛人、被愛的，並且是自愛的行為。

為死亡預做準備的最好方式，便是在活著時候修習死亡的宗教性藝術。對每個人而言，修行歸真乃是要意志集中在愛真主上，不論他是身在任何地方，都要能時時刻刻憶及真主的實在性。人類的靈魂不論是在吃、喝、工作或睡覺，凡在任何動作之下，都與真主展開親密的交談。當真主親密的佔有一個人的心靈時，「無論是在內在目的的滲透上，或是在外在成員們的行動上，它都凌駕一切之上。」[14]

就蘇非教派的某些形式而言，歸真發展成為一項紀律，信徒們在修習之時必須要通過三個階段。在第一個階段之中，信徒們要向真主要求寬恕，並尋求淨化身心。在第二個階段之中，信徒們要讚頌先知穆罕默德，並融合於穆罕默德對阿拉的觀想之中。最後，無論是信徒本人或先知都不再存在了。萬事萬物，包括信徒們的自我認同在內，都在阿拉之中消解了。迦札利寫道：「當禮拜者不再想到禮拜的行為或其自身，而是全神貫注的融入他所膜拜的對象中時，這種狀態便稱為歸真。」[15]這就好像禪宗一樣，在死亡前修習自我滅絕過程的人，將永遠不再死亡。

死亡的儀式

雖然一般伊斯蘭教習俗之間，彼此仍有許多相異之處，但穆士林的傳統通常都這麼認為：當一個人有了死亡的跡象時(muhtader)，不論男女皆須平躺著，頭部朝向麥加。房間內將會薰香，不潔淨的或是適逢生理期的人，都得離開房間。有一些伊斯蘭教傳統則描繪出惡魔易卜劣斯(Iblis)的造訪，他企圖誘惑死者背離真主，這時，臨終者便會唸誦選自《可蘭經》的適當經文，如果無法自行唸誦的話，則由一位親人來代替他唸誦。接著，便唱誦伊斯蘭教的基本信條：「萬物非主，唯有真主阿拉，穆罕默德乃主欽使。」此時，臨終之人還要懺悔他在塵世的所有罪行。心中懷著阿拉神聖的名，穆士林已準備好進入另一個世界。

人一旦死了之後，就必須將他的嘴巴和眼睛闔攏起來。雙腳綁在一塊，而身體則用被單包縛了起來。由於靠近逝者唸誦《可蘭經》文是不被允許的，因此人們便會唸誦類似下面這一段文字的祈禱文：

> 哦，阿拉！減輕他的問題，無論爾後面臨什麼樣的際遇，啟發他，在與你會面的時候光耀他，並給他一個較來處更好的環境。
>
> 哦，阿拉！寬恕我和他，允諾我在他之後也能得到好的報償。而那些因為此次喪亡而感到悲傷的人將會讀到：
>
> 我等屬於阿拉，亦將回歸於祂。
>
> 哦，阿拉！在我苦難時酬庸我，回報我以比這更好的事物。[16]

接著，死者的屍體便會由家人們小心的清理、薰香，並用白色的棉布包裹起來。像猶太教一樣，他們並不會為屍體塗上香料以防腐。至於為死者所做的祈禱，則是由在場的一群人，通常是由伊瑪目（Iman，意為師表，是伊斯蘭教社會的首腦）與他的門徒們，井然有序的進行著，他們為逝者唸誦著慣用的祈禱文，有些人沈默，有些則聲調高亢。而在為死者唸誦祈禱文時，只能以站立的姿態唱誦，因為在伊斯蘭教中，除非是在阿拉的面前，否則禁止鞠躬或跪倒伏地。

接下來，死者將被安置在一個樸實無華的木棺之中，然後抬到埋葬的地點。抬棺者一路不斷重複「真主是偉大的，真主是神奇的」祈禱文。到了墓地之後，遺體將從棺木中移出來，然後下葬到六英呎深的墓穴之中。在場所有的人要以鮮花及泥土覆蓋在屍體身上，並澆上祈福過的玫瑰香水。祈禱文提醒這些哀悼的人，逝者乃自塵土中來，又回歸於塵土，而通過死亡，我們回復到等待我們的命運的狀態，並在最後的審判來臨時復起。

我們曾經描寫過偉大的導師們是如何死亡的（例如佛陀、蘇格拉底以及耶穌），他們都是視死如生的，這是因為他們能在生活中實踐各自的死亡方式。而穆罕默德呢？他是怎麼死的？在此，我們必須記住一點，那就是和耶穌與佛陀不同的是，穆罕默德並非是化身的，或是已經覺悟的大師；同時，和蘇格拉底也不同的是，他所傳授的東西並非是來自本身的智慧。因此，穆罕默德一生的故事，只是服從阿拉的意志。

在將伊斯蘭教建立完成，成為阿拉伯世界的信仰後第二年，在向麥加朝聖的旅途上，這位先知在怒放的鮮花叢中宣讀了自己的告別談話。他告訴群聚在一起的虔誠信徒們，他所肩負的就是對阿拉的見證，阿拉希望所有非伊斯蘭教的風俗，以及所有的血海深仇，都能徹底的消失；希望阿拉伯與非阿拉伯世界之間、白種人與黑種人之間，都能一律平等；他還希望在阿拉的書《可蘭經》中所陳述的儀式，都能確實的被遵守。穆罕默德繼續說道，如果你能遵守阿拉的權威，那麼就會得到允諾而進入天堂。

就在這時，有個令人十分震驚的聲音回答說：「你已經完成身為一位先知與使徒的義務了。」在場的人們都承認聽到了這個聲音。就在穆罕默德要結束談話之時，一項天啟為他而呈現了出來：「今天我（阿拉）將為你完成你的宗教信仰，我已為你祈福，並保證伊斯蘭教將是你們的宗教。」（經文第五章第五節）。

穆罕默德在由告別朝聖之旅回來之後，突然感到頭部劇烈的疼痛，並且還發著高燒，然而這一陣頭疼與高燒來得快，去得也快。那時，他接受到如下的天啟：

> 現在，阿拉的援助已經成為證明，勝利亦已達成，你已看見眾多的人們加入阿拉的宗教，以對祂的讚頌來光耀你的真主，並為其薄弱的意志力，尋求著真主的寬恕。當然，祂會帶著慈悲一再的回來的。[17]

真主這一段說明的意義，在於指出穆罕默德的任務已經完成了，而他在塵世的時光亦已接近尾聲。雖然病情每況愈下，愈來愈嚴重，穆罕默德依然繼續主持了一、兩天的祈禱會。兩個禮拜之後，他的高燒再起。據說，他在極大的痛苦之中說：「遭受苦痛乃是對於罪的救贖，如果一個信徒所遭遇的只不過是被荊棘刮傷的痛苦，那麼真主將因此派遣他的軍隊來，並拭去他的罪。」⑱

最後，穆罕默德精疲力竭的倒在妻子寢室地上所鋪的草蓆上，她溫柔的將他的頭抱在胸前，聽到他喃喃的說著：「致天堂上神聖的友誼；致天堂上神聖的友誼……」⑲，然後便寂然無聲了。

注釋

❶ 經文第二三章十四至十六節。這一部分以及下面幾段，都選自阿布杜拉・尤施夫・阿里(Abdullah Yushf Ali)所翻譯的《神聖的可蘭經》(*The Holy Qurán*)。

❷ 經文第二二章五至八節。

❸ 經文第二章三四至三五節。

❹ 經文第二章三六節。

❺ 經文第二章三八至三九節。

❻ 經文第二二章六六節。

❼ 經文第十四章二八至三〇節。

❽ 經文第十六章三〇至三一節。阿拉曾在別處對善男信女們承諾「花園在河水流動之處」，而最為殊勝的地方則是「阿拉善的快樂」（經文第九章七二節）。

❾ 經文第五六章八至十節。

❿ 經文第五六章四七至五〇節。

⓫ 經文第六九章十八節，在經文七五章〈〈復活〉〉中，阿拉被描繪成在「日月同在」的「復活日」當天，將死人的骨頭集在一起，甚至完全令他們復活。

⓬ 引自阿爾巴瑞(A. J. Arberry)所著之《蘇非教徒》(*Sufism*)，頁五三。

⓭ 同前，頁五五。

⓮ 同前，頁五六。

⓯ 引自愛德華‧賴斯(Edward Rice)所著之《東方的定義》(*Eastern Definitions*)，頁一三五。

⓰ 一份傳統的祈禱文，無論是在數個世紀之久，以至於今日的穆士林墓中，我們都可以看到：「我們是屬於真主的，我們將回歸於祂。」的文字。

⓱ 經文第一一〇章二至四節。

⓲ 穆罕默德・札福拉，卡恩(Muhammad Zafrulla Kham)所著之《穆罕默德：先知的印記》(*Muhammad: Seal of the Prophets*)，頁二五五。

⓳ 同前，頁二五七。

日誌測驗

一、和猶太教與基督教所共有的創生觀比較起來，《可蘭經》中增加了那些觀點？伊斯蘭教對於死亡的看法，和(a)猶太人及(b)基督教之間，有任何的不同處嗎？

二、為什麼《可蘭經》要強調最後的審判日？它和埃及人的「稱量靈魂」相似嗎？

三、比較一下蘇非教派詩人杜南所寫的——「我死而未亡」和禪宗大師所呈現出來的，在活著的時候即已消滅了自我，兩者間的異同為何？一位信仰禪的佛教徒，將會怎麼樣來論述阿拉呢？

四、你是用什麼方式來理解歸真（消滅、滅絕）？一個人如何能一面與真主融合在一起，同時卻又消滅自我？

五、再閱讀一次對著死者屍體所舉行的最後的祈禱文，文中所提及的關於祈禱文本身與祈禱者之間的關聯為何？

六、一位有智慧、有修養的穆士林，將如何回答下列的問題：關於如何技巧的死亡，你的傳統給予你什麼樣的指導？也就是說，最具宗教性的死亡方式為何？

第十二章　美洲印第安人面對死亡的態度

荷喀嘿！
今天是赴死的吉日。

瘋馬酋長(Chief Crazy Horse)

在討論北美印第安原住民對於死亡的信仰時，和本書中研究的任何一項傳統都不同的是，我們必須切記，目前正在討論的部分，在文化表現上具有相當的多樣性，而在此我們所能做的，則僅僅是一些概括性的說明。由於北美印第安原住民種族上的多樣性〔例如在佛羅里達州有塞美奴族(Seminole)；在東南部有柴拉基族(Cherokee)與波瓦坦族(Powhatan)；在東北部有齊佩瓦族(Chippewa)、奧奈達族(Oneida)與摩霍克族(Mohawk)；橫越南部平原的則有拉科坦・蘇族(Lakota Sioux)、溫內巴戈族(Winnebago)、阿拉帕霍族(Arapaho)與肖肖尼族(Shoshoni)；

在西南部有阿帕契族(Apache)、霍丕族(Hopi)、納瓦霍族(Navajo)，以及西北部的斯夸密須族(Squamish)與斯波坎族(Spokane)〕，因此接下來的討論，我們將把大部分的焦點放在亞基族(Yaqui)與拉科坦・蘇族的傳統上。

在美洲地區，印第安文化至少已經存在了三萬年，而他們面對死亡的態度，也早已經在詩歌、故事以及儀文之中充分表現出來。甚至於和其他的傳統文化比較起來，印第安語言中還含有一種特別的、召喚的潛能。因為文字分享了它們所命名之物的力量，而被命名之物又是被實現的，因此舉例而言，當拉科坦人唸誦著創造的神話時，故事便會成為創造事件的再度制定過程。接下來的部分裏，我們將簡短的研究一下卡勒斯・凱斯坦尼塔(Carlos Castaneda)所敘述的，有關他從亞基族巫師唐・胡安(Don Juan)那兒所學到的東西。

死亡的概念

在舉世馳名的死亡歌曲當中，有一首是蘇族勇士瘋馬在進入戰鬥狀態前所唱的：

荷喀嘿！跟隨我，
今天是戰鬥的吉日，

今天是赴死的吉日。❶

每天早上，歐格拉拉蘇族(Oglala Sioux)的勇士們唱著荷喀嘿（今天是赴死的吉日），這是表示無論在任何時刻，他們都具有臣服於死亡的大無畏精神。亞基族的巫師唐・胡安・麥特斯，這位訓練有素的勇士，就曾實行這項有關於死亡的宗教藝術。他把死亡視為一位永恆的伴侶。在《唐・胡安的教義》(*The Teaching of Don Juan*)以及《分裂的實相》(*The Separate Reality*)這兩本書中，唐・胡安指導美國人類學學生卡勒斯・凱斯坦尼塔如何成為一位有見識的人、如何研究非凡的實相、如何聯繫同類的力量，以及如何體驗介於生死兩個世界中的那個縫隙。在《伊斯特蘭之旅》(*Journey to Ixtlan*)這第三本書中，他訓示卡勒斯說：死亡正等待著每一個人，因此人們沒有必要在那兒悔恨或焦慮，而是要將注意力放在生死間的環結上。唐・胡安說：「你我的死亡正等待在那兒，而我們目前正在上演的非常行動，則可能是彼此在這世上所打的最後一場戰役。我之所以稱之為戰役，是因為這是一場奮鬥，而大部分的人則是在缺乏奮鬥精神與想法的情況下，流轉於不同的行為之間。」如果一位獵人「對於自身的死亡具有詳細的認知，他便能依靠正確的判斷而行動，彷彿每一次的行獵，都是他最後一場戰役一般。」❷

西元一九六一年初，卡勒斯記載了他拜訪唐・胡安，詢問如何在儀式中使用摩根（peyote，一種含有麻醉劑成份的仙人掌屬植物——譯者按)的經過。卡勒斯回憶當時說：「他不可置信的望著我，彷彿我瘋了似的。然後我們一邊走著，他一邊還不斷的警告著我，說自視過高和個人的歷史都是無益的。」如同往常一樣，他的一番話引起卡勒斯內心的一陣騷動。並且令他心情十分低落而沮喪。就在這個關頭上，唐・胡安忽然要卡勒斯向左轉。而就在他照做之後，卻突然感受到一股明滅不定的影子。於是唐・胡安說：「死亡剛才給了你一個警告。要知道，死亡乃是我們永恆的伴侶。它總是在你左側一臂之遙的地方。」❸此外，唐・胡安還透露在美洲印第安原住民面對死亡的態度之中，有一項基本的要素，他說：

> 當你失去耐性之時，當務之急的一件事就是向左轉，向你自身的死亡要求一些建議。如果你的死亡向你比了一個姿勢，或使了一個眼神，或者你僅僅有一種你的伴侶正在那兒瞧著你的感覺，此時，一種無限謙卑的感覺便會油然而生。❹

大地之母

美洲印第安原住民過著一種十分類似中國人的生活方式，他們認為自然是神聖的，而生命則是過一種儀式的生活。大地之母被尊崇為一輛交通工具，偉大的靈力（Wakan tanka，美洲印第安許多民族認為，由自然物中的超自然來源所產生出的偉大靈力或靈力神，是頒賜靈力的永生超自然力——譯者按）就是由其中湧現出來的。把整個自然(例如，四隻腳的、樹木、昆蟲、有翅膀的生物、石頭等）都視為神聖的人們，在他們三十歲後期到四十歲初期這段時光，自己將變得十分的具精神性(Wakan)。每一天，蘇族的印第安原住民們都向偉大的靈力表達他們的感激之情，感謝祂允許人們行走於大地之上，以及大地所提供的豐富草木與獵物。

當然，以這樣的世界觀來看，歐洲人企圖要向印第安原住民買地這回事兒，對於印第安人而言，便誠然是一件十分愚蠢的行為。西元一八五五年，華盛頓州西雅圖市的瓦密施族(Duwamish Tribe)族長席歐斯(Sealth)，在寫給當時的總統富蘭克林・皮耶斯(Franklin Pierce)的一封信中，表達了如下的觀點：

> 你何以能買賣天空——那屬於大地的溫暖？這樣的想法對我們而言，是十分陌生的。既然清新的空氣或波光瀲灩的水澤，都非我們所能擁有的，那麼你又如何能向我們購買呢？在你給的期限之內，我們將對這個問題做個決定。對於我的族人們而言，這片

大地的每一部分都是神聖的。每一根閃耀的松針、每一處沙灘、黑暗樹林中的每一場輕霧，以及每一隻嘹亮而嗡嗡作響的昆蟲，在我族人們的記憶與經驗之中，都是神聖不已的。❺

席歐斯族長對於白人們以建築物取代開放的空間，以城市生活的喧鬧聲取代夜間出沒的怪鴟(Whippoorwills)啼聲等行徑，感到十分的惋惜，因為白人們似乎並沒有注意到存在於他們呼吸之間的空氣。「這就好比一位已經死亡多日的人，」這位酋長寫道：「他對於自己的惡臭早已經麻木了。」而在另一方面，印第安原住民則忠誠的秉持著古老的生活方式，寧願和草原、河流、樹林與動物等，所有存在於自然中的一切維持著聯繫。

神聖的煙斗

我們曾經說過，對美洲印第安原住民而言，所有的生命都存在於和它相關的儀文之中，而那將生命與儀文綁縛在一起的絲繩，則是那支神聖的煙斗。這是白色小水牛女子(White Buffalo Calf Woman)猶如奇蹟般來臨時，所攜帶而來的一支和平煙斗。在《布萊克・埃爾克如是說》(*Black Elk Speaks*)與《神聖的煙斗》(*The Sacred Pipe*)這兩本書中，布萊克敘述了下面這一則煙斗（稱為Cannupa）禮物的故事。

在許多年以前的某個冬日清晨，有兩位站在小山丘上搜尋獵物的獵人，看見一位身著白色鹿皮衣物的美麗女子朝著他們走來。其中一位戰士對這名女子心懷不軌，於是她招來了一朵雲將他給籠罩住。當烏雲盡散之時，這名戰士只剩下了白骨一堆，並且有可怕的蛇群啃齧於白骨之上。布萊克強調，這則故事蘊含了普遍的真理，並且將之解釋為任何迷戀感官的人，終將被慾望之蛇給吞噬。接下來，這位瓦肯（Wakan，具有靈力的）白衣女子，便指示另一位勇士回到他的族人那裏去，並且要他們為她的到來準備一幢接待用的小屋。

就在小屋完成之時，她亦翩然的來到族人們的面前，並從背上取下一個包裹，雙手合抱的呈到酋長前面說：「看哪！要愛護！它是 lela wakan（非常神聖的），你必須如是待之。」❻然後，這名神祕的女子將包裹打開，從裏面取出一支神聖的煙斗，拿到酋長的面前說：

> 憑這支神聖的煙斗，你可以行走於大地之上；因為大地是你的祖母與母親，而她是神聖的。行走於她之上的每一個步伐，都必須像是一項祝禱。這支煙斗的漏斗部分，是用紅色的石頭做成的；它就是大地。環繞著石頭中空部份所雕飾的，就是這隻小水牛，

牠象徵著生長於地母之上，所有四隻腳的動物。煙柄是用木頭製的，它象徵著所有生長於大地之上的樹木。至於懸掛在煙斗與斗狀物相銜接之處的十二根羽毛，則是取自於 Wanbli Gleshka 斑點鷹(Spotted Eagle) 的身上，它象徵著老鷹以及所有天上飛的。所有的人類，以及宇宙的萬事萬物，都將加入你這位抽煙斗的主人——都將把自己的心聲傳遞給 Wakan tanka，偉大的靈力。當你用這支煙斗祈禱時，你祈求萬

物，並與之同在。❼

從那時開始，這個民族便藉著這支煙斗，將他們的心聲傳遞給Wakan tanka。例如，每一族的長老們，會圍坐在酋長帳篷內升起的柴火四周。在經過一番祈求之後，煙斗便會點燃，然後沿著圓圈一個人一個人的傳下去。

為使神聖的煙斗能發揮它的威力，拿著它的人便須十分的謹慎，彷彿拿著一顆蛋一樣，深恐它會掉在地上，因為如果一旦將它掉在地上，那麼當時拿著它的人，便不再具有照料這支煙斗的資格了。在煙斗填滿煙草之後，人們便開始祈禱、唱歌，以邀請宇宙的能量現身。而當火（偉大的靈力）被接引到煙斗之中時，天地人三者便緊密的結合在一起了。在抽煙時，一個人的呼吸是和煙草的煙混合在一起的，這時偉大的靈力便被人吸了進去，同時在這整個過程當中，吸煙者也獻祭出了吸煙的自己。在把煙吸進肺裏時，吸煙的人乃吸入了所有的元素，也就是四方（東西南北）的力量。在吐出煙時，他又將這力量擴散到神聖的自然之中。抽煙斗紛散了分裂的幻象，並使人更加警覺到整個自然的結合成一體。像禱告、聖體、瑜伽與冥想一樣，使用煙斗的儀式，能使吸煙者和他們神聖的源頭再度結合在一起。

來世

像中國人一樣，通常美洲的印第安原住民們相信有兩種靈魂的存在。一個是精神或氣息(ni)或肉體的生命力。第二個靈魂則稱為「自由」的靈魂或是納吉(nagi)，它會在人生病或做夢的時候離開肉體。一個人死亡時，其自由的靈魂便會移居到死亡的國度。

更確切的說，人在死亡之後，不論男女，他的氣息便會離開肉體而去。一般相信，所有超自然的存有、能量以及富有生氣或沒有生命的物體，都具有先天的能力。這稱之為錫肯（Sicun 或Shi-cun）的能力，乃是不朽的。一個人在出生之時，超自然的力量以及守護精靈便會賦予他以錫肯。當此人死亡之時，錫肯便會回到超自然的力量那兒去。事物中的錫肯，是使得復活成為可能的條件；事實上，一般人相信，一位受人尊崇者的四周，通常都會有一位已經逝去、受人崇敬者的錫肯圍繞在四周。

當一個人的肉體死亡時，他也就失去了他的生命氣息(ni)，而身體亦將回歸到元素的狀態。然而其自由的靈魂納吉，則仍將在親眾的附近徘徊不已。拉科坦·蘇族人相信，這是一段危險的時刻，因為靈魂渴望能和親愛的人長相左右。整整一年的時間，這受人鍾愛的靈魂會受到雙親以及所愛之人的保護，直到最後它終於得到解脫之時。此時，靈魂將會離開人群，走向鬼道(Wanagi tacanku)前往南方，這一路上，都將會有漫遊的精靈或靈魂以營火來為它照路。

在這段旅程的終點，逝者將蒙受一位老婦人(winuhcala)的召見，這位老婦人會對此人塵世生活的言行做一番評鑑。那些被判為善人的人們，將繼續帶著氣息前往一處好地方；而那些被判為行惡的人們，則會被推上斷崖絕壁，而其精神體亦將回返大地。這些噩運當頭的精神體，要繼續為那威脅世人福祉的邪惡力量效力[8]。

死亡的儀式

前面我們曾經提過，白色小水牛女子帶來了主要的儀式，也就是那神聖的煙斗。她同時也帶來了一些附屬在神聖煙斗四周，具有如同衛星功能一般的儀式。由白色小水牛女子所帶來的儀式種類十分的繁多——諸如辛苦建造小屋的禮儀與視覺的要求、太陽舞、生命的聯結、女孩子們的成年禮，以及拋球等活動——在此，我們僅能將注意力放在其中的一項，也就是稱為靈魂的保存，或「精靈保存」(Ghost Keeping)的儀式。

在斯坦丁・厚樓・厚爾恩（Standing Hollow Horn，意指矗立中空的號角——譯者按）的這則故事當中，布萊克說明了「精靈保存」這項儀式的施行與意義。當斯坦丁的兒子死亡之時，他伴隨著兒子的屍體向友人宣稱，他將和家人一起保存孩子的靈魂，並藉此使家族具有靈力。接著，他從兒子身上割取下一小撮的頭髮，並在割取時祈禱著：

> 噉！偉大的靈力，瞧我們！自祢透過神聖的女子來教化我們以來，這是我們首次以此方式行祢之願。我們將保存這孩子的靈魂，如此則大地之母將結果纍纍，而我們的子子孫孫亦將以受人崇敬的行止，行進於生命之途。[9]

他把兒子的頭髮置於煙的上方，然後用鹿皮把頭髮包起來，放在帳篷中一個特別的地方。接下來，煙斗便被點燃了，人們一邊沿著圓圈（向東）傳遞，一邊抽著煙斗。他們唸誦著祈禱文，以求能光耀門楣。

接下來，孩子的身子被綁縛了起來，並自帳篷內移至放了一些孩子所有物（例如，弓和盾）的架子上，這樣，他便能回到天國的助理（風、雨及天上飛的生物）那兒，每一位助理都會分解他一部分的屍體。斯坦丁在穿戴整齊之後，出現在家人與族人的面前，然後說：「現在祢已保存了這孩子的靈魂，他沒有死，而是與祢長相左右。」[10]可以想見的是，這項儀式以及靈魂的保存活動在流傳下來的過程中，是以一種特別的方式出現在家族之中的。

然而，靈魂的保存並非是無限期的，在人死後六個月到一年半之間，還要舉行第二場儀式，稱之為「靈魂的解放」(Releasing of the soul)。像舉行靈魂保存儀式時一樣，此時全族的人都要到場。這次的儀式內容包括要宰殺一頭水牛、準備食物，以及族中領導者皆須列席等項目。此時，神聖的煙斗已經準備好了，在向四方祈禱之後，煙斗漏斗狀的部分便被置放於火的上方，而由於燃燒所產生出來的煙，便會進入漏斗部分，通過煙桿，最後由朝天的煙柄末端出去。透過這種方式，偉大的靈力便能第一個吸到煙，並因此而淨化了煙斗。同樣的，抽這支煙斗的人也透過這種方式，在靈魂解放時獲得了靈力。

接下來，便是由四位仍保有童貞的女性，將提供給靈魂的食物拿進來。而靈魂持有者則在「靈魂所在之處」(the soul post)的下方挖一個小洞，然後將準備好的食物置入。家人們一邊祈禱靈魂在它未來的旅程中不要將他們給遺忘，一邊以土把洞給覆蓋了起來。最後，靈魂持有者取出了束縛著靈魂的鹿皮包裹，讓每一位童貞女性觸摸之後，便走出小屋呼喊道：「看看您的子民！回頭看著他們。」[11]當靈魂包裹被攜出屋外之時，也就是靈魂得以解脫而前往精神的道路之時。

一般相信，在前往精神的路上會有一個叉口，那兒坐著一位老婦人(Maya Winuhcala)，她將審察經過此處的每一個靈魂，經她審核之後，凡往右邊方向走的，便能與偉大的靈力結合在一起。凡往左邊這條路走的，便將維持不具肉體的靈魂形式，直到它獲得適當的淨化。

在本章開始時我們曾指出，美洲印第安原住民是在詩與歌曲當中，傳達出他們面對死亡的態度。而我們也看過一首與死亡有關、栩栩如生的典型歌曲，例如瘋馬酋長出征前所吟唱的歌曲。但還有另一種形式的歌，它是為死亡時刻所作的，人們將隨著死亡的氣息來吟唱它。下面這首歌曲是加拿大的一位奧吉布瓦族(Ojibwa)族人，在遠離故土，又面對死亡的情境下所寫的：

若我死於斯土異邦，
若我死於非我故土，
亦有雷聲，
奔騰之雷聲，
攜我歸鄉。
若我死於斯土，那狂風
那襲捲整個草原的狂風，
將攜我歸鄉。

狂風與雷電，
四海皆同，
那麼，即便我死於斯土異邦，
又有何慮？⓬

注釋

❶ 詹姆士・拉・潘特(James La Ponite)所著之《拉科坦傳說》(*Legends of the Lakota*)，頁一六。

❷ 卡勒斯・凱斯坦尼塔(Carlos Castaneda)所著之《伊斯特蘭之旅》(*Journey to Ixtlan*)，頁一一二。

❸ 同前，頁五四。

❹ 同前，頁五五。

❺ 引用於一九七二年十一月十一日出版的《環境的作用》(*Environmental Action*)。

❻ 由喬瑟夫・艾帕斯・布朗(Joseph Epes Brown)收錄、編輯，布萊克・埃爾克(Black Elk)所著之《神聖的煙斗》(*The Sacred Pipe*)，頁五。

❼ 同前，頁五～七。

❽ 這最後兩段資料的獲得，十分感謝聖荷塞州立大學人類學系的艾倫・列文多(Alen Leventhal)，以及他的「父親」鄂爾本・提摩太・懷特・威索(Urban Timothy White Weasel)的提供。更進一步的資料

則參見威廉・鮑爾斯(William Powers)所著之《奧格拉拉宗教》(*Oglala Religion*)。

❾《神聖的煙斗》，頁一二。

❿同前，頁一四。

⓫同前，頁二九。

⓬湯瑪士・E・珊德斯(Thomas E. Sanders)，與華特・W・皮克(Walter W. Peek)所共同編輯的《美洲印第安原住民文學》(*Literature of the American Indian*)，頁八三。

日誌測驗

一、每天早上都唱：「今天是赴死的吉日」，對美洲原住民而言，具有什麼樣的意義？

二、唐・胡安在死亡的課題上，給予卡勒斯什麼樣的指導？而卡勒斯又是如何回應的？你能想像一名死亡人物正站在你左後方的感受嗎？如果你能見著死亡，你會對它說些什麼？

三、死亡以什麼樣的方式，進入由白水牛女子所帶來的神煙斗故事之中？你同意布萊克對這則故事的詮釋嗎？

四、吸神聖煙斗的儀式，是以什麼樣的方式來為一個人預備死亡的？吸煙與獻祭之間有些什麼樣的關聯？

五、你認為在保存逝者靈魂的家庭當中，保存靈魂的儀式具有那些心理上的效應？在西方，有什麼與它相類似的儀式？

六、一些美洲原住民在死前會做些什麼？其他有那些傳統會施行此一儀式？如果你快死了，那麼你的歌會是怎麼寫的？

第十三章　死亡的融攝

我曾攝入各種死亡，
如今又將再次經歷……

海塞(H. Hesse)的詩作

自有文明史開始，人類文化已經發展出各種用來說明與死亡有關的、看似荒謬的儀式與信仰。在前面的十一篇章節之中，我們已經探討了和風俗、儀式有關的死亡觀點，它所顯示出來的多樣性，包括了屍體的處理（例如火葬、土葬、天葬）、屍體的擺放與包裹（例如木乃伊的製作、覆蓋屍布、穿上壽衣），以及葬禮的儀式（例如祈禱文、送葬的行列、慟哭）等。

由這些施行儀式的變化中可以得知，任何一項宗教傳統，都是藉著那些內在呈現出死亡意涵的神話，或是宗教故事，表達出這項傳統的特性。我們同時也察查了每一項傳統中的主要象徵：由印度人的真實自我，到佛教徒的無我；由中國人的相逆於死亡的過程，到禪宗信徒的大死(The Great Death)與西藏人的明光；由美索不達米亞的社會不朽性，到埃及的靈魂稱重；由希臘人的靈魂不朽，到猶太人、基督徒與穆士林的身體復活。對於這些不同的概念、教義以及儀式，我們要以什麼樣的角度來加以處理呢？他們之間有沒有任何的共通之處？

許多學術性的著作，都曾經企圖透過前面章節所引用的材料，做一些比較性的研究。英國歷史學家阿諾德・湯恩比(Arnold Toynbee)在一篇名為〈人類對來世生命的關懷〉(Man's Concern with Life after Death)的文章中指出：

> 目前，關於死者再次賦形的信仰，對於所有的祆教徒(Zoroastrians)、猶太人、基督徒、穆士林、印度人及佛教徒等，仍然具有權威性的約束力，而這六種宗教也仍然主宰了大部分人類的信仰。前四種宗教的教義是，人類只能活一世，但是他的靈魂，則在肉體消逝之後依然存在，並且在未來某個不可預期的日子裏，所有的靈魂都將因最後審判的來臨而再次賦形，並且根據判決，在天堂享喜樂，或在地獄受苦痛。至於印度教及佛教的教義則是，靈魂（或佛教徒所說的，尚未清淨的業力）將不只一次的再生為

血肉之軀。❶

對於湯恩比而言，從事東西雙方在面對死亡，以及死亡過程態度方面的比較，就是透過把身體的觀念，簡化為輪迴與復活兩者來加以進行的。他認為這樣的區分，正足以呈現出這兩種不同型態的宗教傳統間主要的不同點，多世對一世、死亡一次與復活一次。

然而若從我們的立場來看，當我們再次查看呈現於本書中的各種教義與原文時，卻發現它們表現出一項共同的歷程，這項歷程就是：如果想要由一項宗教傳統中發掘出其有關死亡與死亡過程的教義為何，那麼，從是項文化中有關創生的神話裏，將可以找到這類教義的起緣。事實上我們可以這麼說，在許多的創生神話當中，若非十分明確的，就是暗含著一個故事，這則故事中的人物在歷經過看似曲終的死亡之後，往往依然能夠存活下來，藉著這些故事揭露出來的，其實就是人類的命運。在這一章裏，我們將把焦點放在面對死亡的態度與創生故事間的互動關係上，藉此比較一下世界性的各種宗教，看看它們對於死亡抱持什麼樣的觀點。

猶太人的創生故事

自有史以來，有關人類的兩個最為基本與難解的問題即已存在，那就是：我從何處來？以及我死後將往何處？接下來的部分，我們將簡短的比較一下在印度與近東地區的宗教傳統下，這兩個問題是透過什麼樣的方式獲得解決的。而當我們理解到有關於死亡的解釋似乎是包含在創生的故事當中，並且由其加以規範時，便可以十分明顯的看出來這項比較工作所具有的意義。那就是，每一則創生故事當中，同時包含著對於死亡問題所做的最深刻回答。在此我們將研究並比較一下猶太人、基督徒、印度人，以及佛教徒的創生與死亡的故事。

起初，希伯來的上帝由「無形的虛空」之中、由混沌或無物的狀態之下，創生了萬物。在將黑暗與光明分開、水與陸地區隔之後，上帝創造了日、月、星辰、飛禽、游魚以及走獸。最後，祂以自己的形象創造出亞當。上帝將氣息吹入由塵土所做的人類軀體之中，然後再取亞當身上的一根肋骨，創造了一個女人——夏娃。他將他們放在伊甸園內，並告訴他們除了能明善惡的智慧之樹外，他們可以吃任何一棵樹上的果子。上帝警告他們說：「你不可以吃，否則你必定會死。」然而，上帝創造出來最為狡猾的蛇卻誘惑他們，向他們保證說：「你們不一定死！事實上，吃了之後，你們會便如同神一般，能知善明惡了。」亞當和夏娃果真吃了果子，並且因為違背了上帝的命令而永遠被逐出了伊甸園。天使們帶著有著火焰的劍，鎮守在通往不朽生命之樹的路上，以防止他們在墮落的情況下吃了生命之果。人類的第一對父母——亞當與夏娃，因為墮落而產生的兩項結果是：人類必須走入塵世，而在那兒，死亡乃是必然而難以避免的。因此對希伯來人而言，創造即是分離。

印度的創生故事

在印度吠陀文學中發現到的，有關創生的文字敘述當中，死亡同樣扮演著重要的角色。其中一則故事是，這個世界的創生是由宇宙的巨人，也就是具有千手、千眼、千足的原人(Purusa)他的身體分解而成的，由於他身體的肢解，因此化生了萬物。在另一則也許是最為著名的印度創生故事當中，則描述著在無始之始，在有天、有象之前，在死亡以及不朽的存在之前，有個「一」(That one)無息的在吐納著。由於「一」的內在欲求，因此「萬物化生……」。嗡姆(AUM)即象徵著「一」的無聲之聲。然而，誠如這則故事進一步指出的，在吠陀獻祭中的聖人與僧侶們，對於一件事感到十分的困惑。他們不但自己問自己，並且彼此互相的詢問有關生命發生的來源，有誰是可能知道的呢？也許連「一」也不知道。然而透過深刻的冥想以及瑜伽之道，他們卻都明白了一件事，那就是創生的神秘性，乃是超越人類的理解力之上的。

對於印度人而言，人類乃是由神力(Divine Force)化生出來的，內在就具有神性。舉例來說，因為體認到這項神性的存在，印度人彼此打招呼時會說「那瑪斯德」(Namas Te)——「我向你內在的神性鞠躬」。在印度化生的觀點之中，人類對於真實的自我，以及他們的本性乃是無知的。真實的自我只有一個，而每一個獨立的個體，都是那真實自我的獨特表現。

若有始即是無始，那麼在死亡之際會有些什麼遭遇呢？印度人相信，當一個人死亡的時候，他的血肉身 (gross physical body) 會和較為精緻的個別靈魂(jiva)或者靈魂分離。再生，或是如同佛教徒所說的再死，乃是獨立個體當中的心靈實體(psychic sub–stratum)由一具軀體，轉換到另一具軀體的活動。因此一個人一旦死了，他舊有的肉體便不再具有任何作用了。至於一項完善的死亡儀式，則必須包括屍體的火焚，以及獻祭給星光身或鬼身(astral or ghostly body)，以提供它在過渡到來生的過程之中所需之物。死亡時，靈魂中所具有的在世，或源自於業的渴望，都將滌除殆盡，並經驗到身處色彩斑爛的聖園。這段充滿喜樂的經驗能持續多久，端賴靈魂中所積聚的塵世善業而定。在經過適當的休息之後，淨化了的靈魂便會披上另一具新的軀體，然後攜帶著前世所選擇的命運，再度投胎轉世。這種處於再生、死亡、進入另一種生命形式的狀態，將會一直持續下去，直到一個人覺悟並認知到真實的自我為止。

不朽的追尋

由累次轉世投胎所透顯出來的生命輪迴，在西方企圖理解的死亡議題上，並不具有特別的意義。相反的，死亡即是結局，這種令人恐懼的覺醒，則是西方思想中所固有的特質。《吉爾伽美什史詩》所敘述的，是一位在尋找不朽的過程中功敗垂成的英雄。史詩開始時，吉爾伽美什正對著他那位已經被殺的朋友恩奇杜撫屍慟哭。他哀痛逾恆的哭道：「當我死時，該不會也像恩奇杜那樣吧！」懷抱著傷心與決心，吉爾伽美什立即決定出發尋找死亡的意義，並且堅信必定有某物是超越死亡之上的。他四處尋找烏特那庇什廷，也就是據說是一位唯一達到不朽的人類。最後，他終於穿越了死海，並且見到了烏特那庇什廷，然而對方卻告訴他死亡即是終點，是人類生命歷程中原有的一部分，同時，「在諸神決定生死之時，並沒有透露出在世的歲壽。」

就在烏特那庇什廷要送吉爾伽美什回去之時，他的妻子力勸他讓吉爾伽美什帶一樣禮物回去。於是他對吉爾伽美什說：「我將透露一件秘密給你。」他告訴吉爾伽美什有一種植物，「它能使人重獲生息」，能令吃下它的人返老還童。於是吉爾伽美什潛入水中，取得了那種植物，愉快的乘著船越過死海，朝故土的方向前行。然而此時，卻突然由海中冒出了一條蛇，並且偷走了那株植物。在故事的尾聲當中，吉爾伽美什終於領悟到人類的命運以及生命的有限性，都是操縱在諸神的手中，只有人類社會的不朽，才是我們能力所及、能夠達成的目標，至於返老還童的可能性，則是無法掌握的。

針對以上的故事，印度《奧義書》中那智科塔的故事，則提供了另一個可以相互對照的對象。有一天，那智科塔發現他的父親別有用心的在舉行燔祭。為了明瞭獻祭和死亡的意義，那智科塔前往地府去拜訪死神夜摩天。他耐心的等候了三天，方才等到夜摩天的出現，為了嘉許他的精神，於是夜摩天賜予他三個願望。首先，那智科塔要求讓他的父親不致憂慮他的安危。其次，他想知道燔祭的祕密。最後，他要求夜摩天說明在死亡之中，到底發生了些什麼事？夜摩天於是回答：「智者藉冥想認知到無窮，以及神性的自我。這個自我——梵我——乃無生亦無死的。在肉體消逝之後，自我依然存在。明白自我無處不在者，能令死亡自是。」當近東地區的故事，架構出在面對死亡時人類的有限性時，印度的文獻之中，卻描繪出對於不死自我的領悟。

永恆的自我

印度的神話學中，將許多和永恆自我這類理解有關的角色，都編排到了一起，好比我們前面所看到的夜摩天，以及那位戴著用人類頭骨做成的花圈、穿著由切割過的手所組合而成的裙子、飲血、並主掌毀滅以及死亡的時母(Kali)。時母的丈夫溼婆，同樣是掌管死亡，與具備了創造性毀滅力量的神祇。在後來的記載文字當中，溼婆則被描寫成一位沐浴在聖火圈中，擁有四隻手臂的舞者。這位跳著舞的溼婆神摧毀了邪惡。嶄新美好的事物於焉誕生。在溼婆的腳下有個矮人，它象徵的正是邪惡的力量。溼婆的舞蹈凸顯出一項原理，那就是世界永遠處在成、壞的遷流之中。

在與死亡有關的印度故事當中，最為著名的就是戰士阿爾朱那，和他的御車夫黑天神的故事。黑天神乃毗溼奴神（保護者）的化身，他是為了從邪惡的力量之中，將他的子民們拯救出來而前來的。在《薄伽梵歌》開頭的部分，阿爾朱那在戰鬥方熾之時，竟然甩了他的弓箭拒絕纏鬥下去。「我為何要戰？」他問，「當我勝利之時，亦即我戰敗之時，因為我的親友們將因此而死亡。」黑天神於是告訴阿爾朱那要奮力戰鬥，不僅因為這是他身為戰士的義務，同時也因為梵天乃「無生」亦「無死」的。

> 若殺人者信其可以殺人，或被殺者信其可以被殺，是皆無知於真理。真實的自我不會殺人，也永遠不會被殺。[2]

在一陣恍惚之中，黑天神示現了他的法身(cosmic body)。阿爾朱那因此理解到黑天神即毗溼奴神，並且在精神上除去了生死二元的看法。黑天神進一步對阿爾朱那說：「凡在死亡之際冥想於我者，將直奔我而來。」這種人也將因此而粉碎生死競逐的輪迴，和梵我一樣成為永恆的存在。

涅槃的意識

由黑天神提出來的，要人在死亡之際冥想於他的這一項挑戰，導致一些印度僧侶們企圖藉著冥想黑天神來超越死亡。實行者嘗試停止感官與思想的運作，以便藉著個人的努力，發現內在那寧靜的真實自我。這種透過冥想來體驗死亡的經驗，深刻影響到西元前六世紀時的悉達多・喬答摩王子。如同文獻中所記載的，悉達多在大約三十歲時，遭遇到了人類的衰老、疾病、以及死亡的問題。每一項經驗所引發出來的問題，他都無法解答。他很懷疑的想：「如果我終歸要死，那麼為什麼還要活呢？」如同在他之前的吉爾伽美什與阿爾朱那，他的問題反應出人類普遍的關懷。

悉達多花了六年的時間，跟隨著印度的苦行僧修行、冥想、行乞、挨餓，只為了要解開他心中存在著的疑惑。然而在憔悴、虛弱，又不能得到證悟的情況之下，他終於了解這樣的苦修並不能幫助自己悟道。於是他坐在非凡的智慧之樹——菩提樹下冥想不動，直到他獲得全然的覺悟為止。歷經了四個晝夜，悉達多終於理解到所有過往生命的來源、法眼、對於業力的影響力的克服，以及自我認同內容上的全然虛空等。就在那一段非常時期當中，悉達多成佛了，也就是成為覺悟者或開悟者之意。他舊有受業力控制的自我已經消失，甚至連印度人對於真實自我的信仰，也都不復再現。他發覺到自己沒有了名字、形色以及思想，並且沒有任何具分裂性的存在能為他正名。他成了佛、覺悟者、如來，以及不具名相者。

佛陀的整個學說，可以歸納為「無我」(anatta)這個名詞，它的意思是指自我觀念的消失，對佛陀而言，就如同沒有人死亡一般，也沒有人是再生的。他的這個觀念，透過另一個涅槃（nirvana）的觀念，也就是寂滅之意，益發獲得了彰顯。因為對於那些包括了不朽等觀念的執有，都在涅槃之中消失了。

曾經有一位弟子來到佛陀面前問道：「在死亡之時，靈魂到底怎麼了？它依然存在嗎？」佛陀對著他說：「你就像是一個被箭射中背部的人，卻在想是誰射的？從哪兒射的？箭又是以什麼樣的弧度飛射出來的？這都是些愚蠢的問題。真正的問題應當是：我該如何離苦？」由於死亡乃無足畏懼的，因此佛教中的僧侶們能泰然自若、安靜的坐在起火的地方，身處白骨與焦屍之間，冥想著死亡。對他們而言，與其說死亡是肉體的遭遇，毋寧說他是一種精神性的方法，可以達到涅槃的覺醒意識。

聖禮式的死亡

基督徒們同樣也透過冥想，來為死亡與永生預做準備。在中世紀以及文藝復興時代，他們最常施行的就是冥想一個頭骨，或釘在十字架上的基督。這類的冥想，都是為了要讓信徒們覺悟到生命的短暫，以及任何時候都得為死亡預做準備的必要性。這是一種道德上的訓誡，是要人們生活得更為虔敬，以便在死亡遽臨時能修到接受榮寵的程度，並得以避免永恆的詛咒。因為死亡的片刻是那麼的令人害怕，因此如何善終這類的書，便被信仰虔誠的人仔細的拜讀著。在死亡這個危險的時刻，默想基督的犧牲是一項很重要的助力，因為誠如基督死後得以復生一樣，信仰者亦將在世界末日時復生。雖然如此，這項知識並無法拯救這些信徒們於嚴酷的死亡，以及煉獄之中。

根據中世紀的基督教神學家所言，在死亡時，靈魂將會離開肉體。它會遇到數位天使，引導著他通過整個旅程，然後進入來生。為了得到淨化，在下一世裏，靈魂依然得努力不懈。在煉獄裏，靈魂將為其在世所造的罪而受苦，不論他是貪食、貪財、驕矜、貪欲，或做了其他有違上帝或人道的事。在世之人的祈禱，與聖徒們的代禱，其目的皆在於使靈魂通過那段困難的旅程時，能獲得協助和支援。最後的審判要在基督二度到來、肉體再次復活，並與他們的靈魂再次結合時完成。那時，每一位加入死亡之旅的旅者，都將前往他們的目的地，不論那是天國或是地獄。

若根據天主教與正統基督教的傳統觀點來看，則死亡就是指塗油的儀式。如同《西藏度亡經》為聆聽它的人所做的死亡準備，以及黑天神力勸阿爾朱那在死亡時以他為冥想的對象一樣，所謂「最終的塗油式」，或謂之「最後的權利」、「為病人塗油」等種種不同的名稱，都是在為基督徒們進入來生預做準備。在塗油式舉行時，臨終之人將會做最後的告解；而他的罪則會得到寬宥，然後全身被塗滿了橄欖油。同時，由於一位天主教徒的最後遺言，具有通往生死轉換點的作用，因此他們往往以祈禱的方式來進行這項儀式。例如，一個人可能不斷的重覆著一段幾乎像是祈禱的咒語：「聖母瑪麗亞，請為我等罪人們祈禱，並在我們死亡的時候為之。」

永恆的輪迴

現在，我們已經看出那些為「我來自何處?」這類問題所做的解答，是如何影響著「在死亡時發生了什麼事?」這類問題的答案了。我們也看到在東方的流出創造觀中，將萬物視為既是創造根源的生發結果，又是此一創造根源的部分的觀點，是不同於西方視萬物為創造主由分裂中創造出來的創造觀的。同時，我們也明白每一個有關於創造的神話，都產生（或至少隱含）自死亡的問題。在東方的傳統之中，除非我們能發現到自己真正的實體，否則我們將處於一再誕生的狀態之下。而在西方的傳統之中，則由於人類和上帝之間有了隔閡，因此我們得面對自身的死亡，並透過死亡來尋求救贖。

然而無論是那一項觀點，都可以視為象徵著創造、生命、死亡以及再生等活動歷程的宇宙圓環中重要的一個部分。這個宇宙圓環的觀點，充分反應在十六世紀時，祭壇上方懸掛著的繪畫或雕刻作品之中；在二十世紀時，由外太空所拍攝到的地球照片之中；在中世紀時，基督教敘述上帝創造這個世界的手稿之中；在西藏的曼荼羅(Mandala)之中；在時母與溼婆這兩位毀滅者的舞蹈形象之中；在印度雙輪戰車神廟(Chariot temple)中的生命之輪中；在甘地的紡車中；在哥德式大教堂裏，配有玫瑰式線紋裝飾的圓窗之中；以及最後，在DNA分子的橫斷面之中。每一個宇宙圓環，都在它創造、死亡，與再創造的永恆循環之中流轉，並對那些觀察者示意，要他們對它的神秘性，進行一種更為深刻的認知。隱藏在全知觀點後頭的，是每一種象喻所呈現出來的精神幾何圖，各自象徵著在他們那個時代裏，對於人類源起以及命運根源的看法。

注釋

❶ 參照阿諾德・湯恩比(Arnold Toynbee)以及亞瑟・卡斯特勒(Arthur Koestler)所作之《死後的生命》(*Life After Death*)，頁二九。

❷《薄伽梵歌》第二章第十九節。在各式各樣的死亡藝術之中，東方傳統具有廣泛的不同性，它包括了印度的savasana（屍體的姿勢）、佛教的vipasana（數息）、zazen（坐禪）、中國的氣功，以及西藏的「拒絕意識」（進入佛心）。

日誌測驗

一、再閱讀一次阿諾德・湯恩比對於不同宗教傳統中，關於死後生命的教義所做的個人評價。你同意他將東西方的最大差異，定義為輪迴與身體復活的對比嗎？

二、將印度的創造神話，和猶太人基督教的神話做一番比較。他們的不同，何以正說明了各自在面對死亡時，態度上的差異？

三、比較一下那智科塔和吉爾伽美什的故事。後者有那些地方，是比前者略勝一籌的？為什麼？

四、回想一下黑天神要阿爾朱那在死亡的剎那，冥想於他的訓誡。比較一下其他宗教中和此類似的部分。對於這份比較，你的感想是什麼？

五、最後，對你而言，在死亡這個議題上，提供人們一項選擇權的各宗教教義之間，有沒有什麼基本上的不同？抑或是這些傳統，都朝向一個共通的教義變化發展？

六、反思一下這整部書的內容。回憶一下那些在你心目中最具戲劇性的思想以及洞見。如果要你扼要的說明一下獲益於本書的內容，那麼會是什麼？能不能用一個意象或符號表示出來？

第十四章　在死亡之前死亡：再生的經驗

那些雖然死了
卻依然活生生的人……
毫無所執的
進入愛的城池。

訶里達司(Haridas)，Bhattacharya

一場旅程若是缺少了那最後的一步，依然會是一場未竟之旅。在本書的結尾部分，我們將會重現各個世界性宗教傳統的基本教義。這也就是說，一般的人類意識乃是受到戕害或者分裂的（凡有關罪惡、疏離、或二元自我的分裂），不論任何形態的療癒，或者是分裂的再次統一，都是以精神死亡或再生的功能形態出現的。追尋者不僅是由存有變化的來源（上帝或真實自我）中分離出來的，同時也藉由焦慮的內在化、自我懷疑，以及對於生死的恐懼等形式，從探求活動本身中分化出來。然而精神死亡已經透過其在精神中醞釀、產生出來的新的自我，使得情況有所轉變。對此，再沒有比禪宗大師們所說的：「凡在死亡之前死亡者，將永遠不再死亡。」❶表達得更為透徹的了。我們的結論將是，只有藉著死亡前的死亡，亦即藉由精神上的或預想的死亡，整個再生的經驗才會出現。

大死

在許多將精神死亡戲劇化的禪宗故事當中，鈴木大拙由於肩負有將臨濟宗思想介紹到西方的重大使命❷，因而顯得特別的重要。鈴木曾自述自己是如何秉持著老師所訓示的「無」（或否）的公案，運用智慧，努力的扮演好一位翻譯佛教經典的年輕教師角色。他記得自己在閱讀*Zenkan Sakushin*這本書時，曾經讀到有一段內容是說：所有禪宗的知識都必須再度被超越，而一旦他轉變成一名看似沒有生氣的人時，將會有某些東西從他的體內突然的昇起。最後，當他知道自己即將離開日本前往美國時，便將所有的精神力量都投注到無(Mu)之中。他吃在無中、喝在無中、冥想無，並且與無同席，直到自己能自發的、直覺的，並且自然的將有關於無的意識停止了。他寫道：「我是一個和無在一塊兒，認同於無的人，因此再不會

因為有無的意識，而產生出分別的情況。」❸

就像任何一位具有如同鈴木那樣的等持(Samadhi，虛空)，或者是精神性自殺修行的人，或許都會產生的迷惑一般，事情的真相誠如鈴木所說的，其實並不在於那種彷若虛空的狀態。真正的開悟(Satori)，是從精神性的死亡當中獲得覺醒的。於是鈴木走向他的房間，看到月光之中的樹木似乎是透明的。他結論說：「我也成了透明的。」

在此，我們必須仔細區分禪宗所謂的「大死」(Great Death)經驗，或謂之「大生」(Great Birth)的經驗，與「小死」(Little Death)之間的不同。每當我的信仰或觀念有所改變、一段關係發生變化或結束時，甚至於當我發現了另一種更好的方式來完成工作，或是必須排隊等待時，都經歷到了小死的經驗。此時，自我意識中的某些部分會再次重新整合，有些舊有的內容被拋棄不用了，有些新的東西加入了進來，態度也轉變了。雖然這些改變能給予人們新的刺激，然而「小死」和鈴木所謂的「大死」，卻依然不能混為一談。

以哲學的語言來說，鈴木所謂的大死，是指一個人的二元自省活動的結束或克服。在真正的自我醒覺狀況之下，「覺醒者即是被覺醒的，它既是那令他覺醒的，同時也是他所覺醒的對象。」❹故有的主體與客體、自我與非自我的觀念，都相互融合在一起了。在沒有二元對立的狀況之下，我是我，你是你，我即是你，我又是非我。當愛人的、被愛的，以及愛不

再一分為三時，根本的自我轉變即成了那最後的一步，而每一步，也都蘊含著前面所走過的每一步。❺

曾經驗過自我的轉變，並覺醒到自我真正來源的鈴木，不但能得見無，能聽到單掌拍手的聲音，同時，對山川、星辰而言，他又是純然透明而沒有分界的。於是對他而言，公案便成了由需要解答的雙關語，轉變成他的覺醒的說明。而在此同時，鈴木大拙又仍是那位生存於二元現象界的鈴木大拙。雖然他依然是活生生的，但那正在進行之中的死亡經驗，則同時也正是他正在發展中的再生經驗的來源。

為了更加理解整個死亡/再生的歷程，接下來的部分，我們將把三個不可或缺的要素串連在一起加以討論：自白（對於向大眾公開因擔心自己心靈上麻木不仁，而產生的恐懼感的消失）；轉變（一個人原有的自我控制傾向消失了，新的自我覺醒誕生）；認同（由於不信任而產生的自說自話的行為的消失，慈悲胸懷的誕生）。我們將一系列的討論這三個部分，它們彼此之間的關係基於因果律者少，而源於相互的迫切性需要大，每一項要素都表達出一種相互依賴的唯一性，並且彼此互相凸顯出對方。在本章結尾時，我們將以到恆河源頭朝聖的故事做為結尾，在那兒，所有的慶祝、自白、轉變以及認同，都將成為一體。

自白

我把這些事告訴誰呢？不是祢，我的上帝，在祢之前，我將這些事告訴和我同種的人類，或那些無論多麼微小，會出現在我這些書中的。[6]

如果我突然的由這篇文章中的基本觀點中抽離出來，並在此插入取材自我日誌中的個人資料，那麼讀者們可能要懷著與先前不同的期待，來閱讀這些篇章。你可能會更專注於故事的情節，也可能會認同於故事中的部分內容，甚至於可能因為受到吸引，而創造出自己的故事，也就是你的自白。我之所以將「故事」與「自白」並列在一起，是因為每一則故事或每一份自白，本身即是、或正是來自於人類的聲音（有時稱之為觀點），同時，每一份自白也或多或少的，述說著自白者的故事。

我們之所以由自白開始著手，並非因為它是必要的，或是在探討上具有優先性，而是如同卡爾・容格所說的：心理學說當中的每一種系統或解釋，同一時也是一種「主觀的自白」。

舉例來說，一位禪宗和尚靜靜的面壁而坐，單純的在呼吸之間進行著佛心的冥想式告白，同時間，一位基督教的修女也正坐在她的祈禱凳上，安靜的唸著耶穌祈禱文，這是一種信仰基督的祈禱式告白。這兩項儀式都見證到這兩位自白者，各自在一切存有或非存有的共同來源的伴隨下，產生出復活的感覺。

自白這個字對某些人而言，提供的乃是一種文學的類型，但對於另一些人而言，它則提供了一種心理治療，或神聖洗禮儀式的形式。然而無論是屬於那一種情況，這兩者都具有一個共同的首要條件，那就是威廉・詹姆士所稱的：一種「不安」(restlessness)。這也就是意識到世界所呈現出來的分歧、不協調與二分的感覺。個人的告白無論是採取什麼樣的表達形式，通常都表達出不完美或不圓滿的感受，以及意識到人格的分裂或良機的錯失。在熱烈振奮的情緒之中，自白與自白者如同舊識一般的相認，然而很諷刺的是，此二者是與自白本身的來源相悖離的。

在自白的聲音當中，最具有自我披露性的例子，要屬希波(Hippo)一地的主教聖・奧古斯丁(St. Augustine,西元三五四～四三〇年)，他也是自白形式的創造者之一。奧古斯丁利用自傳體的方式，將他的聽眾們帶入說故事者的觀念之中。以這種方式，他透露了個人過去的秘密，並且以一種嚴峻的「不安」態度，與眾人們分享那些切近於他的生命的一些生活細節。在他所著的《懺悔錄》(*Confessions*)這本書中，至少提出了八項證明：

- 罪的證明（第一卷第一節）；
- 有目的的回憶（第二卷第一節）；
- 說服自白者以及讀者們，使他們體認到懺悔之心的必要性（第二卷第三節）；
- 一種具有療效的淨化作用與治療（第五卷第一節）；
- 上帝所引導的回憶（第九卷第七節）；
- 一項感恩的行動（第九卷第八節）；
- 一項強調如今他是誰，而非過去他是誰的證明（第十卷第四節）；
- 瞭解自己那些部分，與不瞭解那些部分的表達（第十卷第五節）。

進一步來看《懺悔錄》這本書，我們可以發現到其中最為明顯的，乃是奧古斯丁對於自己所犯下的罪，不斷進行自我譴責的這種態度。「由唯一(One)，你這兒轉向」，奧古斯丁悲吟著，「我在多(the many)中迷失了自我。」他最初的懺悔，以及對於自己與他人的憂慮，在心理學上正反應出威廉・詹姆士所謂的人格上的不協調，也就是一種帶著自我譴責，以及有罪感覺的憂慮。

詹姆士將奧古斯丁描寫成一位具備了「自我分裂」的人，並以類似下列這一段引自《懺悔錄》的段落來加以證明：

> 一個新的意志，開始在我心裏萌芽，促我不求報酬的奉事祢、享受祢，唯一牢固的福樂。可是新的怎能壓倒舊的？那末，兩種意志，一種舊有的，一種新的，前者血肉的，後者神化的，彼此衝突而使我心傷。❼

詹姆士理解到在奧古斯丁心內，有一種始終不變的對抗性活動存在，它擺盪在期望自己的生命能與上帝的意志相符，以及性慾的驅策兩者之間；擺盪在強烈希望能符合母親的期望，以及希望自己能自其中解脫出來的需求之間。只要奧古斯丁覺得自己是從自身，以及上帝之中分化出來的，那麼他就無法走進復活的門徑。在禪宗的理念之中，一旦到達了復活的門徑，則所有看似主觀的活動，以及看似客觀的現實，都將凝聚為一，並且停止了各自的功能，二分或分割的意識將無法再持續下去。只有當奧古斯丁言行不一的慣性，無法再持續下去時，他才能完成精神性的死亡，並且體驗到再生。

就在他與上帝交談的經驗發生之前，奧古斯丁描述自己正徘徊在肉體與精神之間，一種慣有的內在衝突，反成了一項生存的必要條件。對山謬・貝克作品中的角色而言，慣性乃是一種巨大的心理層面的僵化，然而對奧古斯丁而言，慣性就是一種不習慣於接受心靈狀態轉變，以及不習慣於促使精神死亡，並達到新生的行為。就在他盡情哭泣，並進行著深刻反省的剎那，奧古斯丁聽到了一名孩童吟唱的聲音：「拿；唸；拿；唸。」（第八卷第十二節）於是他照做了，翻開《新約聖經》其中的一篇唸道：「不可荒宴醉酒；不可好色邪蕩；不可爭議嫉妒。總要披戴主耶穌基督，不要為肉體所左右，去放縱私慾。」（〈羅馬書〉第十三章第十三至十四節）。很快的，在保羅所述文末的句子之中，一道恬靜之光流瀉到了他的心中，他不再有所懷疑，決心成為一位事奉上主的人。

轉變

> 轉變、更新、獲得上帝的恩典、體驗到宗教、得到一項保證，這麼多的句子，都是用來透露出這段歷程的，不論他是漸進或突然的；同時，那種至今依然分裂、源自意識上的錯誤、次等以及不快樂的自我，都藉著這段歷程，而能夠對宗教實體有更為緊密的把握，並因此而變得統合、意識正確、優越並且快樂的。❽

這種心理轉變的經驗，是透過自白或懺悔的方式表達出來的，這一點可以藉由下面這一段紀事加以驗證。首先，故事是在第一世紀初期，在掃羅(Saul)前往敘利亞首都大馬士革(Damascus)

的路上發生的。如同他後來所描述的（《使徒行傳》第二十六章十二至十八節），他對著一道比日光還要明亮的光線仆倒在地，聽到一個聲音說：「掃羅！掃羅！為什麼要迫害我？」然後，耶穌說：「對你來說，用腳去踢刺棒是很困難的。」❾以道教和精神療法的語言來說，耶穌勸服了保羅要徹底的改變自己，而如果要成為「正義的」，他就必須「事奉」那位被他逼迫的耶穌。掃羅被迫完全放棄他所接受的指示，以及自我的正義，並且臣服於基督的刺棒之下。他眼的睛瞎了三天，如同已經死了一般。後來，當亞拿尼亞（Ananias，耶穌的弟子——譯者按）以手覆在掃羅的身上時，他眼中的膜脫落了，他又再次得見光明。掃羅，這位已然揚棄了自我分裂的自我本位主義者，再生成為保羅基督。

第二個心理轉變的自白例子，是出現在二十世紀初期，印度馬杜拉(Madura)地方的一名年輕男子的身上。他是在突然之間，被一種強烈恐懼死亡的感受所征服的，但是沒有任何反抗的，他在心靈之中對這一段過程表示屈服。拉瑪那・瑪哈席(Ramana Maharshi)憶起這一件事發生時他才十七歲，當時正獨自坐在叔父的家中。

> 恐懼死亡的震驚感受，左右著我內在的心靈，我在心理對著自己胡亂的說：「現在死亡已經降臨了；這意味著什麼？死亡的過程是什麼？是肉體死亡。」並且立刻演練著

死亡發生的過程。我四肢展開，僵硬的倒在地上，就好像死後身體僵硬的模樣，並且模仿屍體的樣子，以便在探究時能更接近真實的狀態。我閉氣，並且緊閉雙唇，如此一來，就不會有任何的聲音外洩，那麼也就不會發出「我」或其他的聲音。「那麼，」我對自己說：「這個身體是死了。僵硬的屍體將會被帶往墓地，在那裏焚燒，然後化為骨灰。然而就因為這副肉體死了，我就算死了嗎？肉體即代表我嗎？雖然它是安靜而沒有生命力的，但我仍能感受到我個性之中所具有的整個力量，以及內在於心靈的『我』的聲音，這和肉體是有所分別的。因此，我是超越肉體的精神。肉體雖死。但超越肉體之上的精神，則是死亡所無法碰觸到的。這也就是說，我是不死的精神體。」這並非是些無聊的想法；就像我能直接感受到栩栩如生的真理一般，它幾乎是不經思考，生動的閃過我的腦海。「我」是一種非常真實的東西，以我目前的狀態而言，它是唯一真實的東西，而所有與我肉體聯結的意識活動，都以這個「我」為中心。從那一刻開始，前行的「我」或自我，便在一陣強大魔力的驅策之下，將注意的焦點放在其自身上。死亡的恐懼已經立刻完全消失了。從那時起，全神貫注於自我的活動，便完整的持續下去。⑩

詹姆士認為，雖然轉變的來源可能有所不同，然而對於這段過程的心理活動內容的描述，卻可能是相似的。他形容此時的靈魂，彷彿擺盪在興趣與觀念之間一般，是介於個人故有活力的中心，與較為偏遠的心靈二者之間的。而一個人有所改變這一句話，則意味著「原先在意識之中無關緊要的宗教觀念，現在則佔據了主導的地位，而此項宗教的目標，則規範了故有活力的中心。」[11]原先在意識當中屬於冷門的，現在則（以詹姆士的術語來說）成了熱門的，而一個人的感官、感覺以及態度，都將有如重塑一般。對詹姆士而言，這一切都發生於不協調的自我的再度整合，以及暮氣沉沉的記憶由潛意識，或輪迴的領域（非意識的），轉變成為一個人終極信念的源頭之時。

詹姆士承認，心理學到目前為止，只能帶領人們理解到潛意識的層面，因此他將轉變的過程，描述成平衡狀態的改變，在這項改變之中，「自我臣服」與「一項新的決定論」二者，同時共謀行事。以我們的術語來說，這意味著精神性的死亡，同時也是精神的再生活動，而這種死亡／再生的過程，則是人類再度統合的轉變核心。

那麼最後一個問題產生了：這項轉變的結果是什麼？心／心靈或整體靈魂的再度重塑，是透過那些途徑來影響一個人的基本生命態度？

認同

人類需要認同的活動，因為要成為一個人，就需要有認同的活動。動物們不需要被認同，因為它們的存在是毫無疑問的。人類則不同：人類是由物種的自然領域，推進到了單一範疇的危險之中，而圍繞在他四周的，則是與之共存的混亂氣氛；於是人類祕密而羞怯的尋求一項承諾，一項能允諾其存在，在眾人之中傳遞著朝他前來的承諾。[12]

站在馬丁・布貝爾（Martin Buber，德國猶太宗教哲學家、《聖經》翻譯家——譯者按）的立場來看，問題的答案竟是戲劇化的單純，因為認同實發生於具有創造力的對話生命之中。布貝爾區分、並理解到對話所呈現出來的三種面相間的關係——接受、肯定、認同。這三種是由一般的接受（例如，我接受你像我一樣是個人類），發展成對於一個人特質的個別肯定（例如，我肯定你和我是有所不同的），以及對於他人的認同（例如，不論現在或是將來，我誠摯的認同於你）。如布貝爾所說的，當伴侶們能夠「想像一下真實的情況」，也就是說，想像另一個人正在想些什麼、有些什麼感受，並且期望些什麼時，認同活動就是雙向的。這和神人或融合是不能混為一談的。相反的，認同的關係需要既親密又疏離。因為當真正的對話發生時，人與人之間必須有所距離，而在彼此距離所衍生出來的空間當中，每個人都會變成一個伴隨、支持，並且內在於對方的自我。內在的成長並非藉著自我探究即可完成，而是如同布貝爾所主張的，是在人際關係之中、在卓越而互惠的成就他人之中完成的。透過成就他人，以及明白一個人的自我是由他人所體現出來的這一點，肯定、接受、認同的交互性就能同時俱存。

認同的本質，是在彼此的關係之中體會到對方的立場，因為既要認同於對方，一個人就必須正確的臆想對方的感受，以及他在想些什麼。下面要敘述的這一件事，正是使得布貝爾理解到這一點的非認同事件。話說有天下午，當布貝爾還沉浸在早上的宗教熱情中時，一位萎靡不振的年輕人走進了他的辦公室，成了他的訪客。布貝爾很殷勤的和他交談著，然而如同他後來所寫的，他卻忘了去猜測這名學生所沒有吐露出來的問題。這也就是說，他並沒能觀察出這名男子內心深處最為關切的問題，那個使他的生命顯得既渺小又困難的問題。後來，布貝爾從朋友之處得知，這名年輕男子去找他，並不是為了要找個人聊聊，而是要做一個攸關生死的決定。兩個月後，這名年輕人在戰爭之中陣亡了。這件事情的發生，使得布貝爾由一名尋求另一個化外世界祕密的人，轉變成一位尋求每一個「充滿了要求與責任的臨終時刻」[13]秘密的人。

死亡／再生的過程

雖然他們之間仍略有不同，但我們現在先敘述一下相同的部分：一個人的死亡（或者不如說是，一個人對於自身肉體死亡，所產生出來的壓抑性憂慮），已經蛻變成為價值論上的死亡，復活或轉變成一個新的存有物，將過著一種超越過去那種虛幻、平凡、或具有毀滅性的生活。[14]

我們前面曾經說過，自白（或自我反應出來的啟示），轉變（或意識核心的轉變）以及認同（或存在上的信任，以及真實的對話），都是一再重現的死亡／再生歷程中，具備了彼此相互迫切性需要的元素。我們也曾提到，這種死亡／再生的經驗，是以一種預期的方式，使人們得以為死亡預做準備，並因此而戰勝對死亡的恐懼。用另外一種方式來說，雖然世界各宗教對於死亡的象徵與儀式，都有著不同的表現，然而其故事當中的多樣性，則對那些無法壓抑的死亡恐懼（害怕、恐懼去面對死亡），以及轉變這類恐懼方式的培養，產生了鼓舞的作用。將個人自身死亡的經驗，由未來帶入現在的生活之中，是為生命開啟一種嶄新的超越死亡的態度。現在，我們每天都可以經驗到死亡，這對於死亡過程所產生的憂慮，或多或少的都具有克服的作用。

在此，我要以兩位基督教朝聖者的故事，來做為本章的結尾。這兩位朝聖者當中的一位是在印度誕生，母親是信仰天主教，而父親是信仰印度教的牧師；另一位則是名叫阿比席塔南答(Abhishiktananda)的修士。他們一同旅行到恆河的源頭，在那兒公開主持聖餐的儀式。並各自以自己的方法，體驗到精神性的死亡，也就是停止了假象和神功學上所謂的分身，並且認同於對方那獨特的朝聖活動。

這是在六月間發生的事，阿比席塔南答和這名牧師各自帶著他們的印度籍兄弟姊妹，攀登喜瑪拉雅山(Himalayan mountains)的神祕峰頂。他們一邊走著，一邊分享並認同於那與印度教極為相似的奉獻與信心。同時，彼此也都領悟到在神話當中，為什麼恆河乃是從在喜瑪拉雅山打坐的溼婆神，他的冠冕Chakra中流出來的這則故事背後的含意。此外，他們是在朝聖旺季進行這趟旅行的，而在這個季節裏，全印度的男男女女們，都靜靜的在旅程中唱誦著嗡姆(OM)，這種難以形容的聲音。他們不斷攀爬著，並且於其中獲得了天啟，這使得他們領悟到印度之母與神聖的教堂，在彼此深刻的探索自我之中，將會相互的交會在一起。因此，喜瑪拉雅山變成了西奈山(Sinai)與錫安山(Zion)，而他們所攀爬的，則是耶路撒冷的摩利亞山(Moriah)。

跨越了恆河的許多支流，最後，他們終於來到了河水的源頭。在找到一個適當的場所放置東西之後，他們匆匆脫下了衣物，相繼躍入冰冷的河水之中。接著，用一些取自恆河的水，以及未發酵的chapatti，開始準備舉行聖餐儀式。他們盤腿坐著，先是唱著《奧義書》中的詩句，接著，便用梵語唱讚美詩來盛讚基督。雖然他們試著去聽對方的聲音，但在恆河的怒吼聲中，一切都是徒然。忽然，他們一起受到一個神靈聲音的感染，一起唱出了「我們的父」，一起切麵包，一起啜飲杯中的水。⑮

實際上，在這項聖餐儀式的認同與共同舉行之中，我們變成了一個完整的圓。這個圓是由我們面對二元所產生的憂慮，以及有關死亡的恐懼當中展開的。誠如恩尼斯・貝克在《否認死亡》(*The Denial of Death*)這本書中所說的，我們注意到自己是如何壓抑內心對於自身死亡的基本關切。另一則矛盾的說法則是，我們終於明瞭所謂的死亡憂懼的不受壓制性、以一種預期的方式體驗死亡的持性，以及在死亡之前完成精神性的死亡等其實就是由復活成為一名全新的、完全的存有者的模式之中，體驗到死亡。價值論中關於在活著的時候死亡的看法，取代了人類生命的終止，使得生死原為互相通貫的情勢，得以恢復其舊觀。於是，美籍詩人華勒斯・史蒂芬〈在死亡前死亡〉的詩作，便成了美麗的再生之母。

注釋

❶ 這種生死為一的發展方向，相當於Bunan禪師所說的：「當你同時既生且死，自我完全消失之時，這種最為淡漠的喜悅是多麼的棒啊！」由路西安・斯圖瑞克(Lucien Stryk)所著，Takushi Ikemoto所編纂翻譯的《禪：詩、祈禱文、誡律、軼事與訪談》(*Zen: Poems, Prayers, Sermons, Anecdotes, Inter–*)，頁一五。

❷ 根據禪宗的觀點，其與佛教中其他教派的分別，在於菩提達摩所揭櫫的四個原則：「教外別傳，不立文字；直指人心，見性成佛」，明確的指出了禪宗教義的核心。

❸ 鈴木大拙所著《禪的世界》(*The Field of Zen*)，頁一〇。

❹ 鈴木大拙、艾瑞克・佛洛姆(Eric Fromm)，以及理察・德・馬丁諾(Richard De Martino)所著之《禪宗與精神分析》(*Zen Buddhism and Psychoanalysis*)，頁一六八。德・馬丁諾於其所著之〈人類境遇與禪宗〉(The Human Situation and Zen Buddhism)這一章中，將「恰似死亡」(as if dead)的狀態，理解詮釋為巨大的覺醒。

❺ 在此必須要加以說明的是，禪宗傳統中有漸教（主張循序漸進的悟道）、頓教（主張頓悟）兩種派別。換言之，以二分法來說的話，在一個階段之後，永遠有另外一個階段，一個階段接著一個階段。

以非二分法來說的話，禪宗對於精神死亡的理解，乃是最後或沒有分別的一個階段，在這一階段當中，真實的價值與每一階段中的所有奇蹟，都同樣被予以認知。

❻ 奧古斯丁(Augustine)所著，由約翰・K・瑞葉恩(John K. Rayan)所譯之《聖奧古斯丁懺悔錄》（*The Confessions of St. Augustine*），頁一八六。

❼ 同前，頁一八九。

❽ 威廉・詹姆士(William James)所著之《宗教體驗的多樣性》（*Varieties of Religious Experience*），頁一八六。

❾ 刺棒乃是牧羊人用來趕羊用的工具，而腳踢刺棒，則是希臘人用來形容困獸之鬥的用語。

❿ 拉瑪那・瑪哈席(Ramana Maharshi)所著，亞瑟・奧斯波恩(Arthur Osborne)所編纂之《拉瑪那・瑪哈席教義》（*The Teachings of Ramana Maharshi*），頁一〇。在瑜伽之中，這種練習稱為savasana，或稱為「屍狀」（corpse pose）。練習這種瑜伽時要平躺著，眼睛閉上，讓身體變得完全無力。

⓫ 詹姆士書，頁一九三。

⓬ 馬丁・布貝爾(Martin Buber)所著，由墨利斯・佛萊德曼(Maurice Friedman)所譯之《人類的知識》(*The Knowledge of Man*)，頁七一。

⓭ 同前，頁一四。

⓮ 安東尼歐・R・果特利(Antonio R. Gualtieri)所著之《兀鷹與牛》(*The Vulture and the Bull*)，頁一六四。

⑮ 這則故事是出自於大衛・斯坦多瑞斯特兄弟(Brother David Steindl-Rast)所著，一份未經付梓的手稿「基督教與佛教、印度教的對照」(Christian Confrontation With Buddhism and Hinduism)。

日誌測驗

一、想像一下，你可以會見鈴木大拙。有關於他所經驗到的無的經驗，你想提出那些問題？

二、你同意不同意容格所說的：每一種心理學的理論，都是「主觀的自白」這種說法？以那一種角度來看，你的日誌會呈現出主觀的自白？

三、威廉・詹姆士所謂的分裂的自我，到底是什麼意思？轉變又是指什麼？如果這兩者間有些什麼關聯，那麼在你的生命中，這些關聯會是什麼？

四、根據馬丁・布貝爾所言，為什麼人類需要認同活動？藉助個人的經驗，或杜撰一種能證明這種認同過程的關係。

五、從那位自殺前來拜訪他的學生身上，馬丁・布貝爾學到了什麼教訓？如果你是布貝爾，而事情又發生在你身上，在這種情況之下，你的感受如何？

六、想像一下你就要死了。你希望自己的臨終遺言會是什麼？你特別希望誰能聽到，或讀到這些遺言？也許你會希望在一封信上寫下你最後的遺言。

結語：臨終遺言

你確實以你生的方式死亡！

索格亞・仁波切(Sogyal Rinpoche)

如同我們已經知道的，死亡與死亡過程的經驗，是無法客觀化的，同時，亦無法容許繼續受到漠視或否定的。因為它是不可避免，亦無法改變的現象，它是憂慮的產物，與問題的來源。因此，我原來想用與悲傷和死亡過程「同在」，這麼一個章節標語來結束本書的討論，但最後卻在缺乏理論背景、專業訓練與施行經驗等因素之下，未能將此付諸於行動。然而在每一學期結束之時，學生們仍然持續問著下列的問題：

1. 面對一位即將死亡的人，我該說些什麼？
2. 當我和一位親密的朋友在一起，而他正談論著自殺行動時，我該說些什麼或做些什麼？

3.當無法知道一個人是否知道自己即將死亡時，應當如何和他談論那迫在眉睫的死亡？

4.當一位相識的人（並非十分親密的朋友）曾有失去親朋好友的經歷，而我又覺得他或她需要談談時，我應該怎麼去問或談論，才不致使問題顯得過於尖銳？

5.如果有人剛才告訴你，他或是她快死了，你要如何去安慰他（她）？

6.當我陪伴在一位臨終之人的身旁時，要如何做才能減輕他對於死亡的恐懼？

7.面對一位即將死亡的人，我應當使用大量的肢體接觸，如擁抱、親吻，或一些表示支持的肢體語言嗎？

這類問題之所以會產生，是因為即便我們不曾經驗過用一種仁慈而富含深意的方式，來和一位即將死亡的人對話，那麼在未來也將會遭遇到這類情況。到時，我能說些什麼？我該做些什麼？

收容所或醫院內訓練有素的輔導員們，在我班上發表談話時曾強調兩項主旨：首先，必須仔細聆聽即將死亡、或心懷悲傷者的感受；其次，仔細而沉靜的傾聽自己的感受，也是同等重要的一件事。仔細聆聽瀕臨死亡者的心聲之中，尚包括了盡可能減輕對方（生理上、情緒上、精神上）的痛苦，富有同情心的舉止，視病人為一活生生的存在物，尊重病人想更明瞭自己情況的意願，鼓勵病人談論自身的疾病、死亡過程與死亡，以及最後，答允病人儘可能控制病情。

雖然說了那麼多，然而在和一個即將死亡的人交談時，其實並沒有固定而適切的語言足以應用，在時間的巨輪之前，沒有一件事是可以預先籌劃的。只要輔導者有心去發揮他的同情心，那麼適切的言語即會從他的口中說出，適當的緘默，也會被對方聆聽到。

在此同時，輔導者傾聽自己內在負面的想法、恐懼與憤怒的感受，也是同等重要的一件事。要成為一名稱職的輔導人，他就必須認知，甚至有時必須表白這樣的一種情境，到底喚起了自己內心什麼樣的感受。事實上，類此輔導人在適當的時機，表達自己內心的感受的行為，往往能對被輔導的對象產生一種催化的作用，使得他的態度能有所轉變。

伊莉莎白・庫柏勒・羅絲(Elisabeth Kübler Ross)在其所著的《論死亡與死亡的過程》(*On Death and Dying*)這本著名的書中指出，臨終之人(與輔導者)在應付致死的疾病時，至少要經歷下列五個階段(或稱之為五種對抗的機制)：

1. 否定（「不，不是我，不可能是真的！」）
2. 憤怒（「為什麼是我？」）
3. 討價還價（「對，是我，但……」）

4. 沮喪（「有什麼用呢？」）
5. 坦然接受（「我再也無法和他對抗了。」）

下面是這段過程的曲線圖：

雖然這些具有防禦性的機械理論，可能提供不同時期的需要，以任何的組合方式存在，或是並列在一起，同時又是各種失落經驗的組成份子，然而根據庫柏勒・羅絲所言，病人們自始至終所堅持的，其實就是希望——對於奇蹟、新的藥物，或新的治療方式的期待。

這五個階段被視為具有先後的連貫性，同時藉此又建立了一套由生到死的運動過程，然而若透過世界性宗教的眼光來看，實在應當增加第六個階段——轉變的階段。如同我們前面所看到的，世界性的宗教傳統都一致指出，能將死亡由未來帶入生命之中的人、能達到預期的精神性死亡的人、以及藉此能再生或覺悟的人，都能以一種轉化了的態度來面對死亡。像在《伊凡・伊里奇之死》這本書中

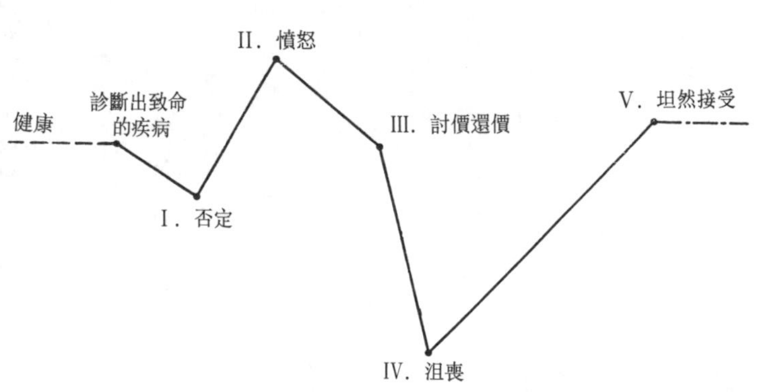

的伊凡一樣，死亡的經驗不但可以轉化臨終之人，同時亦可能轉化那些參與了死亡的人。

如同前面所言，和臨終之人相處最有效的方法，便是意識到在這項死亡過程的經驗之中，能獲得轉變的可能性。無論男女，他都將做到：

- 成為一種「關切的出現」（無論是在任何的階段）。
- 聆聽，如同它是來自內心的聲音。
- 在適當的時候輕柔的接觸。
- 避免使用理學上，或者是宗教上的術語。
- 找出病人傷在哪裏。
- （如果適當的話），邀請一位專職照顧臨終病人的開業醫師，由他去聽任何的懺悔，並由他提供宗教團體的最後祝福。
- 協助病人完成未了之心願。

臨終遺言

如果在死亡之前，我只能以一篇演講，或寫給某人的一段話，來提供他人更多可供運用的材料時，我將會說些什麼？本書進行到此，讀者也許會考慮到上述的這個問題，特別是對於一些繼之而起的問題。由於堅信一旦明白某人如何生活，便能知道他將如何死亡；堅信人們在死亡過程中所呈現出來的舉止，實即反應出此人生命的根本特質；堅信由某個特殊的角度來討論死者，也就是使他們再度復生，因此，我們將以下列這些精彩完美的臨終遺言，來做為本書的結尾。

黑天神：1.「令其語嘔姆(AUM)此一音節，(亦即) 梵天，存吾於心；則至其離體之際，其將入此最高之道。」

佛陀：2.「諸多現象都會衰滅無常，莫放逸，精勤吧！」

孔子：3.「大山必倒；強樑必壞；智者凋謝如草木。」

老子：4.「天之道利而不害，聖人之道為而不爭。」

莊子：5.「吾以天地為棺槨，以日月為連璧，星辰為珠璣，萬物為齎送，吾葬具豈不備邪，何以如此？」

慧能：6.「在我走後，要根據教義切實的修行，就如同我與你們同在的日子裏，你們所做的一樣。記住，即使我仍在世，如果你們不服從我的指導，那麼我身處其中，也是沒有任何意義的。」

耶穌：7.在十字架上的七句遺言

——「以利，以利，拉馬撒巴各大尼（我的神，我的神，為什麼離棄我）」；

——「父啊！赦免他們，因為他們不曉得自己在做什麼」；

——「今日你要同我在樂園裏了」；

——「父啊！我將我的靈魂交在你手裏」；

——「我渴了」；

——「婦人，看，你的兒子；兒子，看，你的母親」；

——「結束了」。

蘇格拉底：8.「克利陀，我們欠醫藥之神一隻雞，不要忘了償還。」

穆罕默德：9.「致天堂上神聖的友誼，致天堂上神聖的友誼。」

托爾斯泰：10.「尋覓，繼續尋覓」……「那麼，這就是結束了！而且，沒什麼……」

附錄：日誌選粹

接下來的日誌選粹，可以說提供本書在研究宗教傳統時，更多有關文學、概念以及宗教的補充材料。這些作品都完成於（各章結尾所附上的）日誌寫作建議這一部分形成之前。他們將提供那些計劃持續寫作、或正持續寫作的讀者們一些範例，讓他們知道其他的人是如何回應本書的一些主題。

一

我在高中七年級的時候，在意識上曾經歷過一些很強烈的、不好的轉變。有一天晚上，我夢到了一名日本武士；當時我正在樹上四處張望著，突然之間（我的心智）失去了控制——接下來的一連串夢境，似乎都被某個東西強大的震撼力給打斷了……然後，一切都變黑了。我感覺不到心臟的跳動，於是開始坐立不安的想著「呼，吸，呼，吸……」。大約二十秒之後

(我想)，我終於恢復了知覺。此時，心臟開始強烈的敲擊著，彷彿是為了要彌補它未完成的工作，我發了一身的冷汗，渾身顫抖的嚇呆了，因為在我一生當中，從來不曾經歷過這樣的事。我沒有辦法再回到床上繼續睡覺，因此只好枯坐到天明。第二天早上，我感覺非常的不一樣，就好像整個人都掏空了，我覺得自己像個行屍走肉一般。我的視力(雙眼皆二・〇)一點都沒有損傷，但每件事物對我而言，都和以前不同了。生命對我而言(現在依然如此)，就好像立體電影一樣。我變得嚴重沮喪，總覺得自己彷彿失去了什麼至為重要的東西。也許我是瘋了，但即便是你叫我瘋子，也無法改變我的感受。或許這是一種很普遍的疾病，也或許每一個人在他一生當中，都會經歷過這個階段。

邁可・M・馬蘇達(Michael M. Masuda)

二

單就說明我的憂慮，究竟是如何形成的這件事而論，我想到了一個幹部訓練會議，那是個專門為在「自殺與傷害」(Suicide and Crisis)這條熱線上，接聽電話的工作人員們辦的會議。

昨晚在討論會上協助我們的那位心理學家馬克，要求我們全體跟著他念……「我想自殺。」大家一再的猶豫著，我自己則幾乎是很勉強的覆誦著這一句話。在說這些話之前，我很快的環顧室內，希望能在竊笑聲中找到一個支持的眼神，但是，我找不到，而且在明白這一點之前，我還得說出：「我想自殺。」然而對我而言，這卻是展露曙光的一刻，因為我終於了解到自己對於死亡感到憂慮，而我對付它的方法，則是一笑置之。

死亡乃是一件真實的事情，這是我曾不斷拒絕去面對的事，然而現在，我卻體認到自己曾經逃避這項問題的個中原因。

大衛・布蘭特(David Brandt)

三　第三幕

第二天，同一時間，同一地點

樹上有四個大球，正掛在樹枝上

艾斯特拉根在樹下睡著了。

佛拉基米爾拖著一條短繩進場。

佛：（搖動艾斯特拉根）看！看呀！我帶來了一條繩子。

艾：（很激動的）什麼……什麼……。

佛：那麼，這是你睡覺的地方了。

艾：你又來了！（指著繩子）那是什麼？

佛：（很驕傲的）我說過我會帶來一條繩子的，現在我帶來了。

艾：老天啊！猶猶豫豫的人哪，擁抱我！（起身）

佛：（往後倒退）搞什麼鬼呀！等等……為什麼是現在？

艾：（更靠近些，雙臂張開）為什麼，像你這樣的人那麼少！再沒比現在更好了。

佛：（沉思）正是如此。

（他們彼此擁抱，但又很快的分開）

艾：（舉起雙手）現在要幹嘛？

佛：嚇！我們等待。

艾：（四處張望）那繩子是做什麼用的？

佛：（拖著腳走路）沒什麼，別理它。

艾：不，讓我瞧瞧……（他猛然的抓起繩子，向樹跑去）

艾：（尖叫，艾氏從樹那頭往回跑，並且把繩子給扔了）啊！太可怕了。（他一轉身，跌倒在地上）

佛：（慢慢的踱向艾氏）你真是無藥可救，（拉他起身）你甚至連自己站起來都辦不到。

艾：但是，你看！（指著樹）那是我們！

佛：什麼蠢東西呀！我瞧瞧……（俯身靠近樹）這是怎麼一回事？

艾：老天，你沒看見？（尖叫）頭呀！我們的頭在樹上。

佛：（試著安撫艾氏）不！不！放輕鬆，那不過是個葡萄柚。

艾：（依然很沮喪）不！不！那是棵柳樹。

（舞臺外有聲音，他們倆期待的轉身。）

佛：等等！是果陀。他終究還是來了。

（兩個套著馬具的男孩進場。一個白皮膚、金髮，看來十分健康；另一個黑皮膚、很瘦，穿著破破爛爛的。馬具是連接到一輛黑色的木製馬車上，這輛車有著很高的車頂，以及一個打開了的後門。駕車的是個蓄了鬍鬚的白人，穿著一件長的毛大衣。他驅使這兩名男孩拉著車子，經過艾、佛兩人身旁。）

（佛、艾兩人擠成一團，馬車駕駛示意他們進入車內。）

佛：（口吃）你……你是果陀先生嗎？

（沒有回答）

（那駕駛員又示意一次，指著馬車後面，懸掛著許多腿的地方。佛氏與艾氏挨到馬車旁，並往裏看。）

艾：（揑著鼻子）嘔！好臭！

佛：（在馬車那兒乾嘔）老天爺！是屍體！

艾：什麼？什麼？

佛：（作嘔）屍體，還有支解過的部分！屠殺！疾病！

（佛、艾兩人轉身就跑）

佛：跑！艾斯特拉根，跑！

艾：我是在跑啊！（他並沒有移動）

（沒有一個人移動。他們喘著氣，上氣不接下氣的跌倒了。）

佛：（坐直）真是嚇死人了，你看到了嗎？

艾：（身子滾過來滾過去）看到什麼？

佛：（無法置信的）什麼，車嗎？屍體呀！

艾：（被激怒的）搞什麼嘛！繩子呢？（他在地上摸索著繩子）

佛：（佛氏抓住艾氏，搖晃著他）車！那車是怎麼了？（他們一起轉身，一起看著那位示意他們進去的駕駛。）（燈光由明轉暗，在黑暗中有聲音。）

佛：你又來了。

艾：你在做什麼？

佛：等待……

（黑暗消逝，光線再度出現。佛氏與艾氏代替了那兩名男孩，被套上了馬具。駕駛員現在穿著黑色的外套，提起了鞭子，這兩人向前移動。）

艾：你又來了。我們現在要做什麼？

佛：拉！拉……拉。

威廉・J・納文(William J.Neven)

四

在葬禮期間，我需要努力的告訴自己，不要隱藏我的情緒。對我來說，在葬禮上「失去自我」，並且漠視自己的感受，這實在是太容易的一件事了。有時候專注於喪禮的進行，是比去探究儀式背後象徵著什麼，要更容易做到。而當我這麼做時，我其實正在進行一種心理上的自殺。針對不同的狀況，我非常有系統的應對進退，但是卻不帶有任何的情緒。心理上的死亡，就是在此刻發生的。心理死亡的特質，由於缺乏了創痛的感受，以及情緒上的巨大轉變，因此也許會令人感到舒服一些。然而我依舊認為，對人們而言，當生命中某些事物引起創痛時，例如死亡，不去認清自己的情緒，是一種不健康的行為。很遺憾的，我覺得很多人在親人或朋友過世時，往往任自己如槁木死灰一般，屈服在心理死亡之下。這些人也許會十分專注於喪禮上的應對舉止，他們完全忘了自己的感受。悲傷本來就不是種愉快的情緒，然而我相信，一個慣於控制自己情緒的人，往往會創造出一種模式，以否定自己同時也有體驗愉快感受的機會。此時，除非他走到了絕路，再也不觸動自己的感受，否則，他會一直將自己鎖在這種不健康的模式之中。這種情況正發生在我的身上。我也曾走到麻木不仁的地步，從某一方面來說，我已經在心理上自殺了。

當慣有的行為，限制住一個人的感情時，它將會變得十分的危險。不同的文化對應於死亡，往往有不同的喪禮儀式。我相信，喪葬儀式或慣有的行為，其本身並不至於會帶來自我毀滅，除非它被用來當做藉口，藉以隱藏或漠視自己內心的感受。我也相信，如果人們認同於老子精神的話，他們將會變得更為健康，特別是那些慣於隱藏情感的人。這個信念強調出一點，那就是一個人要能不去顧慮他人的眼光，自在的認清、並表現出自己的感受，是多麼重要的一件事。我堅信，一個人只要能抱持著這種哲學來看人生，那麼他將更能認識自己，並自在的接受自己。

我認為，一旦遇到有人過世，人們應當允許自己有表達自身感受的機會。人們應當避免以喪葬儀式做為藉口，來逃避死亡在內心所造成的衝擊。過去，對於一些令我感到不舒服的事情，例如死亡，我曾忽視它在我心底所引起的感受。這使得認知自我的工作，變得十分的困難。我曾經歷過一段自我定位的危機，而學習如何去認清自己的感受，則幾乎花了我一整年的時間。我總是在留意旁人，並試著以我所認定的方式，去決定應對進退。心理死亡這個課題，對我而言是十分重要的，因為它幫助我認清了自己的思考模式，那是由過去生活中發展出來的，一些不健康的思考模式。現在，我常常在喪禮中看到某些人有這類的「模式」，他們正藉著這種思考方式，模擬出對應死亡時所應有的反應。此時，我清楚的認知到，這類的應對並非是結果，而是一個人對應於那些造成心理死亡的屬於儀式的，或慣常有的行為時，所產生出來的反應。我相信對個人而言，最重要的是認清自己的感受，並根據這種感受去加以因應，而不是以別人會期待我們怎麼做，去回應整件事情。

關於死亡所引起的感受，我從來不覺得它令人感到舒服。這堂課幫助了我，使我更加認清自己對於死亡所引起的感受。

金柏莉・L・漢娜斯吳爾斯(Kimberly L.Hanesworth)

五

我依然記得那天晚上。一個又溼又暗的夜晚。當天下了一整天的雨，一直到入夜都還在下著。派特、湯尼、還有我，正驅車前往約瑟米蒂(Yosemite)的冬令營。我們三個人從高中以來，一直都是非常要好的朋友，但自從畢業之後，彼此都很少見面。這趟旅程看起來，似乎是一個再次分享彼此生活的絕佳時機。雖然如此，似乎仍有些地方不太對勁。我一直在想，這條路不是今晚該來的地方。

駕車前往約瑟米蒂的一路上，都是令人愉快而安靜的，直到進入約瑟米蒂國家公園入口三哩遠時，車子突然撞到了路當中一塊十分光滑的東西，然後就往山谷圍欄邊衝了過去。此時，我們的車子並沒有因為撞到護欄而停了下來，反而躍過了護欄，滾落到二百七十呎深的峽谷下。我記得當時腦中，很快的閃過一個念頭，那就是我穩死無疑，註定逃不過這場意外。

當時對於時間的感受，似乎已遭到了扭曲，我感到車子彷彿永遠持續在翻落山谷的過程之中。然而就在車子停止滾動之後，這一切似乎又成了瞬間發生的事。脫險之後，我第一件事就是呼喚派特和湯尼，以便確定他倆是否安然無恙。派特回答了，但我們找不到湯尼。於是，我們決定一個人爬回公路上求援，而另一個則留下來尋找湯尼。派特爬上去求救，而我開始尋找我們的朋友。

我找到湯尼了。他的胸部以上都被壓在車子底下，動彈不得，而下半截軀幹和腿，則露在外面。我摸了摸他的胸膛及肚子，看他是否還有氣息。看起來，他似乎還活著。於是我想：「如果我能夠把車子給掀起來，那麼湯尼就可以脫困了，而他也將會沒事。」但由於太疲倦，而車子又太重了，因此結果是徒勞而無功。

我又蹲了下來摸摸我的朋友，想告訴他我很抱歉。然而就在我跪下來之時，卻聽到湯尼猛烈的吸了一口氣，然後非常緩慢的吐出一口氣。接下來，他就沒了氣息。湯尼死了，而我再也無法為他做些什麼了。我哭著站了起來，並且大聲呼喊著派特。我聽到上頭有人喊道，一切都會沒事的，因為警察就快要到了。

我嘶吼著說：「不，湯尼已經死了。」不會沒事的。我的朋友，一位我所愛的男子已經死了，是我殺了他。

十八歲的年齡，正是人們開始盡成年人義務的時候，我卻變成要為一位朋友的生命負起責任。從那以後到現在，一直縈繞在我腦海中的一個問題是：「為什麼是湯尼而不是我？」如果這個問題有解答的話，那麼我一定要找到它。我也許永遠也找不到答案，但我始終在問這個問題。

我為湯尼而哭泣。但比他的死更令我傷心的，是我奪走了他的性命。如果必須要有一個人犧牲性命的話，那麼應當是我。我用盡了所能想到的任何方式，以我的生命來交換湯尼的性命。但一樣也沒用。沒有上帝或撒旦來幫助我。我一直在為湯尼而哭泣。而且，可能下半輩子都會這麼做。

布魯斯・厚爾因(Bruce Horn)

六

親愛的死神：

為什麼我會這麼怕你呢？你是誰？為什麼總隱藏在我心靈的背後？從來不現出你的廬山真面目？你害怕生命嗎？你長得什麼樣子？像個怪物？一團綠色的雲霧？什麼……？你痛苦嗎？還是，你只不過是我想像出來的人物？

今天，當我坐在教室裏的時候，心中很想對你有所了解。為什麼要讓伊凡遭受那麼大的痛苦？沒有人因為要學點教訓，而得接受這麼多的痛苦。在我只剩下最後一口氣的時候，你會告訴我生命的意義嗎？你是不是想告訴我們，應當彼此互相欣賞？

不論你在生命中的目的是什麼，我為此而恨你。我不希望我的朋友、家人以及我所愛的人們離開我。我不想死。那是生命的底線。我恨你，因為我想航行在海洋之上，結交新的朋友，並且過新的生活。不論生活是多麼的一成不變，我想活下去。是的，我確實很恨你。很奇怪是嗎？我想宰了死亡本身。我想宰了你。

喬根・瑞史(Georgann Reath)

七

印度思想中的「業」和「輪迴」的概念幫助了我，使得我能以不同的方式來面對死亡。我的「業」並非是命中註定的；它是某種受我控制的東西。我需要知道這一點。明白命運完全掌握在自己手中，不知有多麼的令人感到快意，當壽限到了時，死亡即將來到，因為我已經準備好了——不是準備好赴死，而是準備好採取下一步行動，只有在出於自己選擇的情況之下，我才會再生。只有當我一再的選擇再生時，輪迴的情形才會反覆出現。

一九六八年冬天時，我擁有自己的第一個孩子，那是次難產。當時我並不知道情況的嚴重性，因為我幾幾乎已經死了。下面這段文字，是由當時的日記當中摘錄下來的：「突然之間，或就那麼一瞬間，我感覺到自己由一條狹長的黑色通道中出來，或是上來，就好像正由外面進入自己的身體。」在我身體的上方，有一名很好的護士在那兒，她正在瘋狂的擠壓、按摩著我的雙腿和雙臂，並且還用熱毛毯把我給包了起來。我變得動彈不得。只不過是自然產下一個寶寶，卻使我花了一個月的時間才得以康復。我仔細的推敲了一番，認為應該是在寶寶露出頭來的時候，醫護人員給我上了太多的麻藥，因而使我幾乎去了半條命。我真的不知道是什麼力量，使得我又從鬼門關轉了回來。不過我相信，想要活下來的欲望，絕對起了一些效用，同時，死亡的過程也非必然是痛苦的。這一個學期的課程，使我再次肯定我所知道，以及長久以來所感受到的一切。「痛苦緣自於奮力對抗大化。」我也覺得，我們可以理解那左右生死的力量。對於這股力量而言，沒有什麼舉動會褻瀆了它，而去理解它，也稱不上是什麼錯誤。這一切，都不會使生命有半點失色。

琳達・列卡(Linda Repke)

八　印度的喪葬風俗

我在美國成長，但父母親是印度人，因此我不但有機會熟悉自己家鄉的風俗，同時也對接納我的國家有所了解。在此，我想和大家分享我們錫克教以及我祖國的喪葬習俗。我自己並不曾體驗過這些風俗，我所知道的一切，都是來自於我的父母，他們是在印度的一個小村落裏成長的。

在我的祖國裏，一旦人死了之後，大約有一、兩個小時的時間，人們是什麼也不做的。我推測，這兩個小時是用來通知村裏其他的人，以及住在其他村落的親友們。

幾個小時之後，家屬們才會為屍體淨身，並換上新的衣物。接下來，便是用木頭和繩子綑紮成一把梯子，然後用梯子擔著屍體，一路來到火葬之處。火葬用的柴火，都是一些專門在葬禮上使用的、極易點燃的乾燥木柴。

接下來，屍體便被放置在梯子上，由四位親屬抬到火葬場。在送葬的隊伍中，男性是緊跟在屍體後頭的，而女性則跟在男性的後面。這是十分典型的排列方式，因為在當地，男性一般被認為比女性優越。

在把屍體送往火葬之處時，剛開始屍體的頭是朝向火葬場的方向。一旦走到半途，屍體便被倒轉過來，變成雙腳對著火葬場的方向。由於一般認為，如果死者回來託夢的話，那將是非常不吉利的。因此這個儀式象徵著：請不要再回到我們家。接下來，人們會將一個盛滿了水的瓶子摔到地上。這也是一個具有象徵性意義的動作，它是要讓大腦能脫離肉體。而被摔破了的瓶子碎片，則會被拾起帶往火葬的地方。此時，屍體又將轉個方向，頭又再度朝向火葬場的方向。而送葬的隊伍則依然是男性在前、女性在後的繼續前進著。到達火葬地點，通常要花上十到十五分鐘之久。當梯子被架設在火葬場時，男人們便吟唱起靜默的祈禱文「哇哈咕嚕」(Wahaguru)，意思就是真正的神。而女性們表達哀思的方式，則是搥打自己與哭泣。她們唱誦著類似「為什麼你要離去?」或「為什麼會是你?」之類的疑問。

剛才打破的瓶子碎片，此時要放在屍體的上面。然後，便是舉火引燃整個柴堆，此時，熊熊的烈燄將會把屍體給吞噬。至於死者的手指甲，則將會爆裂開來，不會燃燒。眼睛也是一樣。一旦火燄熄滅之後，親屬們將會撿起這些不能燃燒的部分，帶到河邊丟入河裏。

古維・K・布若渥(Kulvi K. Purewal)

九　捍衛戰士(Top Gun)中的印度教

這個週末，我看了「捍衛戰士」這部片子，並且注意到過去所沒注意到之處。如果你以前沒看過這部片子，那麼我告訴你，片中最重要的一幕，是在講一名藝高人膽大的飛行員，由於無法控制他所駕駛的F-14戰鬥機，因此設法要讓自己和他的雷達管制官，彈出座艙跳傘逃生。但在彈出座艙之時，雷達管制官卻因撞上駕駛座的遮篷，而導致了死亡。這名飛行員因為好友的死亡，內心感到非常的內疚，並因此而無法再飛行，幾乎就要放棄他的飛行生涯。這一點很像另一部電影裏的主角，他同樣也認為自己應當為配角的死亡而負責。然而這名飛行員的遭遇，遠比另一部電影裏的主角要更加複雜一些。飛行學校的首席教官，於是對這名飛行員說，雖然他的雷達管制官、同時又是他的好友已經死了，但如果他一直沈溺於此，那麼仍然還會有更多的死亡事情發生。為此，飛行員嘗試要再度飛上青空，卻發現自己已經失去了飛行的意志，同時也害怕再駕駛飛機去殺害任何人。最後在影片結束之前，這名飛行員面臨了殺人或是被殺的情況，於是他要求死去的好友和他說話。（當然，這名死去的朋友並沒有說任何的話，否則這部影片看起來就會十分的荒誕，這只不過是個賣點而已。）而他也終於了解到打仗就是他的天職，並且奮力一擊而贏得了勝利。

現在，我們來看看在「捍衛戰士」片中的印度教成份。在電影上映的時候，我想起了印度教中黑天神與阿爾朱那的故事。阿爾朱那是名戰士；飛行員也是。阿爾朱那因為要和他的手足們對抗，因而變得十分害怕；飛行員亦然。黑天神告訴阿爾朱那沒有死亡這回事兒，而且在這一世裏，因為階級制度的關係，他就必須要戰鬥；這也十分神似於那位雷達管制官對飛行員所說的話。阿爾朱那體會到戰爭乃是他的生路，與死亡完全無關；飛行員也是。你看出其間的對照關係了嗎？

無論如何，我很懷疑電影的編劇是否讀過阿爾朱那的故事。至少對我而言，這部電影的腳本，看起來似乎是印度教故事的現代版。

凱文・伍德與伽蘭・邁克勞瑞(Kevin Wood and Galen Maclorrie)

十　佛教徒的日誌練習

沒有任何火燄比得上激情
沒有任何狩獵者比得上憎恨。
沒有任何羅網比得上幻想，
沒有任何激流比得上渴求。

《法句經》（*Dhammapada*）第十八章十七節

評註

不，這裏所談論的，不是性別和精神性之間的關係。我認為它所指的是，在人類決定其行為的因素當中，情感是最具有影響力的；是我們的心靈單獨握有平靜、以及實踐的開門鎖；是我們的思想與焦點（心靈），將能決定是否由渴望的漩渦之中、由妄見遮蔽之中、由憎恨對生命的強烈侵蝕之中，以及由憤怒所導致的行為當中，找到那受困於此的自我。記住，我們每一個人都是受制於在我們之內的這些力量。

赫爾・福若克(Hal Foraker)

十一

我剛剛閱讀到關於禪宗的這個部分，雖然有些部分我可以理解，但有些部分則不甚了解。舉例而言，如果答案是無/空，那麼為什麼還要活著？

二分的意識——這一點我可以了解，因為當我察覺到分離的時候，會感覺到特別的無助，而當我感覺到宇宙一體時，則會感到特別的堅強。

非二分的意識——我是我，我是你，我是非我——對我而言就是一，是那種會不斷湧入的喜悅感受。很明顯的，這是透過精神死亡——再生才能夠達成的。自我由前後關係/問題中出發；把焦點放在非二分的覺醒上面；放棄的危機，我已經盡力了，屈服；雙重障礙——齒輪的故障——舒解。

我覺得自己好像處在雙重障礙之中，但只是有時如此而已，因為我還沒有下定決心，並且覺得自己的輪子還在旋轉。我覺得自己似乎可以隨時打破這個障礙。我不知道促使我這樣做的原因會是什麼。我是如此認同，並且了解這些階段，這一切只因為我是人，還是因為我正經歷某種精神性的死亡？

凱倫・艾瑞恩費爾德(Karen Ehrenfeldt)

十二 禪的

在非常年幼的時候，每當我覺察到自己的心靈一片空白，很接近道家所謂的先於認識的純淨時，便曾經因此而有所領悟，然而當時的我由於語彙的有限，自然無法適切的說明內心的經驗。雖然沒有人知道到底是怎麼回事，雖然人們寧願扯一個大謊，也不願去面對存在於他們四周的巨大「虛空」，但我就是有那種虛空的感覺。這些是我幼年時期的感覺。而在步入青春期之後，有時候我會因為發現自己由虛空的經驗中「回神」過來，因此而感到震驚不已，並且憑著直覺發現到我所經歷到的，大概就是死亡，十分接近死亡的狀態。這種由內在產生出來的不安感受，以及那個空間所帶來的愉悅記憶，使我內在產生出一種時至今日依然十分強烈的精神信念與好奇心。我恐怕你們要認為我太過誇張；我明白這是挺嚇人的，但無論如何，仍然感謝有這麼一個機會可以讓我吐露心事。

史蒂夫・法爾墨爾(Steve Farmer)

十三　進入伊甸園的日誌詢問

如果亞當能像在他之後出現的所有男性一樣，是從女性的子宮中誕生出來的，那麼女權主義者們對於在創世記伊甸園的故事當中，亞當是上帝的第一個創造物這一點的爭議，必然能夠很快的平息下來。這一點對於印度人來說，可以說一點問題都沒有，因為他們認為執掌創造的神就是母親，也就是夏克蒂(Shakti)，她是最原始的屬於女性的創生力量。但由於在伊甸園的故事之中，亞當是在地球之外創生的，因此對於人類的創生，便只能以象徵性的方式表現出來。於是理所當然的，地球便成為母神(Divine Mother)。

第二個被創造出來的夏娃，則可以視為創造女神的熱情，是她仁慈的提供了一個子宮，或是相關之物，才使得亞當能夠種下他的種子。這個種子（或觀念）是由夏娃承受下來，並而經由孵育，進一步誕生到這個物理世界之中的。從此，創造活動便持續的開展出來，萬物因此而化生不已。

在同時擁有男性與女性意象的符號當中，蛇也許是其中的一員。在形狀，以及豎立起來展開攻擊的方式上，它很明顯的象徵著男性的陰莖。同時，蛇又是一種會因為月亮運行軌道的影響，使自己有所改變的動物，這一點和女性的月循環（月經）又是關係密切的。毫無疑問的，蛇是仲裁善惡的力量的宇宙象徵。

智慧之樹

我認為能辨善惡的智慧之樹，其實不僅僅是一棵能區分好壞的樹，它同時也將光明與黑暗、上與下、外與內，所有具備兩極化之物區分開來。如果這樣的推論是真的，那麼十分清楚的，只要人類想變得像現在一樣能夠自覺的思考，並且能區分萬物，那麼他就必須吃那樹上的果子。這一點也十分適用於夏娃，因為她是人類的母親，人類性質的傳送者，因此她必得吃那果子。

懲罰

亞當與夏娃因為偷吃了蘋果，因而遭受到同樣的永恆懲罰。從此，夏娃在創造生育的過程中要遭受到痛苦，而亞當則在塵世工作的創作過程裏，遭受苦痛與磨難。

痛苦與磨難的觀念，是與創作過程聯結在一起的，而所謂的創作，則是人類為求探險之故，創作某些有趣領域的活動。因此，當佛陀說生命即苦時，是否就是在暗示生命即是創造，而創造即是痛苦？

卡姆拉帕提・K・卡薩(Kamlapati K. Khalsa)

十四

亞伯拉罕與以撒這段引人入勝的情節，引我回想起兒時第一次聽到這則故事時的情景。這回憶使我驚覺到在聆聽這個故事的兩次經驗之間，我掌握重點的方式有多麼大的不同。第一次聽這故事時，我所感到最懸疑之處，是由上帝對亞伯拉罕發出要求的聲音，一直到亞伯拉罕手刃其子的部分。恐懼，成了當時這則歷史事件的寓意。至於故事的結局，則從未能獲得解答。人們總告訴我，突然之間，以撒便成了完美的人(A-ok)，而他是如何辦到的？又為什麼要這麼做，則依然是一個謎；這樣一個具有震撼性、令人提心吊膽的神話，卻有一個虎頭蛇尾的結局，我實在是搞不清楚。這一次，因為已經成年了，再次聽這則故事時，它帶給我一種全新的體會，令我明白故事當中，包含了人類對於復活/輪迴的觀念。於是犧牲，便成了信心，以及和那位在我們最為害怕時，特別會顯現在我們面前的造物主，二者合作的最極致表現。

伊莉莎白・布蘭德(Elizabeth Brand)

十五

好吧！我們將有個期中考，這會造成突發的死亡，我的意思是說，會有些錯誤的答案，以及，噉！糟了，你得了個「丙」。可別向爸媽提起大學裏的死亡情事，他們會打電話過來，並且以十分懷疑的口氣問，為什麼我不能像他們在大學時表現的那樣完美。一旦期中考過後，我就死定了。我將明白自己不會作答，而且我會失敗。在考試進行的四十五分鐘裏，緩慢的心靈死亡正在我的身上發生。

那麼，嘿，也許我只是需要放輕鬆一些，這樣一來，也許我就會做得很好。

不，我死定了。

無名氏

十六　死亡之前

在西方文化之中，死亡過程已經排除在日常生活經驗之外了。這使得臨終的人與其他人之間，產生了距離。

思考並且談論一個人自身的死亡，是很重要的一件事。基於個人自己的選擇，來決定死亡前的環境與氣氛，也是同樣的重要。果真能如此，則死亡的過程，更能在沒有騷動的情形之下發生。一個人在「擁有尊嚴、平靜」的情形之下，往往便能體會到覺醒。因此，一個獨立的個體，需要考慮到類似「我要塗抹聖油嗎？我要開棺還是蓋棺？我想要什麼樣的葬禮形式？我想要唸誦什麼樣的經文？」等問題。

喬安・M・勞爾(Joan M. Loher)

十七

「一旦你接受了死亡，你就能接受生命。」那些無法接受死亡乃必然的，以及自己最後也難免一死的人，就我們所知，也必然無法接受生命。沒有死亡的生命，是不可能存在的；當然同樣的，沒有生命的死亡，也是不可能的。死生二者之間所呈現出來的，是一種重覆不已的關係。它們併肩攜手、無法分離。只要其中的一方為人所接受，那麼另一方自然也會為人所接受。

「就我們所知，死亡就是徹底的由生命中脫逃出去。」這項陳述雖然也是一種思考方式，但僅限於一個人在諸事不順時採用。當生命的壓力以及它所產生出的痛苦太過強烈，超過了一個人所能負荷之時，死亡便成了由所有傷害與不幸之中，逃脫出去的執行工具。這就是自殺的本質。不論一個人是失去了所愛、有強烈的孤獨感、無法自工作或是與家人相處中獲得快樂、肢體殘缺或是年老，還是僅僅感覺到自己受到不公平的待遇，並且在近期或未來都無法獲得明確的解決，此時，這個人已經擁有絕佳的機會，以發展出下列這種思考模式——面對這些看似無法克服的難題時，死亡是唯一的解決方式。

理查・錫姆斯(Richard Sims)

十八

在電視上所播出的驚異節目當中，我曾看過這麼一則故事，那是一則有關一個家庭，如何對抗至親死亡經驗的故事。這個家庭的成員中有父母，以及一位年約十二歲的女兒。有一次，他們三個人一起參加一項夏日的童子軍活動，而這對父母是活動中的顧問。

他們那位好奇心重的女兒，由於將注意力由徒步的人群，轉移到一隻小鹿的身上，因此迷失在樹林中。在一陣奮不顧身的追蹤之後，她漫無方向的愈走愈遠。很快的，人們就發現到她失蹤了，所有的人都出來尋找，一直到暮靄四合時分，連政府當局也加入了搜救的行列。就這樣沒有任何線索的過了兩天之後，他們匯報回來的結論是，她大約是在某個四處都是流沙的區域遇難了。

這對父母，特別是那位母親，非常困難的接受了這個事實。對他們來說，這無疑是個驚天動地的噩耗，因此在往後的四十年裏，為了紀念女兒，他們將所有的時間以及精力，都奉獻給一所為年輕人而辦的學校上。並且將女兒過去住的房間，一直保持著原來的樣子。

當他們日漸衰老時，這位母親由於久病不起，眼看著就要死了。父親衣不解帶的陪伴在床側，並且乞求她不要離開他，因為不但是他需要她，學校以及校內的孩子們，也都同樣的需要她。不過她什麼也沒說，就靜靜的在他眼前死了。緊跟著，門外響起一陣敲門的聲音，他吃力的站起來應門，吃驚的發現門外站著的，正是他失蹤四十年的小女兒，她的模樣一如四十年前迷失在樹林中的樣子。這位父親感到十分的震驚，一時之間完全無法理解這一切。女兒向他保證，眼前站著的就是她本人，而且一切都安然無恙。雖然他依然無法理解女兒神秘的歸來，但還是擁抱了她。此時，女兒提到了母親。當這位父親在說明經過的一切時，臉上不禁的扭曲了起來。

他帶著女兒來到了房間，看看她的母親。他們一起看著她的屍體，然而當女兒碰觸到母親的身體時，這位母親立刻變成一位年輕貌美的女子，一如以往（大約四十年前）的模樣。然後母女二人一齊從他眼前消失。他一抬頭，就看到她倆已經站在門口，正準備要和他道別。他想和她們一起走，這位母親告訴他還不是時候，還有工作等著他去做。母女二人對這位父親說，他們將會等他，然後兩人就再度消失不見了。

這則故事反應出在死亡，以及死後情形等議題之中相當重要的一點，那就是從生命的角度來看，似乎只要是人，就會害怕自己或他人的死亡，而且，對於死後會發生什麼事，人們基本上也是一無所知的。人們確實知道的，只是死亡具體存在於生命之中，但沒有人真的想脫離生命。同樣的，人類的執著也帶給我們生命的安全感。這名小女孩的迷路，特別是在眾人不知道事情是如何發生、她到底在那兒（本身就是個謎）時，也許就已經描繪出死亡的神秘性，以及它所超越的是什麼了。那麼當這位男性的妻子死亡時，我認為這也許已經帶給他一份生命的不安全感。

然而，當這名小女孩現身回來，而且猶如以往的模樣，一點也沒有改變時，我以為這或許是女兒要來告訴父親，這一切一點損失也沒有，而她也依然身處父親身邊的某個地方。這一點似乎又顯示出通過死亡，我們並不會失去任何人。同樣的，我認為她的歸來，也是為了要減輕父親內心喪妻之痛，並給予他希望、解脫以及關於變化的理解。我也認為當母女二人離去之時，他將會如同我們所理解到的一樣，明白這非但不是結束，反而是一個新的開始。

詹姆士・J・坎德拉瑞(James J. Candelaria)

十九

在沙漠滿是星斗的穹蒼之下，我孤獨的躺在睡袋裏，想到了死亡。它將如何發生，在哪兒？什麼時候？這些單純而明顯的問題。死亡是唯一已經確定了的一件事，是我知道將會發生的唯一一件事。其他的每一件事都只是夢境。

最令人感到挫敗的是，沒有方法可以回答這些問題。在這世上沒有一本書，沒有一位教授能回答我們。

所有相關的資訊都不存在。

因此唯一的選擇，就是自己去聯想。有什麼可以感覺到的？如果這一切都應該由我們來承擔的話，那麼我們又能夠採取什麼樣的方式，來建構生死呢？我們想要回收靈魂嗎？如果不想，在他們使用過後，我們有地方來安置這些靈魂嗎？我們應當裁定他們的功過，或是應當由他們自己仲裁？或者我們應當讓他們安詳的終止，而不論他們在塵世是有多麼的可怕？讓文明自己走到盡頭？敦促它進化，以便造就良善的靈魂？

基本上看來，死亡的問題似乎與目的的問題有關：為什麼會有世界？它的理由是什麼？

如果我能夠創造出自己的來世經驗，我希望不會再有來世。希望來世能完完全全的不存在。

沒有過往的罪惡來折磨我，因為這樣的痛苦太過巨大了。而且，它不會令我停止一些不好的行為。這些惡行依然會出現。

輪迴並不能提供很多的希望，因為我不會記得自己是誰。現在的我不會記得任何一個前世。我只和目前這個時空的自己有關。所以，即使我再生一百萬次也沒什麼——我不會認識那些其他的人。

我只知道目前的我。

天堂的觀念當然很好，但它看來很像是一種期望；是誰將它創造出來的，這對我來說，都無所謂。

為什麼我們要期望會有某些好事發生？我們憑什麼期待能獲得報酬？烏龜也夢想天國嗎？我不認為我們應當期待任何不同的待遇。

因此，死亡是一個已經確定了的謎。它是某種令人好奇、有些害怕，並且總是潛伏在那裏的東西。

然而現在，太陽正在昇起，而生命，是更為重要的。當小鳥開始鳴唱，毛絨絨的動物四處亂竄，露珠蒸發之時，有關死亡的思考，便轉換成對生命的思考。而且我想知道，要如何過生活，我才能真正的生活，真的活著。

生命是我唯一能夠確定的事。

我活著。

或至少夢到自己活著。

二〇 工作

黛比・比爾德(Debby Beard)

我在為一家小公司做資料輸入時，和坐在背後的一位女士聊了起來。我看不到她，但是我們談論著生活中的種種。然後出其不意的，她忽然說要到她弟弟的墓前放一束花。

我問，他是什麼時候死的？而她則回答說，他死的時候才十個月大，當時她三歲。我接著又說，失去了一個寶寶，必定是件令人相當難過的事。她說是的，尤其是她的母親，因為她的弟弟是死在母親的懷抱裏。

我一聽，立刻就豎起了耳朵，並且感到非常的興奮。我說，對他們母子二人而言，這必然是個非常美好的經驗，而且我想，如果我能死在摯愛的人的懷抱裏，那一定是非常的棒。

她說是的，並且補充說，她的家人們遭受到非常嚴重的打擊，特別是她那位身為本堂牧師的父親，因為她的弟弟在八個月大的時候，就已經會走路、會說話了，他是一名巨大的紅髮寶寶。事情的真相是——他患了肌肉萎縮症，這也就是他之所以長的這麼大的原因，因為一旦得了肌肉萎縮症，便會成長／發展得非常快速，然後他的身體會耗弱下去，但是他的大腦卻依然活躍。

不過她說，在這個事件當中，快速成長這一點特別的重要，因為她的弟弟不但明白，而且清楚的意識到自己所面臨的情況，他知道自己正步向死亡。然後她又補充說，弟弟在死亡之前，是由母親抱在懷中。當時她的弟弟往上看著，伸出了雙臂，就好像有人正彎下腰來抱他似的，然後他說：「耶穌。」下一刻他就死了。

我感到非常的振奮，混身都起了雞皮疙瘩，並且非常的快樂。我說，多麼棒啊，真了不起的死亡，而且對他母子二人而言，在那一刻，彼此是這麼的接近，和上帝也是如此的接近，這一定非常的舒適。

這真是一個幸福的故事，一點也不悲慘或令人傷心，我們都會死。的確，失去一個孩子是件令人傷心的事，但這樣的死亡，看起來卻是如此的恰當、如此的美善。而且我想、同時也覺得它是如此的美好。在聽到這個故事的時候，我覺得很好。

瑪麗亞・曼登赫(Maria Mendenhall)

生死學叢書書目

揮別癌症的夢魘

羽生富士夫／著
何月華／譯

癌症是現代人健康的頭號殺手，您對癌症認識多少？癌症等於絕症嗎？不幸罹患癌症的話，要如何面對死神的挑戰？具有「上帝之手」美譽的日本名醫，以他個人的切身經驗，懇切地告訴大家，以知識對抗癌症的重要，以及許多與癌症有關的預防、醫療等方面正確的觀念，是重視保健與生命品質的現代人必看的著作。

無生死之道

盛永宗興／著
郭敏俊／譯

面對人生的生老病死，您作何感想？對於世間一切的生生死死、死死生生，感到迷惑不解嗎？請聽日本著名禪師盛永宗興娓娓道來，以生活化、深入淺出的例子，帶領我們參透生與死的迷霧，體會「一期一會」、「遊戲三昧」的生命哲學，活在每一刻當下，生死將不再是人生痛苦的代名詞。

凝視死亡之心

岸本英夫／著
閻正宗／譯

本書是日本已故宗教學者岸本英夫與癌症搏鬥十年的心路歷程。當獲知罹癌，並被宣判只剩半年壽命後，他除了接受必要的手術治療外，也開始思索生命的本質，並陸續寫下手術前後，他在死亡威脅下的心理調適和哲理思考，他也因此將肉體生命從半年延長為十年。這其中艱苦的奮鬥歷程，句句珠璣，斑斑血淚，值得品味。

美國人與自殺

赫華德・庫盧諾／著
孟汶靜／譯

本書從心理、文化的角度探討美國人的自殺行為，並以十分具有啟發性的方式，陳述出過去三百年來西方社會對自殺行為的探索過程。作者成功地綜合了西方各學派分歧的自殺行為理論，而發展出一套嶄新且具有說服力的論點，在心理與歷史學界贏得極高的評價，對研究早期華人移民的自殺行為亦有助益。

宗教的死亡藝術

肯內斯・克拉瑪／著
方蕙玲／譯

本書以比較性、宗教性的方法，探討世界主要民族與宗教關於死亡、死亡的過程以及來生等等課題所採取的態度與做法。讀者將可發現，書中所列舉的每一項宗教傳統，都在指導它的實行者，不僅在死亡前，同時就在死亡的片刻裡，就能技巧地掌握死亡。死亡可說是一門牽涉到肉體死亡與再生經驗的宗教性藝術。

禪僧與癌共生

鈴木出版編輯部／編
徐明達
黃國清／譯

一位因罹患癌症而被宣告只剩三年生命的禪僧，如何活在癌症的病魔下，如何掌握人世間的生死，將餘生投注在什麼地方？本書即是與已故荒金天倫老和尚（日本臨濟宗方廣寺第九代管長）交往過的人，藉他們的證言撰集而成的報導文學，將老和尚以三年餘生充實為精神上三十年的生命風采，再度活現於紙上。

死亡的科學

品川嘉也／著
松田裕之
長安靜美／譯

人為何一定得經歷死亡？老年是否真的是人生的累贅？「腦死」就意味著「死亡」嗎？……這些疑問，在本書中都有詳盡的討論與解答。作者從生物學的角度出發，探討與生物壽命有關的種種議題，進而提出人類面對生死問題時應有的認識與態度，是一本將死亡學提昇到科學研究的難得之作。

死亡的真諦

小松正衛／著
王麗香／譯

當被問到：「如果人生可以重來一次，你希望擁有怎樣的人生？」多數的回答可能是出身好家庭，擁有高學歷，事業穩固，平安幸福過一生。但本書作者卻說：「世間非常艱苦，人生難行，但一路行來的人生，我還想再走一次。」是什麼樣的經歷與啟示，讓他如此達觀？請隨著作者一路前行，游入古聖先知的智慧大海……。

輪迴與轉生

石上玄一郎／著
吳村山／譯

「生死事大」，為了探究它，各種哲學與宗教已提出了許多答案，「輪迴轉生」便是其中之一。這種思想出人意料地貫通東西方，幾乎發生於同一時代。它的起源如何？呈現出那些面貌？果真能解決「生死」問題嗎？這些在本書中都有廣泛而深入的探討。

生與死的雙重變奏

齊格蒙・包曼／著
陳正國／譯

意識到必朽（死亡）與對不朽的追求，深深影響著人類的生命策略。人類社會建制與文化面向的型塑過程中，更存在著「解構」必朽與不朽的辯證和互動關係。而在「現代」和「後現代」社會，這種「解構」又出現了有別於「前現代」的許多變奏。且看包曼教授如何透過集體潛意識的心理分析，從不同角度詮釋「死亡社會學」。在必朽與不朽之間，您將重新認識現代人的社會與文化。

透視死亡

大衛・韓汀／著
孟汶靜／譯

本書所探討的論點，主要有下列幾點：一、在什麼樣的情況下，個體才算死亡？二、末期病人有沒有權利決定自己的生與死？三、器官捐贈能不能得到社會大眾的認同，進而成為一件普遍的事？作者以平鋪直敘的方法，為每一個論點作了總整理，提供讀者許多寶貴的資料與觀念，在臨終與死亡尊嚴等議題的探討上，能有進一步的認識。

看待死亡的心與佛教

田代俊孝／編
郭敏俊／譯

本書由八篇演講記錄構成，內容包括親人死亡的感受、個人的瀕死體驗、對死亡的心理準備、佛教的生死觀等，發表者有僧侶、主婦、文學家、醫師、佛教學者等不同人士，從各個角度探討死亡問題。正如主辦演講的日本「探討生死問題研究會」宗旨所示，如何在老、病、死的人生當中，正視死亡的事實，學習超越死亡的智慧，讓人生更加充實，是現代人的切身課題，值得大家一同來探討。

生命的終結

阿爾芬思・德根
早川一光
寺本松野
季羽倭文子／著
林雪婷／譯

在面對末期病患或臨終的人，甚至是自己生命的終結時，我們能做些什麼？該做些什麼？是本書所要探討的主題。四位作者分別從死亡準備教育、醫療與宗教、臨終看護等專業的角度，提供他們寶貴的經驗與意見，是關心此一議題的讀者最佳的參考。透過討論死亡，了解死亡，我們的生命必能更加美好。

從容自在老與死

日野原重明
早川一光
信樂峻麿／著
梯實圓
長安靜美／譯

隨著高齡化社會逐漸到來，種種老年心理與生活的調適、老年疾病的醫療、安寧照護等等問題，一一浮上檯面，這也是每個家庭和個人都要面對的問題。本書從接受老與死、佛教的老死觀、老年與疾病、末期照護等等角度，提出許多觀念與作法。藉由思考生命末期與老和死的種種課題，期望每一個人都能獲得一種從容自在的智慧與人生。

生與死的關照

村上陽一郎／著
何月華／譯

死永遠超越我們人類的「理解」，人類如果不能體認這個事實，醫療便會陷入「器官醫學」的窠臼之中。作者透過對現代醫療種種問題的根本探討，如醫療倫理、醫院內部感染、器官移植、安樂死、腦死、告知權、愛滋病等，重新思考生為何物？死為何物？什麼才是正確的醫療？觀念新穎，析理深刻，是您不可錯過的一部「現代醫療啟示錄」。

超自然經驗與靈魂不滅

卡爾・貝克／著
王　靈　康／譯

自古以來，人類對來生的想像便不曾中輟。「第六感生死戀」、「穿越陰陽界」等電影的風行，正反映現代人對轉世與投胎的濃厚興趣。但西方的唯物論和科學主義卻斥為迷信，到底孰是孰非？本書即在透過科學化的研究，深入探討死亡過程的異象與靈魂不滅的假設。顯像、附體、前世記憶、臨終體驗等現象是真是假？當生命結束後，人類某些「重要特質」會繼續存在嗎？本書有您想知道的答案。

超越死亡

霍華德・墨菲特／著
方　蕙　玲／譯

莎士比亞稱死亡為「未被發現的國土」，因為尚無人能像哥倫布發現新大陸一樣，在造訪該地之後回來向世人述說他的經歷。但自莎翁時代以降，有關這項古老秘密的研究工作，已有不一樣的風貌，本書即是其中的佼佼者。作者透過宗教、哲學、神秘主義以及經驗證明等比較觀點來檢視死亡，為我們揭開死後生命世界的奧秘。

生命的安寧

鈴木莊一等／著
徐　雪　蓉／譯

有別於一般病人，末期病人的醫療與照顧，需要我們投注更多的關懷與付出，才能幫助病人安寧地走完人生。本書六位作者分別站在醫療與宗教的角度，透過親身體驗，以「從初期護理看末期醫療與宗教」、「宗教對醫療之重要性」、「佛教福利與末期護理」、「日本療養院的宗教與醫療」為題，提出他們的看法，值得大家參考。

生命的抉擇

藤井正雄等／著
陳玉華
李金玲／譯

器官移植牽涉的層面極廣，它與人們的生死觀、民俗宗教信仰和對遺體的看法都有密切的關係。而不管從宗教、醫療或法律的角度去探討，贊成與反對雙方皆持之有故，不易取得共識。這種情形在日本尤為明顯。本書即是日本「醫療與宗教協會」就此議題所收的四篇專論。對於此一攸關生命的抉擇，您有何看法？本書提供您許多思考方向。

回歸真心

川喜田愛郎等／著
陳玉英／譯

人們常說，用心就能把每一件事做好。面對人生的生老病死，更需要我們秉持一顆真心，坦然以對，積極地尋求解決。本書四位作者分別以其專業素養，與讀者暢談醫療與生命倫理、生病的哲學、身心如何相輔相成，以及宗教的生命觀。從心出發、恢復本性，我們必能活得更加美好。

生命的尊嚴

日野原重明等／著
鄭惠芬
呂錦萍／譯

現代醫療藉助科技之便，成功治癒許多疾病，挽回無數生命。但在這過程之中，病人卻逐漸被「物化」，喪失做為一個人應有的尊嚴，醫療結構也存在許多弊端。本書即針對此一現象提出反省。如何結合醫療與宗教，讓人人安然面對病痛和死亡，是每個現代人的切身課題。

從癌症體驗的人生觀

田代俊孝／編
徐明達
黃國清／譯

當遭逢周圍親友身故，或曾經體驗死亡經驗時，對人生與事物的看法，將會有所改變，尤其有過癌症體驗的人更是如此。本書即是日本「探討生死問題研究會」以此為主題所收集的八篇演講實錄編輯而成。癌症雖可怕，卻也是生命的一大轉機。「向癌症學習」、「向死亡學習」，這樣的人生經驗，彌足珍貴。

心靈治療

佐佐木宏幹等／著
李玲瑜／譯

面對生死問題，人類的反應模式和其自身的「世界觀」有著密不可分的關係。自古以來，民俗宗教在醫療上所佔的地位，更是舉足輕重。但在宗教與醫療各自分工的現代社會，這種現象是否依然存在？民俗宗教與現代醫療如何相輔相成？信仰與精神醫學有何互動關係？新興宗教在日本社會又扮演何種角色？這些在本書中都有深入而廣泛的探討。

死而後生

田代俊孝／編
吳村山／譯

為了充實自我的人生，也為了能與面臨死亡的人同其感受，一起超越死亡的痛苦，深入探討死與生，不是很重要嗎？秉持這個宗旨，日本「探討生死問題研究會」定期舉辦研討會，並將演講內容彙集刊行，本書即其成果之一。正視死亡，才能讓生命更加充實。由生而死，從死看生，正有待我們認真玩味思索。